Guadeloupe :
le développement en question(s)

Sous la direction de
Georges COMBE

GUADELOUPE :
LE DEVELOPPEMENT EN QUESTION(S)

L'Harmattan

Pour toute correspondance, s'adresser à
Association Guadeloupéenne de Recherches et d'Etudes (A.G.R.E.)
BP 132 – 97181 ABYMES Cedex (GUADELOUPE)

Email : *etudesguadeloupeennes@gmail.com*

5-7, rue de l'École-Polytechnique ; 75005 Paris

http://www.editions-harmattan.fr

ISBN : 978-2-343-16121-1

EAN : 9782343161211

Sommaire

Avant-propos

GEORGES COMBÉ

Guadeloupe : le développement en question(s)

La problématique du développement s'est installée au cœur du débat public dans les quatre « vieilles colonies » françaises depuis que celles-ci ont été transformées, sous l'impulsion de la loi d'assimilation du 19 mars 1946, en départements français d'outre-mer. Devenus des entités administratives de la République française, ces territoires si « lointains » soient-ils, ne pouvaient demeurer au même niveau que les pays dits du Tiers-Monde. Il allait du prestige et de la renommée de la France qu'ils en soient la « vitrine » dans les Amériques et dans l'Océan indien.

S'agissant de la Guadeloupe en particulier, les premières années qui ont suivi la départementalisation ont nourri l'espoir de vivre dans une société un tant soit peu comparable à celle de la France hexagonale, pourvue en logements, écoles, hôpitaux, routes, disposant de l'eau courante, de l'électricité, bref de sortir de la nuit coloniale afin d'accéder à une condition humaine digne de ce nom. Au fur et à mesure, des infrastructures modernes furent mises en place, le réseau routier transformé, des programmes de construction de logements et de rénovation urbaine entrepris.

On peut considérer qu'il s'agit là du côté pile -lumière- des effets de la nouvelle politique. Mais côté face, la situation économique s'est très rapidement dégradée et le paysage social s'est assombri : l'économie agricole s'est effondrée avec la fermeture en cascade de très nombreuses sucreries et distilleries, le chômage a pris un caractère de masse. Dans les années 1960, l'État français s'est retrouvé face à un contexte économique et social explosif, et à une situation politique qui l'était tout autant, marquée par des revendications autonomistes et indépendantistes inspirées par les luttes de libération nationale du Tiers-Monde.

La réponse des gouvernements de l'époque se situa à plusieurs niveaux :

- Politique : mise en place de réseaux locaux à la solde du pouvoir au moyen d'un usage massif de la fraude électorale. Répression judiciaire et armée contre les mouvements autonomistes et indépendantistes.
- Social : afin d'empêcher que la jeunesse ne prenne le chemin de la révolte, on organisa une émigration massive vers la France par le canal du BUMIDOM (Bureau pour le développement des migrations dans les départements d'outre-mer)
- Propagande : relance de la départementalisation qui était contestée par ceux-là même qui l'avaient portée sur les fonds baptismaux (Aimé Césaire et les partis

communistes). On parle alors de départementalisation « adaptée », une façon de dire que les DOM ne seront pas des départements comme les autres.

En clair, les gouvernants français n'entendent nullement remettre en cause le système hérité de la colonie, celui du pouvoir des lobbies économiques et financiers notamment békés qui règnent en maîtres sur le territoire. Ceux-ci, avec le soutien de l'État français vont transformer la Guadeloupe en une vaste plateforme de distribution et de consommation de produits importés. Une politique massive de transferts financiers, de dispositifs comme la défiscalisation, d'aides sociales va servir leurs desseins. La Guadeloupe s'affiche alors avec une classe moyenne aisée, des hôtels de tourisme de standing, des villas, des berlines de luxe, des centres commerciaux et prend ainsi l'apparence d'un pays développé. Aux yeux de certains voisins caribéens, la Guadeloupe se donne à voir comme un pays qui ne rappelle en rien leur situation de pauvreté, de sous-développement économique.

Mais tous les observateurs, comme les politiques de tous bords s'accordent à dire que c'est un pays malade (économie atone, taux de chômage de près de 30 % incompressible, violences, fuite des cerveaux, etc.) qui vit sous perfusion. Alors de quel développement parle-t-on ? Si l'on répète à l'envi ce mot, n'est-ce pas parce qu'il a bien du mal à prendre forme et à exister ?

Le présent ouvrage vise donc, au-delà des mots et des discours, à s'en faire une idée claire, à proposer à un lectorat large, des contributions relevant de différents domaines des sciences humaines et sociales lui permettant d'avoir un jugement aussi avisé que possible sur la réalité guadeloupéenne.

Il est question du développement face au cadre institutionnel. Comment tenir compte des contraintes, comment aborder la question des spécificités ? Quelques conditions du développement ont été envisagées ainsi que des perspectives. La dimension culturelle ainsi que l'imaginaire ont fait l'objet de contributions auxquelles il faut ajouter en dernier lieu des éclairages extérieurs sur la Guyane et le Suriname

Le développement face au cadre institutionnel : contraintes et spécificités

Alain MAURIN professeur des universités de sciences économiques s'interroge sur ce que peut être le développement économique de la Guadeloupe dans les années à venir dans un contexte de mise en retrait de l'État providence et de raréfaction de l'argent public. Quel peut être alors le sens d'un développement endogène ?

Après avoir dressé l'état des lieux du concept de développement, Emile ERNATUS, professeur retraité de sciences économiques et sociales, s'attache à comprendre sa signification au regard de la réalité guadeloupéenne. Il s'interroge sur le critère onusien d'IDH (Indice de Développement Humain) qui permet de classer la Guadeloupe parmi les territoires les plus développés du monde. Il suffit, nous dit-il, « d'analyser un peu plus en profondeur sa situation économique après des décennies de croissance pour relever les insuffisances d'un tel classement. »

La Guadeloupe apparaît donc bien comme un territoire spécifique. « Spécificités ? » Qu'est-ce à dire ? se demande l'économiste Joseph ODY. La Guadeloupe c'est quoi au plan économique : une région de France « en retard » avec quelques singularités ou une entité complètement différente aux plans économique, sociologique et sociétal ?

Dans une deuxième partie sont abordées les conditions de développement de ce territoire et les perspectives qui peuvent lui être ouvertes.

Les conditions du développement, les perspectives

Docteur en sciences agronomiques et directeur de recherche à l'INRA (Institut National de la Recherche Agronomique), Harry ARCHIMEDE prône une souveraineté alimentaire. La Guadeloupe a de quoi nourrir sa population et il faut lui en donner les moyens. C'est un droit reconnu au niveau international dont elle devrait bénéficier et il serait même de son devoir de l'exiger afin de respecter son environnement. Il faut rapprocher les centres de production des centres de consommation.

Raisonner en ces termes c'est faire le choix d'un développement endogène, lequel ne peut manquer de convoquer selon la sociologue Patricia BRAFLAN-TROBO l'idée d'un management endogène. Forte de son expérience dans les ressources humaines, elle met en lumière cette idée qui s'efforce de tenir compte de l'histoire, de la culture, de la sociologie du territoire guadeloupéen.

C'est dire que l'être humain doit être mis au centre du développement. Celui-ci suppose des hommes et des femmes formés. Or, l'institution à laquelle est dévolu principalement ce rôle c'est l'école. L'école contribue-t-elle au développement du territoire se demande Georges COMBÉ, agrégé de philosophie, ancien professeur à l'IUFM (Institut Universitaire de Formation des Maîtres) et à l'ESPE (École Supérieure du Professorat et de l'Éducation) de Guadeloupe ? La réponse est négative au vu de la plupart des indicateurs qui sont au rouge (retards scolaires, décrochage, échecs et inégalités scolaires). Mais il ne faut pas baisser les bras : des pistes pour le changement existent qui méritent d'être explorées, des leviers innovants pourraient être utilisés afin d'amorcer une véritable métamorphose de l'école.

En termes de perspective, s'il s'agit de se donner une vision du développement radicalement différente de ce qui est observé actuellement, la question du changement des paradigmes économique et politique se pose. Tel est le sens des deux dernières contributions de cette partie.

Rose Lee RAQUI, docteure en relations internationales, estime que les différentes analyses économiques proposées jusque-là ne conviennent pas à la Guadeloupe qui est une région spécifique. Pour elle, il faudrait mettre en place un nouveau cycle économique s'inspirant de la pensée du développement durable.

À n'en pas douter, le développement suppose des conditions, mais la condition des conditions, le levier fondamental permettant d'amorcer des changements décisifs n'est-ce pas le pouvoir politique ? Voilà la thèse que veut démontrer le sociologue Cyr Henri CHELIM : c'est certainement la situation de dépendance politique de la Guadeloupe à l'égard de la France qui constitue le verrou à faire sauter pour que la Guadeloupe s'engage dans la voie du développement.

Toute transformation économique de même que tout changement politique passe par un changement d'état d'esprit, une certaine façon d'habiter son pays, d'où la référence à la culture.

Développement et culture

Il faut peut-être commencer par se « sentir Guadeloupéen », faire vivre en soi, dans son esprit, son cœur et ses actes le pays afin de le penser sous le mode du développement. Tel est le message de Frantz SUCCAB, auteur dramatique, qui au-delà des constructions théoriques nous fait comprendre que cette notion a aussi à voir avec la culture et l'imaginaire.

De culture, il en est aussi question avec Paul ROSELÉ-CHIM, maître de conférences en sciences économiques et sciences de gestion, qui s'interroge sur la place à accorder au film caribéen francophone et créole dans une économie en développement et sous l'effet de la révolution numérique. Il perçoit un secteur qui mérite de l'attention car il donne une visibilité au territoire.

La Guadeloupe partage la problématique difficile du développement avec des voisins caribéens et sud-américains. Aussi avons-nous voulu verser dans ce dossier à titre d'éclairages deux contributions qui concernent l'une la Guyane, l'autre le Suriname.

Éclairages de Guyane et du Suriname

Quel est l'impact des NTIC sur le développement et la compétitivité des PME en Guyane ? C'est ce que se sont efforcés de mettre en lumière Paul ROSELÉ-CHIM et Mamadou DIALLO doctorant en économie-gestion. Au travers d'enquêtes ils font apparaître les bénéfices que les dirigeants des Très Petites Entreprises (TPE) pourraient en tirer.

Enfin, Amenda BRON, doctorante en économie-gestion et Paul ROSELÉ-CHIM conduisent une réflexion sur l'écotourisme au Suriname, un secteur sur lequel le Gouvernement de ce pays s'appuie pour développer l'économie touristique tout en préservant l'environnement.

Cet ouvrage n'a pas la prétention de porter des réponses à toutes les problématiques sur le sujet. Très modestement il se veut une contribution dans un débat public où les questions sont plus nombreuses que les réponses, et où celles-ci sont loin d'épuiser celles-là. Nous remercions les contributeurs qui ont répondu à notre appel et permis que ce projet collectif voie le jour à l'aube du 30e anniversaire de la revue « Études Guadeloupéennes »

La Guadeloupe face au défi des réformes institutionnelles : impératifs et nouveaux leviers pour fonder et relancer la croissance économique et le développement sociétal

Alain Maurin
Professeur de Sciences Économiques à l'Université des Antilles

Sur les prochaines grandes échéances, face aux programmes majeurs de politiques publiques en cours et à venir, le quinquennat 2017-2022 en France, l'actuel Programme opérationnel(PO) européen 2014-2020 et le suivant 2021-2027 bientôt en préparation, comme les autres RUP, la Guadeloupe est appelée à poursuivre ses efforts de mise en œuvre d'orientations fondamentales en matière d'infrastructures, d'environnement, de formation des jeunes et des salariés, d'équilibre social et culturel, de développement économique, d'aménagement urbain, etc.

Mais plus que par le passé, au regard des contraintes multiples et de plus en plus difficiles à surmonter, entre autres la raréfaction de l'argent public, la mondialisation et ses impacts menaçants ou encore l'incertitude palpable au niveau de la sécurité internationale, la Guadeloupe doit véritablement aborder l'avenir avec la volonté d'écrire un chapitre décisif de son histoire contemporaine, celui de la rupture avec les pratiques antérieures dans la conception et la mise en œuvre des politiques publiques, celui de l'adoption d'une vision de développement endogène et de son appropriation comme fer de lance de la réussite de la stratégie d'aménagement du territoire et de développement sociétal à l'horizon 2025-2030.

Cet article se donne pour objectif l'identification des socles analytiques les plus aptes à fournir des fondements théoriques solides aux politiques publiques de développement économique et social des TFOM. Notre ambition est de contribuer à l'enrichissement de cette littérature dédiée à la croissance des TFOM sur le long terme, en proposant de nouveaux outils d'investigation qui sont amplement complémentaires des principaux modèles théoriques proposés ces dernières années pour rendre compte du fonctionnement des économies de l'outremer français. Entre autres, il s'agit des formalisations des concepts d'« économies de transferts » (De Miras, 1987), d'économies « de rente » (Poirine, 2007), d'« économies sous serre » (Naudet, 2006) ou encore de « syndrome domien » (Borda et Mathouraparsad, 2016).

Visant à arpenter des sentiers s'éloignant de ces belles notions mais circonscrites dans les périmètres du calcul économique, nous nous sommes orientés dans ce travail vers les champs des réponses que proposent les corpus théoriques de la croissance endogène et de la nouvelle économie institutionnelle.

À l'heure où les TFOM sont de nouveau en proie à des révoltes sociales de grande ampleur et en quête de perspectives plus équitables et soutenables quant à la résolution de leurs problèmes de déséquilibres économiques, il paraît logique en effet de considérer les questionnements sur le rôle des institutions dans leur performance économique. Alors que cette thématique figure déjà dans des travaux anciens de la science économique, il est quelque peu surprenant de noter qu'elle a été si peu débattue dans le cas de l'outremer français. Traitant du retard des pays sous-développés, des auteurs comme François Perroux et Bognár József ont souligné dès 1966 que les blocages ou freinages de leur croissance sont dus à un milieu institutionnel défavorable et que « Le remède qui leur convient n'est ni l'assainissement spontané par les quasi-mécanismes du marché, ni la cure monétaire, mais bien la correction des institutions. » (Perroux, 1966).

Face à l'insistance des faits historiques qui sont revenus en 2009 et qui sont au cœur de l'actualité guyanaise de 2017, comment ne pas épouser le point de vue de Perroux (1966) en déplorant l'influence déprimante de la persistance des hiérarchies sociales héritées du passé ? Également, face aux querelles qui ont émaillé les relations entre les collectivités territoriales dans l'histoire plus ou moins récente de chaque TFOM, n'est-il pas de bon sens de faire siennes les idées des néo-institutionnalistes (North, 1994 ; Williamson, 2000) au sujet de leurs solutions pour lever les obstacles à la croissance, en prônant des politiques visant l'adaptation des institutions pour limiter les coûts de transaction qui s'envolent avec la complexification de la société.

Il importe donc de mettre en relief que pour chacun des TFOM, le mal développement trouve ses origines dans l'échafaudage institutionnel résultant du double processus qui a façonné leur histoire et construction sociétale, d'abord la colonisation durant la période du XVIe siècle jusqu'au XVIIIe siècle et, ensuite la départementalisation à partir de 1946. De ces quatre cents ans de présence française dans leur histoire, il en a résulté aujourd'hui des systèmes politiques et économiques aux caractéristiques d'hydre, dont les têtes se trouvent dans des positions d'agents économiques calculateurs, poursuivant des intérêts contradictoires, aboutissant à une société ayant largement hérité des fameux facteurs de blocages de la bureaucratie française, mais aussi noyautée par la survivance des legs coloniaux.

Dès lors, la réforme de l'économie guadeloupéenne, son positionnement sur un sentier de croissance de long terme, la régulation à y introduire pour garantir le nécessaire remodelage du fonctionnement de son économie de rente, la reconfiguration de son tissu économique,... , apparaissent comme des défis stratégiques qui invitent à des changements profonds tant au niveau de la structure institutionnelle de son économie qu'à celle de sa gouvernance politique. C'est dans cette perspective que notre propos tente de souligner l'importance des réformes institutionnelles comme conditions préalables à la refondation du modèle de croissance et de développement économique des TFOM. Notre discussion est articulée autour de trois points. Le premier rappelle les principales sources de la croissance économique dans le contexte théorique du développement endogène. Le second point s'attelle à présenter le rôle des institutions dans le processus de croissance. Le troisième point se consacre au diagnostic de l'économie guadeloupéenne au prisme des défauts institutionnels issus des legs historiques, d'un côté ceux de l'héritage colonial et de l'autre, ceux découlant du régime de la départementalisation.

Les socles de la croissance endogène : quels rôles pour les ressources endogènes ?

À la vision du capital technologique porté par le modèle néo-classique comme seule source de croissance, les éléments développés par les tenants de la croissance endogène soulignent la diversité des sources de la croissance économique et surtout que c'est de leur interaction cumulative qu'elle se renforce. La figure 1 illustre ces idées d'association des moteurs de la croissance proposés par Paul Romer, Robert Lucas et Robert Barro. Des études ont ainsi montré que de la mise en jonction des investissements dans des sphères du capital public d'un côté et de celles du capital technique d'un autre côté ont émergé de nouvelles dynamiques d'innovation et de diffusion plus larges. De même, l'intervention des pouvoirs publics en couplant le capital humain au capital physique, notamment par des actions ciblées sur l'élévation du niveau d'éducation et sur des constructions d'infrastructures collectives, est de nature à engendrer un régime de croissance intensive (voir par exemple Nyssen (2000)).

Figure 1. Les liens entre les capitaux sources de croissance endogène

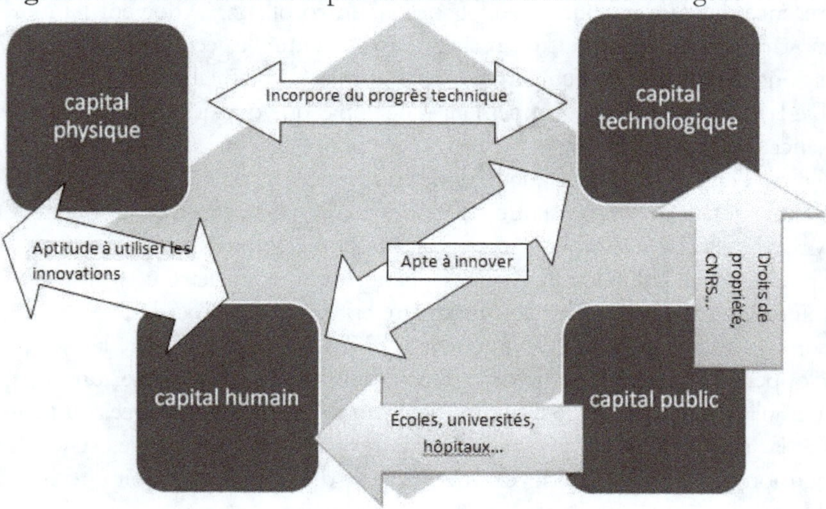

Sources :https://www.pedagogie.ac-aix marseille.fr/jcms/c_376048/fr/croissance-endogene

Au-delà de la combinaison de deux piliers d'investissement distincts, c'est l'accumulation et les interrelations des quatre familles de capitaux qui impulsent un processus de croissance endogène, en faisant naître du progrès technique, en générant des externalités positives qui profitent à l'ensemble du système productif, en générant des gains de productivité qui préservent la croissance.

Dans le cas des îles guadeloupéennes, et plus généralement pour les RUM, que mettre en accumulation ?

Ces quatre moteurs forment un ensemble solide sur lequel la plupart des pays leaders ont posé leur trajectoire de développement réussi. À l'instar des *succes stories* de pays et territoires infra-nationaux dont les caractéristiques de taille sont comparables aux RUM, entre autres Singapour (716,1 km^2 et 5,4 millions d'habitants), Hong-Kong (1104 km^2 et 7,2 millions d'habitants), Luxembourg (2586 km^2 et 543200 habitants), l'île Maurice (1865 km^2 et 1,19 million d'habitants) ou encore la Barbade (431 km^2 et 290000 habitants), le progrès économique dans chaque TFOM a besoin de miser sur la mobilisation de ces socles. Nous devons voir que les TFOM disposent de gisements de ressources, qui peuvent être des soubassements d'un large éventail d'activités professionnelles et de filières économiques telles que l'agro-transformation, la valorisation de la biodiversité, l'énergie, le nautisme, le capital de sport, le tissu de l'ESS, les laboratoires de recherche, etc. Elles forment un corpus qui représente une richesse pour l'avenir. Mais une richesse n'est profitable que si on la voit, que si l'on est conscient de sa valeur, que si les acteurs locaux arrivent à s'imprégner et mettre en acte l'idée que la réussite de leurs territoires dépend de leur capacité à mieux se l'approprier, la préserver durablement et à y impulser des dynamiques positives. De notre point de vue, les décideurs de l'outremer ont besoin d'apprendre à repérer systématiquement la présence de leurs ressources endogènes et, en corollaire, ils doivent faire preuve d'innovation pour les "mettre en intégration" culturelle, économique, sociale et environnementale, bref en construction d'un projet d'une meilleure société.

De la croissance au développement il n'y a pas que quelques pas, encore moins l'absence d'obstacles. Les trajectoires des économies nationales sont remplies de cas de figures de gouvernements, de périodes historiques et de stratégies politiques qui révèlent le défaut de relation entre développement et croissance économique. Dans l'ouvrage «*Analyse économique et historique des sociétés contemporaines*» coordonné par Philippe Deubel (2008, p. 464), la distinction entre ces deux concepts est bien examinée, notamment sur la base des quatre critères retenus par le Programme des Nations unies pour le développement (PNUD) pour mesurer le niveau de développement d'un pays : « la productivité qui permet d'enclencher un processus d'accumulation ; la justice sociale : les richesses doivent être partagées au profit de tous ; la durabilité : les générations futures doivent être prises en compte (dimension à long terme du développement) ; le développement doit être engendré par la population elle-même et non par une aide extérieure. ».

Même si les apports de la littérature de la croissance endogène ont permis de grandes avancées dans la compréhension des mécanismes de croissance, les économistes ont progressivement réorienté leurs travaux dans le but d'expliquer les disparités dans les bilans des expériences de croissance économique. En effet, le quartet de capital physique, public, humain et technologique est bien insuffisant pour répondre aux questions de l'existence des écarts de richesses entre pays et de l'incapacité de certains pays à atteindre des performances économiques satisfaisantes alors qu'ils sont dotés de ces mêmes facteurs. Depuis la fin des années 1990, la littérature a ainsi vu une floraison de contributions axée sur les déterminants « profonds » de la croissance. Faisant l'objet de peu de contradictions, l'identification de ces déterminants a amené à considérer le triptyque géographie, commerce et institutions comme causes fondamentales de la croissance.

Dans le cas de ces RUP baignant dans leur environnement géographique immédiat qui, dans chaque cas, est une formidable zone de reflet de métissage de civilisations (arawak, amérindienne, africaine, européenne, américaine et indienne), de populations, de systèmes de gouvernance, de langues ou encore de dotations factorielles, il va sans dire que ces trois facteurs se conjuguent et concourent tous à rendre compte de la diversité des situations de revenus moyens des pays. Il y a évidemment nécessité de nourrir la réflexion pour mettre en relief leur importance relative ainsi que leurs influences directes et indirectes dans les sociétés et économies des RUP françaises.

C'est pour illustrer un pan de ce débat que nous dirigeons maintenant notre propos vers la problématique de la causalité entre institutions et croissance économique.

Le rôle des institutions dans la croissance et le développement

Un rappel de la définition des institutions constitue une étape utile à la prise de conscience sur le périmètre des liens entre qualité des institutions et croissance. Selon Douglass North, lauréat du prix Nobel d'économie en 1993 et l'un des pères de la nouvelle économie institutionnelle, il faut entendre les institutions dans une acception large, recouvrant les règles de fonctionnement d'une société, les contraintes formelles et informelles qui s'imposent aux divers acteurs et qui régissent leurs comportements. En empruntant les termes plus précis de Perkins, Radelet et Lindauer (2006, page 108), les institutions regroupent les règles officielles qui fixent l'organisation et le fonctionnement de la société (constitution, législation et réglementation), ses prescriptions officieuses (conventions, normes, traditions et codes de conduite appliqués par les individus) et les organismes qui fonctionnent dans le cadre de ces règles et de ces prescriptions.

Au haut de la pyramide institutionnelle, on distingue naturellement les institutions politiques qui dictent les règles de gouvernement de la société. Elles englobent les assemblées que l'on retrouve dans la plupart des systèmes politiques contemporains (Parlements, gouvernements, présidents, partis politiques, etc.) et sont dotées de pouvoir normatif dans le but de garantir une coopération stable et pacifique entre les acteurs de la société.

En dehors de la sphère politique, tout citoyen d'un pays consacre beaucoup de temps au dialogue avec d'autres institutions qui sont aussi en grand nombre. Il en va de même pour une entreprise entre la période de sa création et tout au long de son existence, avec notamment des rendez-vous annuels d'échanges d'informations avec des administrations fiscales. Les contributions d'auteurs comme Rodrik et Subramanian (2003), Rodrik (2005) et Pande et Udry (2006) sont importantes pour clarifier le champ d'intervention de ces institutions et appréhender les modalités de leur influence sur le système économique. Rodrik et Subramanian ont ainsi décrit une typologie en distinguant quatre familles essentielles :

- celles qui créent le marché, dont la fonction est de protéger les droits de propriété et de garantir l'exécution des contrats ;

-celles qui interviennent pour réguler le marché et qui agissent pour lutter contre les défaillances du marché en limitant par exemple le pouvoir des monopoles ;

-celles qui assurent la stabilisation des marchés comme les institutions monétaires et budgétaires dont l'une des missions est le maintien de la stabilité macroéconomique (inflation faible, évolution contrôlée de la masse monétaire, etc.) ;

- celles qui légitiment le marché à l'instar des institutions de protection et d'assurance sociale, en supervisant la redistribution et en gérant les conflits.

Partant du fait que l'absence des institutions génératrices de marchés est synonyme de marchés inexistants ou affectés de graves dysfonctionnements, considérant que le rôle des banques centrales est primordial pour garantir la stabilité monétaire et de même, constatant que le défaut des systèmes de retraite provoquerait des difficultés terribles pour une frange importante de la population, l'on comprend bien que les institutions occupent une place significative pour favoriser l'investissement et contribuer aux bonnes performances économiques. Ainsi, l'environnement institutionnel doit offrir un cadre favorable au maintien de la dynamique positive de l'économie. Dans les pays en guerre, instables politiquement, ou encore fortement gangrénés par la corruption, le cadre institutionnel devient un frein au développement économique. Une telle configuration est aussi observée dans un pays où l'activité économique est monopolisée par une minorité au pouvoir qui détourne les richesses à son profit et qui empêche l'existence d'un marché concurrentiel.

À côté de ces instances politiques, sous ses différentes ramifications, l'organisation et les prérogatives de l'appareil institutionnel se traduisent par la présence d'un grand nombre d'organismes dont le cumul des actions a un impact certain sur l'économie. Juste deux exemples peuvent être cités ici parmi la liste riche de structures éclectiques en France. L'Institut National de la Propriété industrielle – INPI-, établissement agissant sous la reconnaissance du ministère de l'Économie, de l'Industrie et du Numérique assure la mission capitale de gestion des brevets et de protection des droits de propriété industrielle. La Société des Auteurs, Compositeurs et Éditeurs de musique –SACEM-, très connue des professionnels de la musique s'est imposée en France et au plan international comme un partenaire au service de ceux qui élaborent la musique (compositeurs de musiques, auteurs de chansons) et ceux qui les accompagnent (les éditeurs).

C'est avec ces questions en ligne de mire que les auteurs de la nouvelle économie institutionnelle se sont imposés à la suite de Romer, Lucas et Barro en apportant des explications à la persistance du sous-développement et également en enrichissant les outils d'analyse de la croissance. Leurs travaux ont montré qu'« il existe un rapport étroit entre la force des institutions, la rapidité de la croissance économique et l'augmentation des fruits du développement » (Perkins, Radelet et Lindauer (2006, page 109). De façon plus précise, ils fondent leur analyse sur le concept des coûts de transaction pour expliciter le rôle des institutions. Jacques Brasseul (2000) rappelle que « dans une société complexe, la plupart des gens - de l'avocat au comptable, de l'homme politique au banquier - ne sont pas engagés directement dans des activités de production, mais dans des activités visant à réduire les coûts de transaction, qui comptent pour environ la moitié du PIB » et que l'on peut les classer en trois catégories : « les coûts de recherche qui concernent l'information préalable nécessaire à l'échange ; les coûts de négociation, impliqués par la détermination des conditions et termes de l'échange ; les coûts d'application (*enforcement*) des contrats au sens large, c'est-à-dire tout le côté juridique qui découle de leur mise en œuvre conforme aux termes initiaux. »

L'existence de coûts de transaction élevés est la traduction d'un fonctionnement médiocre des transactions et de l'inefficience de l'environnement institutionnel. Inversement, la mobilisation des acteurs pour la création d'un système de règles et d'outils définissant et garantissant leurs interrelations et le bon fonctionnement de la société, constitue un défi à relever pour établir un environnement propice à l'accumulation de capital. C'est de la qualité de ce système institutionnel que dépend la facilité avec laquelle les agents vont entreprendre des transactions, les généraliser ou non, au point de voir leurs actes au cœur de la création de richesses et de ses extensions, la croissance économique et le développement. Ce sont ces éléments nouveaux sur les règles du jeu que l'économie institutionnelle a mis au jour. Ils soulignent que le processus d'augmentation cumulative des facteurs de production est certes nécessaire pour accéder à la croissance mais qu'il n'est pas suffisant. C'est la qualité des institutions qui permet à cette mobilisation des facteurs de production d'être efficace dans la durée. Plus explicitement, Meisel et Ouldaoudia (2007) montrent que « le cadre institutionnel procure (ou non) l'élément fondamental du processus de création de richesse : la réduction de l'incertitude. Cette réduction de l'incertitude, c'est la confiance que les individus ont dans le respect des règles au niveau de l'ensemble de la société. C'est elle qui sécurise les transactions et les anticipations des acteurs. »

Dans la littérature récente, les liens de causalité entre les revenus et les facteurs profonds cités précédemment sont complexes comme l'illustre le graphique 1 emprunté à Rodrik et Subramanian (2003). Toutefois, certains analystes vont jusqu'à affirmer que la qualité des institutions a un rôle primordial, plus indispensable que celui de l'intégration commerciale et dépassant de loin l'impact de la géographie qui est exogène.

Figure 2. Les relations entre le développement et les trois déterminants profonds de la croissance

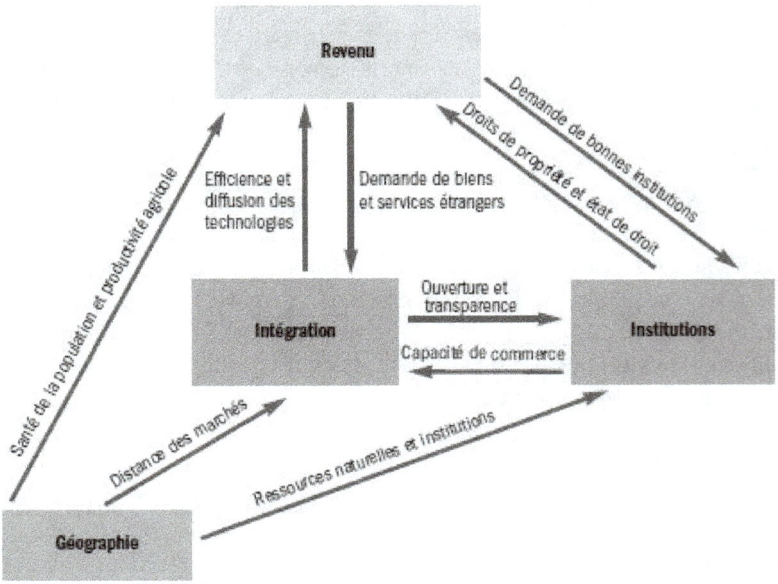

Sources : Dani Rodrik et Arvind Subramanian (2003)

Avec les propos de North cités par Jacques Brasseul, estimant que l'histoire économique de l'Occident peut être interprétée comme l'histoire de « la mise en place progressive d'institutions adaptées, propres à contenir la montée des coûts de transactions qui accompagne la division accrue du travail et donc la complexité croissante des sociétés »,il paraît particulièrement pertinent d'examiner pour tout pays et ici pour la Guadeloupe et les autres TFOM l'influence des changements institutionnels dans le processus de transformation économique.

De la mobilisation des institutions comme levier de croissance durable du territoire : quels enseignements pour les territoires ultramarins ?

Comme le rappellent Dejardin, Guio et Maréchal (1999), « le territoire n'est pas qu'un support passif pour les dynamiques économiques en présence. Son organisation, ses caractéristiques socio-économiques et institutionnelles y jouent un rôle actif. » Aussi, il est nécessaire d'aller au-delà des facteurs d'accumulation du capital et de considérer plus finement la dimension territoriale. C'est cette vision que propose la littérature du développement territorial qui met l'accent sur la capacité des acteurs à mettre en valeur les ressources locales, en exploitant leurs dimensions historiques, naturelles, économiques et sociales (Deffontaines 2001 ; Kebir et Maillat 2004). En effet, à l'échelle réduite d'une entité locale, une commune ou une ville, le développement économique est appréhendé à partir des phénomènes de progrès qualitatifs des quartiers, de l'essor de l'implantation des entreprises ou encore d'accroissement de l'emploi. Le développement local est alors proposé comme réponse afin d'atteindre ces objectifs. Il repose sur une approche qui octroie aux initiatives locales le rôle de moteur du développement économique.

De manière plus générale, on comprend que les questions des nouvelles politiques publiques à mettre en œuvre dans les TFOM immédiatement et à court terme sont cruciales pour qu'ils réussissent à appréhender les grands défis auxquels ils sont confrontés. Les orientations de ces politiques, leur pilotage, leurs modalités institutionnelles sont des clés de voûte de cette réussite. Nous plaidons dans cette section pour le rôle pivot de la réforme des institutions comme catalyseur et rouage d'entraînement du succès économique et social dans ces régions à l'horizon 2030. Bien plus que dans les régions de l'hexagone, si l'on doit sélectionner les territoires où les problématiques de la réforme des institutions sont anciennes, récurrentes et controversées, c'est bien ceux des TFOM. Dès lors, en écho à ce débat, il est légitime ici de rappeler les contours de ces questionnements et ensuite, d'interroger les relations dans chaque TFOM entre les performances des institutions et les performances économiques.

Le millefeuille régional et ses imperfections

Le processus d'intégration à la Nation adopté le 19 mars 1946 a été conforté par les constitutions du 27 octobre 1946 et du 4 octobre 1958 qui ont consacré l'extension des structures politiques, administratives et institutionnelles dans les DOM au même titre que dans les autres départements français, mais en leur reconnaissant le principe de dérogation au droit commun, en raison de leurs particularités.

L'orientation est clairement prononcée dans le sens où les collectivités locales et le préfet ne se voient pas attribuer des compétences identiques à leurs homologues de la métropole. Ainsi, la départementalisation va laisser peu d'initiatives aux élus locaux dans l'élaboration du budget du Département qui est placé directement sous la tutelle du préfet.

Pour le pouvoir central, cette mise en place accélérée des représentations étatiques se justifiait du fait de l'urgence face à la situation économique de l'époque et de l'ampleur des réformes à mettre en œuvre pour un développement qui permette l'accroissement rapide du niveau de vie moyen des populations.

Flottant dans les bassins caribéen et américain mais respirant juridiquement sous la dépendance des institutions françaises et européennes situées à 9000 km, les DFA ont vu le rythme de l'aménagement de leur territoire dépendre des divers échelons de gouvernance autour du « sextet commune, intercommunalité, département, région, État et Europe ». Il en est de même pour l'île de la Réunion dans son univers de l'océan indien. En reflet des évolutions observées dans l'hexagone, tout au long de leur histoire, les DOM ont vu la structuration administrative de leurs territoires et de leurs grands domaines socio-économiques (transport, eau, gestion des déchets, protection sociale, tourisme, etc.) se complexifier pour aboutir également à l'édification d'un véritable millefeuille administratif régional. Aujourd'hui, l'organisation territoriale met dans un jeu de dialogue une multitude d'acteurs autour du sextet précité : les services de l'État, les syndicats intercommunaux, offices, observatoires, sociétés d'économie mixte, etc.

S'il est un constat dressé par la majorité des rapports traitant de l'évaluation des politiques publiques, c'est que le jeu relationnel entre les structures institutionnelles s'illumine par les constats relatifs à sa lourdeur, son immobilité, son coût exorbitant, etc. La France est le modèle à ne pas suivre s'agissant de l'empilement des structures : elle ne compte pas moins de 36700 communes, 101 départements, 27 régions, 5900 syndicats intercommunaux, 371 pays, etc. Elle est l'exemple à citer pour démontrer jusqu'où l'enchevêtrement des compétences et l'enchevêtrement des crédits peuvent aller en matière de complication. Elle peut être vue comme un cas d'étude pour renseigner concrètement sur la pratique des financements croisés et de leurs conséquences néfastes, en particulier l'allongement des délais dans la prise de décision.

En cette période de premières années de mise en œuvre de l'intercommunalité dictée par l'adoption de la « loi Chevènement » du 12 juillet 1999 de renforcement et de simplification de la coopération intercommunale et également au lendemain de l'entrée en vigueur de la loi n° 2014-58 du 27 janvier 2014 de modernisation de l'action publique territoriale et d'affirmation des métropoles, les élus guadeloupéens ont été appelés une fois encore à appliquer un modèle d'organisation territoriale imposé d'en *haut et non construit selon une* démarche ascendante faisant valoir pleinement la vision et les choix des acteurs locaux.

Au sein de l'archipel Guadeloupe, l'on se retrouve alors avec une déclinaison de l'appareil de gouvernance articulée autour des 2 collectivités majeures, la région et le département, 32 communes, 6 EPCI et les services de l'État. Il s'y ajoute aussi d'autres types de structures intercommunales. Les tableaux 1 et 2 renseignent sur le nombre d'élus dirigeant ces entités. On recense ainsi 32 maires, 952 conseillers municipaux, 229 postes de conseillers communautaires, 42 conseillers territoriaux et 41 conseillers régionaux. On comptabilise également près d'une quinzaine de syndicats intercommunaux exerçant des prérogatives dans divers grands domaines. Dans le tableau 2 en particulier, il est aisé de découvrir l'émiettement de la compétence eau sur de nombreux syndicats couvrant chacun peu de communes, constat qui est à l'opposé du service public de l'électricité pris en charge par une seule structure intercommunale. Avec ou sans ces éléments des tableaux 1 et 2, il n'est pas besoin d'une grande démonstration pour mettre en exergue l'éparpillement de compétences entre trop d'entités intercommunales et surtout ses conséquences dommageables, celles de freiner la définition et la mise en œuvre des politiques publiques sur le territoire.

L'histoire ne pouvant être réécrite, les choix des Guadeloupéens étant ce qu'ils sont, la problématique centrale s'imposant aux décideurs Guadeloupéens est celle de conduire l'aménagement et le développement territorial à partir des institutions et du jeu d'acteurs dont ils se sont dotés. Or, s'il faut résumer, ces choix de gouvernance n'ont pas débouché pour l'heure sur une simplification de l'organisation administrative territoriale, un ***matching*** approprié entre charge de travail des élus et portefeuille des tâches issues des dossiers du territoire ou encore sur une mutualisation efficiente génératrice d'économies d'échelle. Au contraire, sur un territoire aussi exigu, les pouvoirs économiques et politiques sont exercés par de nombreuses structures qui coexistent, voire s'ignorent et disposent de compétences qui se chevauchent. Même si la loi du 27 janvier 2014 introduit des dispositions qui imposent une certaine clarification du rôle des acteurs, notamment le principe des collectivités chef de file et la gestion des fonds européens déléguée, il n'en demeure pas moins qu'elle maintient la configuration multi-scalaire de la gouvernance et de ses conséquences, à savoir le citoyen qui a du mal à repérer qui fait quoi, l'entrepreneur qui doit affronter le millefeuille administratif pour porter ses projets, les chefs d'édilité qui doivent subir et gérer les lourdeurs de la coopération interterritoriale dans différents domaines de l'action publique (transport, déchet, eau, etc.).

Tableau 1. Quelques indicateurs clés des collectivités locales en Guadeloupe au 1er janvier 2015

commune	Com. d'agglo.	Population	Superficie en km²	Nb Etablissements	CM	CC
Les Abymes	CAP E	59311	81,65	6217	45	25
Anse-Bertrand	CANGT	4910	60,47	383	27	4
Baie-Mahault	CAP E	30201	46,02	8005	39	16
Baillif	CASBT	5094	24,37	429	29	3
Basse-Terre	CASBT	11730	6,1	1994	33	6
Bouillante	CASBT	7513	43,46	684	29	4
Capesterre-BE	CASBT	19448	104,31	1414	33	10
Capesterre-MGT	CCMG	3352	46,19	268	23	5
Gourbeyre	CASBT	7855	23,52	519	29	4
La Désirade	CARL	1554	23,12	129	19	3
Deshaies	CANBT	4356	32,15	474	27	2
Grand-Bourg	CCMG	5470	55,54	699	29	7
Le Gosier	CARL	26739	42,2	3805	35	16
Goyave	CANBT	8309	60,91	487	29	4
Lamentin	CANBT	15486	65,63	1227	33	9
Morne-à-l'Eau	CANGT	16767	63,56	1268	33	9
Le Moule	CANGT	22533	82,84	2060	35	12
Petit-Bourg	CANBT	23729	130,88	2265	35	13
Petit-Canal	CANGT	8022	70,35	663	29	6

Pointe-à-Pitre	CAP E	16063	2,66	5091	33	9
Pointe-Noire	CANBT	6957	59,71	566	29	3
Port-Louis	CANGT	5541	43,24	388	29	5
Saint-Claude	CASBT	10505	34,27	588	33	5
Saint-François	CARL	14953	59,82	2434	33	9
Saint-Louis	CCMG	2582	56,28	232	23	4
Sainte-Anne	CARL	24346	80,29	2112	35	14
Sainte-Rose	CANBT	20241	119,65	1571	35	11
Terre-de-Bas	CASBT	1102	7,58	96	15	1
Terre-de-Haut	CASBT	1780	5,22	229	19	1
Trois-Rivières	CASBT	8735	31,22	633	29	4
Vieux-Fort	CASBT	1834	7,24	77	19	1
Vieux-Habitants	CASBT	7617	58,7	508	29	4
Total	**Guadeloupe**	**404635**	**1629,15**	**47515**	**952**	**229**

Sources : Préfecture de la Guadeloupe, Insée

Tableau 2. Liste des autres groupements de communes en Guadeloupe hors EPCI

Groupement	Population couverte	Périmètre spatial
Syndicat mixte ouvert (SMO)		
Syndicat mixte de gestion, d'entretien et d'exploitation des routes de la Guadeloupe	Ensemble de la population	Ensemble de l'archipel
Syndicat de valorisation des déchets	273 156 hab. (68 % de la pop.)	16 communes et 1 com. de communes
Syndicat mixte de la Rivière Saint-Louis *Production d'eau brute*	82 174 hab.	CA Grand Sud Caraïbe
Syndicat mixte de la région de Basse-Terre *Enseignement de disciplines sportives et d'activités de loisirs*	82 174 hab.	CA Grand Sud Caraïbe
Syndicat mixte des transports du Petit cul de sac marin	171643 hab.	Cap Excellence et Riviera du Levant
Syndicat intercommunal à vocation unique (SIVU)		
Syndicat intercommunal de l'abattoir de la Basse-Terre	31 709 hab.	5 communes (Bouillante, Pte-Noire, Tr.-Riv., Vx-Fort, Vx-Hab.
Syndicat intercommunal d'alimentation en eau et d'assainissement du Sud de la Côte Sous-Le-Vent *Captage, traitement et distribution d'eau*	Établissement fermé le 26-04-2017	
Syndicat intercommunal des Grands Fonds de la Grande-Terre *Distribution d'eau potable*	123663 hab.	4 communes (Les Abymes, Le Gosier, Morne-à-l'Eau, Le Moule)
Syndicat intercommunal Mise en valeur des Sites Plages Guadeloupe	Ensemble de la population	L'archipel Guadeloupe

Syndicat intercommunal de la piscine Abymes/Gosier/P-à-P	99700 hab.	3 communes (Abymes, Gosier, Pointe-à-Pitre)
SIVU Agglo Abymes/Baie-Mahault/Gosier/Pointe-à-Pitre	131617 hab.	4 communes (Abymes, Baie-Mahault,Gosier, Pointe-à-Pitre)
Syndicat intercommunal à vocation multiple (SIVOM)		
Syndicat Intercommunal d'Alimentation en Eau et d'Assainissement de la Guadeloupe	99638 hab.	6 communes (Goyave, Petit-Bourg, Gosier, Sainte-Anne, Saint-François et Désirade)
Syndicat mixte fermé (SMF)		
Syndicat mixte d'électricité de la Guadeloupe	Ensemble de la population	Ensemble de l'archipel
Syndicat mixte périphérique Basse-Terre pour la collecte et le traitement des ordures ménagères	81533 hab.	6 communes (Bouillante, Cap.-BE, Pte-Noire, Tr.-Riv.Vx-Fort Vx-Hab.)+CA du Sud BT)

Sources : Elaboré à partir de https://www.collectivites-locales.gouv.fr/ et INSEE

Les vestiges de l'économie de comptoir et ses injustices

Sur le terrain du développement économique, les choix historiques des gouvernements depuis 1946 ont obéi à une démarche de stratégies conçues et décidées depuis "le haut" sans le consentement et l'implication des acteurs locaux. Cette approche a prévalu pour appliquer la stratégie de développement par la rente et le choix parallèle de renoncement à l'industrie et de marginalisation des secteurs productifs. Pour les TFOM, les gouvernements de l'immédiat après-guerre l'ont présentée comme un compromis, la solution minimale qui satisfaisait des impératifs que le temps ne pouvait concilier.

Au bout de son cinquantenaire, la politique d'intégration à la nation française a fait passer ces territoires d'une organisation économique de type colonial aux sociétés actuelles, relativement modernes, ancrées dans la consommation de masse et, évoluant au rythme des technologies nouvelles.

S'il faut se risquer à un résumé rapide, il n'est point exagéré de souligner que les TFOM ont connu une croissance sans développement. Dans une contribution au titre quelque peu évocateur -*L'économie martiniquaise : croissance ou excroissance* ?-, Claude De Miras (1988) résume également de façon concise, les caractéristiques de la politique de croissance dans les DOM basée sur les transferts publics : "L'application progressive des lois sociales, l'extension massive du secteur public et de ses interventions économiques, la budgétisation accélérée de l'économie ont été la cheville ouvrière de cette stratégie économique de plus en plus détachée de la production comme processus de création de valeur ajoutée".

Pourtant, durant la départementalisation, des efforts multiples ont été déployés par les gouvernements pour agir contre les nombreux écueils qui entravent le développement de la Guadeloupe, de la Guyane, de la Martinique et de la Réunion. Ainsi, les rapports et les lois se sont succédé pour apporter des cadres législatifs à l'action des gouvernements. N'oublions pas qu'il y a eu les rapports Jarnac (1987), Ripert (1990), Bélorgey (1993), Mossé (1999), Lise-Tamaya (1999), Doligé et Larcher (2009),... , et Lurel (2016). Rappelons aussi qu'il y a eu adoption des lois Pons sur la défiscalisation (gouvernement Chirac) en juillet 1986, Perben (gouvernement Balladur) en juillet 1994, d'orientation pour l'Outre-mer (Loom, gouvernement Jospin) en décembre 2000, Paul sur la défiscalisation (gouvernement Jospin) en décembre 2000 et programme pour l'Outre-mer (Lpom, gouvernement Raffarin) en juillet 2003,... , Lurel relative à la régulation économique outre-mer (REOM, gouvernement Vals) entrée en vigueur le 20 novembre 2012 et, la toute dernière, la loi d'Égalité réelle Outre-mer adoptée définitivement par le Parlement le mardi 14 février 2017.

Mais en termes d'évaluation, mis à part les lois les plus récentes, il ressort sans conteste des résultats des plus limités et des constats montrant que les économies de l'outremer français restent atypiques dans le sens où elles sont régies par un mode de fonctionnement hétérodoxe, en rupture des schémas orthodoxes du corpus des théories de la science économique.

Les rouages de leurs circuits économiques sont presque totalement impulsés de l'extérieur et s'accommodent de productions faibles, dont les valeurs sont sans commune mesure avec ce qu'elles devraient être pour financer les volumes de consommation des ménages ainsi que le montant des revenus qu'ils perçoivent. Ainsi, l'essentiel des revenus distribués dans ces économies ne dépend pas de la production. En outre, ces dernières présentent des paradoxes et un caractère dual à plusieurs niveaux :

- La dichotomie "hauts revenus / bas revenus" marquée par l'écart entre les salaires publics et privés ;
- La juxtaposition des bas salaires à côté de revenus constitués essentiellement de prestations sociales ;
- La coexistence de groupes sociaux ayant des intérêts antinomiques ; par exemple, si le développement d'une production locale paraît un impératif, il se révèle gênant pour ceux qui ont la mainmise sur le secteur de l'import-export ;
- Un chômage persistant et structurellement élevé, en parallèle d'un taux de croissance et d'une proportion annuelle moyenne de créations d'emplois figurant longtemps parmi les plus élevées des régions françaises.

En termes de financement, la contrainte budgétaire d'une telle économie est satisfaite de manière exogène, par une rente prenant la forme de transferts de fonds publics en provenance de la Métropole. Dans ce contexte, le mode de développement des TFOM demeure fragile et est surtout devenu insoutenable.

Les nombreuses tentatives déjà faites par les pouvoirs publics pour rompre avec cette logique de rente, et plus généralement pour sortir de la serre évoquée plus haut n'ont pas porté leurs fruits. À l'instar des trappes à pauvreté ou trappes de sous-développement qui caractérisent bon nombre de pays en retard économique, il faut voir que les TFOM sont victimes de leur héritage historique et, de ce fait, se retrouvent quelque peu piégés dans des « trappes institutionnelles ».

La compétitivité des entreprises, la relance de l'investissement privé, l'entreprenariat, l'innovation, la conquête du marché intérieur, l'ouverture sur la Caraïbe... , certainement oui. Mais fondamentalement, la progression sur ces différents fronts dans l'optique de porter le projet d'une meilleure société ne sera durable que si la macrostructure des économies domiennes est elle aussi reconfigurée.

Quelles perspectives autour de la mobilisation des institutions ?

Les ressources et les potentiels existent...

Au regard des faits de sa trajectoire historique mais surtout de ses contraintes et atouts pour aborder son avenir, il est souhaitable de faire ressortir que si l'économie et la société guadeloupéennes doivent faire face à des dysfonctionnements structurels, elles ont pu tout de même être le terreau d'un processus d'accumulation des catégories de capital décrites préalablement et, elles détiennent une diversité de ressources dont elles ne devraient plus tarder à optimiser la valorisation.

Aujourd'hui, la Guadeloupe est à la croisée des chemins et, comme au niveau national, elle est vouée à s'engager dans une réforme ambitieuse pour aboutir à la nécessaire modernisation de son modèle économique et social. Les manettes exogènes qui ont assuré la durée de vie de ce modèle jusqu'ici sont devenues de plus en plus insoutenables. Le contexte national est en effet celui de la crise de la dette publique, qui voit le gouvernement obligé de déployer de gros efforts afin de réduire le poids du fardeau de l'endettement public. Le climat de l'espace européen est aussi celui des marges de plus en plus étroites pour l'obtention de fonds européens, d'autant que dans le périmètre élargi de l'Europe des 28, les RUP françaises ne sont plus en position de territoires les plus défavorisés.

Les conséquences à terme pour la Guadeloupe et plus généralement pour les autres TFOM sont incontestablement la nécessité d'inventer et de mettre en œuvre de nouveaux modèles de développement et de nouvelles approches de l'intervention publique. Il est important de souligner que de nouvelles réponses institutionnelles pourraient contribuer à tenir ce rôle déterminant de facilitateur de la croissance. Ce sont elles qui devraient aboutir à l'élaboration de solutions intelligentes pour maximiser la valorisation des ressources endogènes du territoire (biodiversité, sport, nature, etc.) d'une part, et d'autre part accélérer le développement en garantissant une régulation effective en faveur de l'équité des citoyens.

Les débats faisant allusion au diagnostic des économies françaises d'outremer n'ont pas cessé de placer les images pessimistes au cœur de leur argumentation (handicaps structurels, petitesse, isolement, etc.). Mais le moment n'est-il pas venu de sortir de ce discours aliénant et considérer que les TFOM sont loin d'être dépourvus de ressources valorisables ? La figure 3 offre un résumé des champs d'actions et de possibles liés à l'exploitation pertinente de ces ressources. Évoquons la combinaison « climat / beauté paysagère » qui est une évidence insuffisamment monétarisée chez les décideurs des TFOM, alors que ses prix, ses hautes valeurs, sont présents dans la conscience des populations les plus fortunées du monde. Il y aussi la biodiversité dont l'appropriation et la marchandisation sont dans les lignes de mire des firmes multinationales mais toutefois, elle est encore trop peu présente dans les actes de création de richesses de bon nombre de pays ou territoires infranationaux comme les TFOM. N'oublions pas également la mer, cet immense gisement de ressources, celles traditionnelles et qui demeurent incontournables, mais aussi celles porteuses de nouvelles valeurs ajoutées positionnées dans les objectifs actuels des pays développés. Dans la même ligne d'idées, un meilleur devenir économique des TFOM passe par leur littoral. Il faut avoir en tête qu'il est utilisé dans les villes qui réussissent, en étant instrument de tous les possibles dans la course vers l'attractivité. L'aménagement du littoral n'est-il pas de nature à offrir de belles perspectives à ces centres bourgs qui souffrent du manque d'animation économique ? Comme illustration, la mise en place du déplacement par bateau pour le transport interurbain en souffrance fait probablement partie de ces dynamiques communales à retrouver.

Faire preuve de clairvoyance pour les décideurs locaux consiste à se doter d'un « jeu de règles et dispositifs institutionnels » qui soient à la hauteur des défis des économies ultramarines à l'horizon 2030.

Figure 3. Un inventaire des socles communs de l'action des pouvoirs publics locaux pour impulser le développement économique local et régional

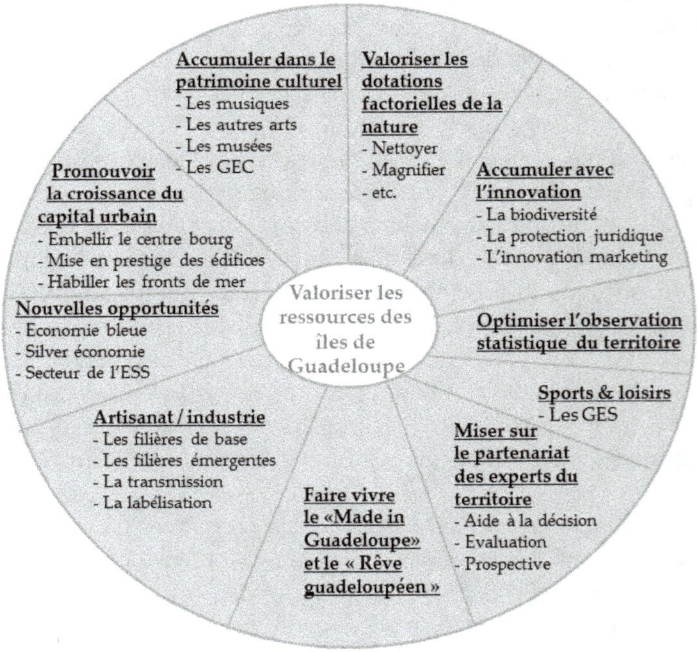

Sources : Schématisation de l'auteur

Nécessité de construire une économie saine et un projet de développement en réglementant les défaillances des marchés

Un exemple de champ d'action visant plus de mutations vers l'économie de production en substitution du système de comptoir est celui associé à l'arrivée de la loi Lurel qui est désormais saisissable depuis le 21 novembre 2012. Dans ces territoires munis de tout l'arsenal juridique du droit commun de la concurrence, il est a priori surprenant d'assister à l'impuissance de la régulation économique et de voir cette dernière demeurer aveugle devant la vigueur des traces du passé colonial. La loi RÉOM entend être le cadre d'un pouvoir de réglementation des marchés ultramarins comme l'a si bien analysé Séverine Manna (2013) qui montre que « Les spécificités ultramarines ont été prises en compte avec la création d'infractions, de procédures et de pouvoirs étatiques applicables uniquement dans les DOM-TOM. » Son Article 9 introduit le contrôle des concentrations dans le secteur de la distribution, son Article 5 l'interdiction des accords d'exclusivité d'importation. Elle comporte aussi la procédure d'injonction structurelle pour le commerce de détail qui est vue comme une arme dissuasive, avec laquelle les entreprises du secteur pourront agir pour exiger l'effectivité de la concurrence et ainsi obtenir des cessions d'actifs ou l'application de mesures comportementales (réduction des marges). Maintenant que cette loi a le mérite d'exister, il faut noter qu'elle interpelle les acteurs et décideurs politiques locaux à prendre toute la mesure de ses possibilités et ainsi, à mener des combats de réécriture des règles de fonctionnement des marchés axées sur la correction des pratiques abusives qui y prédominent encore. À cet égard, le concours des experts juristes serait le bienvenu aux côtés des instances impliquées dans la lutte contre la vie chère pour installer dans les TFOM des organismes de défense des consommateurs qui pourraient jouer pleinement leur rôle. Sur le site du Huffington Post, le blogueur Serge Rouleau a utilisé en juin 2015 la belle formule « *La concurrence est au monopole ce que la démocratie est à la dictature* »dans une analyse de la démocratie économique du Québec. Nous la faisons nôtre afin de montrer à quel point le défi visant à libérer les marchés des TFOM du joug de leurs monopoleurs communs est crucial pour leur permettre d'appréhender moins d'injustice sociale et plus de justice économique. Il est difficile de contester que l'action de ces monopoles et leur stratégie de domination ont largement participé à l'accentuation des déséquilibres qui ont progressivement perverti les économies guadeloupéenne, guyanaise, martiniquaise et réunionnaise : la logique d'économie de comptoir dans l'administration et l'exploitation des ressources (les épices, la canne et le sucre hier, mais aujourd'hui la biodiversité, la mer, le littoral, la forêt amazonienne,...) ; l'insuffisante volonté de réduire la dépendance économique ; la production locale qui relève plus du mythe lorsque l'on constate l'étendue des pouvoirs des maîtres de l'import et de la grande distribution ; le statu quo dans le partage des richesses générées sur ces territoires, avec l'immuabilité du rapport de force « gagnants – perdants » ; etc.

Nécessité d'alléger le millefeuille régional

Un domaine d'intervention prioritaire concerne aussi la correction des défaillances institutionnelles résultant du millefeuille territorial.

Comme cas de figure qui s'impose, l'actualité plus ou moins récente invite au questionnement sur l'impact des EPCI sur la gouvernance territoriale. Le moins que l'on puisse dire est que leur arrivée comme nouvelle strate administrative et leur montée en puissance progressive sont loin de simplifier et de rationaliser le dispositif politico-administratif local (voir la figure 4). Des enseignements sont déjà à tirer de leur courte histoire qui n'est pas synonyme de baisses des coûts de transaction, c'est-à-dire des coûts d'organisation et de fonctionnement du pilotage de l'action publique locale. Au contraire, leur mise en place a contribué à épaissir le millefeuille régional et élargir le registre des opportunités de gaspillage et de dérives clientélistes. Probablement qu'il est encore tôt pour préjuger de leur réelle efficacité, mais il est certain que le cadrage de leur rôle dans la gestion des politiques publiques est encore perfectible. À l'heure où les priorités se situent dans la recherche de soutenabilité des finances publiques, les EPCI ont à prouver l'utilité de leur positionnement entre les communes, le Conseil départemental et le Conseil régional. S'agissant de leurs premiers dossiers et stratégies à court moyen termes, il y a certainement des choix qui ne sont point prioritaires et inversement des actes à réaliser dans les plus brefs délais. L'urgence ne se situe pas par exemple dans la construction de bâtiments de sièges pour octroyer des bureaux somptueux aux élus. Un tel objectif est amplement faisable en rénovant l'un des nombreux immeubles abandonnés que l'on recense dans chacun de leur territoire. En revanche, l'action immédiate des EPCI devrait aussi être placée sur des procédures, des dispositifs administratifs d'encadrement du marché et d'accompagnement des filières économiques. Une multitude d'exemples peut être énumérée ici, on peut se contenter d'en citer deux. La production locale a certainement besoin du concours des EPCI pour faciliter son accès aux marchés publics tout en respectant les contraintes réglementaires. De même, la mise en beauté du littoral guadeloupéen a fortement besoin de la force de frappe des EPCI pour voir l'émergence de « fleurs immobilières » soigneusement choisies pour une mixité d'activités de loisir, économiques, culturelles et autres.

Figure 4. Une schématisation de l'enchevêtrement des compétences dans l'architecture territoriale

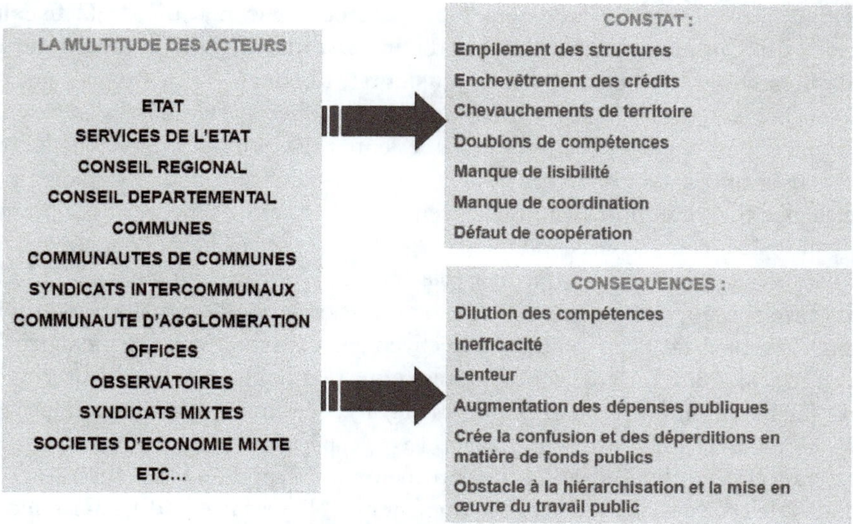

Source : Schématisation de l'auteur

Au-delà des interrogations sur la place des EPCI, c'est le chantier de l'allègement de l'échafaudage politico-administratif qui doit faire l'objet de décisions au regard de l'utilité de chacune de ses composantes institutionnelles et de l'arbitrage coûts-efficacité. Dans cette période faisant suite à la mise en œuvre de la loi NOTRé, il n'y a guère de doute que la Guadeloupe demeure figée dans sa situation de territoire au sein duquel la conduite des affaires dans les cités communales, intercommunales, départementale et régionale est emmurée dans les inconvénients et pièges divers de son édifice de gouvernance résumé par la figure 4 : la parcellisation des compétences et les querelles dans leur partage ; la confusion résultant du croisement des délibérations des exécutifs ; les doubles-emplois ; la pléthore d'acteurs ralentissant la prise de décision ; l'insuffisante mutualisation des moyens humains, matériels et financiers ; la médiocre rationalisation des coûts de gestion ; les incohérences de la fiscalité locale caractérisée par un empilement des impôts locaux directs et indirects ; etc. **Plus précisément, derrière les intitulés des acteurs de cette figure 4, il se cache en réalité une véritable arborescence dont chaque branche correspond à une déclinaison comportant des dizaines d'institutions et surtout, bon nombre de ces dernières se concurrencent pour le pilotage** des opérations locales. Pareillement, derrière les libellés des constats et conséquences, il faut aussi dénombrer plusieurs dizaines voire une cinquantaine de situations caractérisant les **dysfonctionnements générés par l'organisation territoriale actuelle. Pour se limiter à deux problèmes, soulignons d'abord celui des déséconomies d'échelle qui apparaît avec à la** progression continue des dépenses de personnel et qui est aussi couplé à la lenteur de mise en œuvre des projets, lenteur qui nuit à l'émergence de cet environnement propice à l'initiative privée.

Pour aller plus loin, il **faut également apercevoir le maquis de la fiscalité locale qui émane de cet excès d'administration. Les caractéristiques saillantes sont l'existence de plusieurs dizaines** d'impôts locaux, le chevauchement de multiples impôts directs et indirects, l'illisibilité des taxes et redevances payées par les ménages et par les entreprises, etc. Cette cohabitation des taxes, redevances, contributions et cotisations sociales a abouti en France à un millefeuille fiscal composé de plusieurs centaines de dispositifs fiscaux dont presque chacun se distingue par ses conditions particulières et ses niches. Si quasiment tous les ménages connaissent les quatre vieilles (Taxe d'habitation, Taxe sur le foncier bâti, Taxe sur le foncier non bâti et Taxe professionnelle), il en va autrement pour le large éventail de taxes pourtant effectivement collectées annuellement par les collectivités locales. Juste quelques intitulés pour s'en rendre compte à leur lecture : Taxe intérieure sur les produits pétroliers (TIPP) ;Versement destiné aux transports en commun ;Taxe sur l'électricité ;Taxe spéciale sur les conventions d'assurance ;Contribution au développement de l'apprentissage ;Taxe sur les pylônes électriques ; Redevances funéraires ; Redevances d'assainissement ; Redevances d'archéologie préventive ; Redevances et droits des services à caractère culturel ; Redevances et droits des services à caractère sportif et de loisirs ; Redevances versées par les fermiers et les concessionnaires ; Redevances pour concessions, brevets, licences, marques, procédés, logiciels, droits similaires.

Dans son rapport sur le patrimoine des ménages, publié en mars 2009, le Conseil des prélèvements obligatoires, présidé à l'époque par Philippe Séguin, a observé que « ce millefeuille fiscal ne présente aucune cohérence d'ensemble, les dispositifs se juxtaposant les uns aux autres sans objectifs clairement affichés ni évaluation de leur impact » (page 108). Plus grave encore, par le mouvement de la décentralisation et les transferts de compétences, la multiplication des dispositifs fiscaux a généré des inégalités débouchant sur l'absence d'égalité du citoyen devant l'impôt, état de fait contraire à la Constitution dont l'article 1 stipule que « La France assure l'égalité devant la loi de tous les citoyens sans distinction d'origine ». Or, aujourd'hui, dans les TFOM, d'une commune à l'autre, de Morne-à-l'Eau à Saint-Claude en Guadeloupe, de Fort-de-France aux Trois-Îlets en Martinique, de Saint-Pierre à Sainte-Suzanne à la Réunion, de Mana à Kourou en Guyane, les réalités des prélèvements réclamés au titre de la taxe foncière et de la taxe d'habitation pour deux contribuables aux revenus égaux et logements de surfaces similaires transpirent les inégalités, avec des sommes pouvant varier du simple au double.

Pour l'impérieuse reconfiguration de leur système institutionnel, il est clair que les TFOM ont le choix de nombreuses options et disposent pour chacune de marges de manœuvre suffisantes leur permettant d'aller vers des compromis acceptables en ce qui concerne la réduction des avantages des élus et l'intérêt collectif. Il est vrai que l'histoire de ces régions, singulièrement celle de la Guadeloupe, est riche de soubresauts et de rendez-vous manqués. Mais il est tout aussi vrai qu'elle est têtue et que ses faits rattrapent toujours ses acteurs. Ainsi, ces dernières années, elle n'a eu de cesse d'appeler les responsables gouvernementaux à renouer avec les débats sur la pertinence d'une assemblée unique. Gageons que les constats sur les blocages institutionnels de plus en plus visibles par la population et les demandes pressantes de résultats de cette dernière les inciteront enfin à prendre toute leur responsabilité.

Conclusion

Au cours de ces dernières années, les événements sociaux et les consultations des populations ont fourni une multitude d'occasions pour solliciter les décideurs régionaux et nationaux sur la nécessaire écriture d'un projet d'épanouissement économique et social pour chacun des TFOM.

Après la récurrence de bilans mitigés des lois de développement sur plusieurs décennies, il est certainement opportun de s'interroger sur leur efficacité dans un contexte de continuité institutionnelle. Les mesures de politique économique qui y sont sous-jacentes, qu'elles privilégient la logique keynésienne de gestion de la demande ou qu'elles revendiquent la compétitivité de l'offre comme facteur déterminant de la croissance à moyen terme, ont en commun de proposer des remèdes qui ne provoquent que de faibles transformations structurelles des économies et sociétés des TFOM. S'ils s'enferment dans cette vision de la politique économique pour leur territoire, les élus responsables de ces régions ne pourront guère s'engager dans la voie des changements du système économique et des types d'organisation indispensables à la croissance et encore moins dans la voie du développement, celle de *« la combinaison des changements mentaux et sociaux d'une population qui la rendent apte à faire croître cumulativement et durablement son produit réel et global »* (Perroux, 1966).

Dans le climat économique des TFOM teinté de pessimisme et face à une conscience identitaire de plus en plus assumée par les domiens, nous avançons la proposition que le moment est venu pour envisager enfin des réformes significatives dans l'organisation institutionnelle actuelle qui sécrète les blocages et freinages de leur croissance.

Dans cet article, nous avons focalisé notre attention sur le rôle des institutions. C'est précisément de la recherche d'efficacité de leurs systèmes de gouvernance économique et politique que dépendent les phénomènes de changement qui seraient de nature à générer les progrès économiques et collectifs pour leurs territoires. Aussi, pour la réparation des injustices transmises par l'héritage colonial, les TFOM sont face au défi de la modernisation de leurs économies encore ancrées dans le fonctionnement de comptoir. De même, en correction des défauts de leur organisation administrative imposée par la départementalisation, ils sont face au défi de l'allègement du millefeuille régional et du désenchevêtrement des compétences de leurs collectivités.

Comme tout pays, la Guadeloupe poursuit sa marche dans le temps, en plaçant ses pas dans les divers sentiers de son identité institutionnelle plurielle, la France, la

Caraïbe et l'Europe. Mais un enseignement des plus logiques et des plus importants qu'elle doit impérativementtirer est que, quel que soit le montage juridique institutionnel qu'elle choisira, elle devra arbitrer en veillant à mettre en place des instruments de décision et de pilotage optimisant l'efficacité de l'action publique locale.

Bibliographie

Acemoglu, D., Robinson, J. A., (2000), Political Losers as a Barrier to Economic Development, American Economic Review, 90, 126–144.

Acemoglu, D., Robinson, J. A., (2008b). The Persistence and Change of Institutions in the Americas. SouthernEconomic Journal, 75(2), 282-299.

BognárJózsef (1967), Les aspects politiques des blocages du développement. In : Tiers-Monde, tome 8, n°29, 1967. Blocages et freinages de la croissance et du développement (2) pp. 83-91 ; doi : 10.3406/tiers.1967.2336
http://www.persee.fr/doc/tiers_0040-7356_1967_num_8_29_2336

Borda P., Mathouraparsad S. (2016), Le syndrome domien ou les maux du modèle économique des DOM, Document de travail du CREDDI, Juillet 2016.

Belorgey (Gerard), Défi (le) des singularités : rapport du groupe outre-mer, Paris, La Documentation française, 1993, 214p, tabl.(coll. réparation du XI ème plan).

Berthelier Pierre, Desdoigts Alain, Ould Aoudia Jacques, (2004), Profils institutionnels, Revue française d'économie, volume 19, n°1, 2004. pp. 121-196. DOI : 10.3406/rfeco.2004.1543.

Jacques Brasseul (2000), Le rôle des institutions dans le développement économique : les leçons de l'histoire, La Jaune et la Rouge, Revue mensuelle de l'association des anciens élèves et diplômés de l'école Polytechnique, Magazine N°552 Février 2000. *http://www.lajauneetlarouge.com/article/le-role-des-institutions-dans-le-developpement-economique-les-lecons-de-lhistoire#.VO1I3i6y5Vc*

Centre d'Etude et de Prospective Stratégique (2013), Évolution de l'industrie musicale et rôle de la SACEM, septembre 2013, http://ceps-oing.org/.

Commission européenne (2012), Rapport sur l'état d'avancement de la politique maritime intégrée de l'UE – Rapport de la Commission au Parlement européen, au Conseil, au Comité Économique et Social européen et au Comité des Régions, Luxembourg : Office des publications de l'Union européenne.

Conseil des prélèvements obligatoires (2009), Le patrimoine des ménages, mars 2009.

Cour des comptes. *Bilan d'étape de l'intercommunalité en France*. 2009.

David P. (2007), Path dependance – À fondamental concept for historical social science, Cliometrica, vol. 1, n°2, pp. 91-114.

De Miras C. (1988), "L'économie martiniquaise : croissance ou excroissance ?", *Revue Tiers Monde*, Vol. XXIV, No 114, p. 365-383.

Doligé, E. Larcher, S., 2009. *Les DOM, défi pour la République, chance pour la France, 100 propositions pour fonder l'avenir,* Paris, rapport d'information n°519, 356 pages.

Marcus Dejardin, Anne-Catherine Guio et Luc Marechal (1999), Croissance endogène spatialisée et développement régional : apports pour une évaluation critique des plans stratégiques d'aménagement du territoire, Tendances Economiques, Septembre 1999, Belgique.

Philippe Deubel (Sous la direction de) (2008), Analyse économique et historique des sociétés contemporaines, 2008 Pearson Education France.

Fragonard B. (1999), *Les départements d'outre-mer : un pacte pour l'emploi*, Rapport au Secrétaire d'État à l'Outre-mer.

Jarnac G. (1987), *La situation économique et les conditions du développement des départements d'Outre-Mer*, Avis et Rapports du Conseil Economique et Social, Journal Officiel, No 23, 31-dec. 1987.

Lise (Claude), Tamaya (Michel), Les Départements d'outre-mer aujourd'hui : la voie de la responsabilité : rapport à Monsieur le Premier Ministre, France, [s.n.], Premier ministre, 1999.

Lurel Victorin (2016), Egalité réelle Outre-mer : Rapport au Premier ministre, Ministère des outre-mer, Mars 2016, 370 p.

Séverine Manna (2013), Loi de régulation économique Outre-mer : les bases d'un droit de la concurrence ultramarin, Revue Lamy Concurrence n°35, avril-juin 2013, p-125-130.

Maurin, A., Montauban, J.G., Vellas, F. (2004). L'enjeu du développement économique insulaire, Le Publieur, Paris.

Maurin A. et Montauban J.G. (éds), (2000), Exclusion, croissance et développement : la Guadeloupe entre défis, incertitudes et espoirs, Ouvrage collectif, Préface de Guy Caire, Economica, 2000.

Mossé E. (1999), *Quel développement économique pour les départements d'Outre-Mer ?*, Rapport à Monsieur le Premier Ministre.

Naudet J.-D. (2006), « Outre-mer : une croissance sous serre ? », *La lettre des économistes de l'AFD*, 12, p. 2-6.

Nicolas Meisel et Jacques Ouldaoudia (2007), La « Bonne Gouvernance » est-elle une Bonne Stratégie de Développement ?, Les Documents de Travail de la DGTPE - n° 2007/11, Numéro 2007/11, Novembre 2007.

North Douglass C. (1994), "Economic Performance Through Time", *The American economic review*, june 1994, 84:3, p. 359-368.

Pande R. et Udry C. (2006) "Institutions and Development: A View from Below." In

Blundell, R. ; Newey, W. K. ; et Persson, T. (eds). *Advances in Economics and*

Econometrics. Cambridge : Cambridge UniversityPress.

Perroux François. Les blocages de la croissance et du développement. La croissance, le développement, les progrès, le progrès (définitions). In : Tiers-Monde, tome 7, n°26, 1966. Blocages et freinages de la croissance et du développement (1) pp. 239-250 ; doi : 10.3406/tiers.1966.2200.

http://www.persee.fr/doc/tiers_0040-7356_1966_num_7_26_2200

Poirine B. (1994). Le développement par la rente dans les petites économies insulaires dépendantes. Revue économique, vol. 44 n°6, pp. 1169-1199.

Dwight H. Perkins, Steven Radelet, David L. Lindauer (2006), Économie du développement, De Boeck, 3e édition.

Ripert J. (1990), *L'égalité sociale et le développement économique dans les DOM*, Rapport au ministre des DOM-TOM, La Documentation Française.

Dani Rodrik et Arvind Subramanian (2003), La primauté des institutions, Finances & Développement Juin 2003.

Rodrik, D (2005) "Growth Strategies." In P. Aghion and S. Durlauf (eds.) *Handbook of*

Economic Growth. Amsterdam : North-Holland.

Romer P. (1986), Increasing Returns and Long Run Growth, Journal of Political Economy, octobre 1986.

Williamson O.E., « *The New Institutional Economics: Taking Stock, Looking Ahead* », *Journal of Economic Literature*, n° 38(3), 2000

Le développement de la Guadeloupe : entre échecs et espoirs

Emile Ernatus
Professeur de sciences économiques et sociales, retraité.

Dans les décennies qui ont suivi la fin de la seconde guerre mondiale, le développement est devenu l'un des principaux sujets d'actualité. Les populations surtout dans le monde occidental, découvraient le concept en même temps qu'elles prenaient conscience de la pauvreté subie par la plus grande partie de l'humanité.

Les théories et doctrines aussi bien économiques que politiques se sont emparées de la question pour expliquer, justifier ou dénoncer les écarts de niveaux de vie entre les nations.

Ainsi, le développement et son corollaire, le sous-développement, n'étaient plus des objets d'études strictement économiques mais également politiques et sociologiques.

D'ailleurs, la compétition politique, Est/Ouest, démocraties libérales, sociétés socialistes, avait aussi pour enjeu la réalisation de la meilleure société pour l'Homme. Les bouleversements qui ont affecté le monde à partir des années 1990 ont affaibli les plus fortes certitudes. Les événements à l'origine de ces transformations sont, notamment, l'effondrement des sociétés « socialistes » de l'Europe de l'Est, le retour en force des idéologies libérales, le renforcement de la mondialisation des économies, la montée en puissance de certains pays qualifiés, jadis, de sous-développés.

C'est le contexte dans lequel la question du développement économique et social de la Guadeloupe se pose. L'intérêt qu'on lui porte est d'autant plus grand que la Guadeloupe connaît des crises sociales récurrentes, alors que d'après le critère onusien de l'Indice de Développement Humain (IDH), elle se classe parmi les territoires les plus développés du monde. Or, il suffit d'analyser un peu plus en profondeur sa situation économique et sociale après des décennies de croissance pour relever les insuffisances d'un tel classement. Comment expliquer ce paradoxe et quelle est, par conséquent, la nature des mutations économiques qui ont transformé la Guadeloupe depuis sa départementalisation en 1946 ? Telles sont les questions auxquelles va s'intéresser notre article.

Nous serons ainsi amenés à expliquer, dans un premier temps, ce qu'implique l'état de développement en nous référant au modèle occidental à l'origine de ses premières définitions et de ses premiers indicateurs, y compris pour les petites économies insulaires (PEI).

À partir de ce modèle et des définitions qu'il suppose, nous expliquerons, dans un deuxième temps en quoi la Guadeloupe n'a pas encore atteint le stade d'un vrai développement, malgré une croissance soutenue pendant plusieurs décennies.

Nous présenterons ensuite les raisons pour lesquelles la question du développement de la Guadeloupe continue de se poser.

Le développement dans la littérature économique

La complexité de la notion de développement se devine à travers la multitude des définitions que lui donnent les économistes. Certes, des différences, voire des divergences conceptuelles peuvent apparaître dans le contenu, la signification et les indicateurs du développement, mais il existe une relative convergence de vues quand il s'agit d'expliquer les mécanismes qui permettent à un pays, à une nation, à un territoire de passer de la croissance au développement.

L'évolution des définitions

L'une des premières définitions du développement nous vient de l'économiste François Perroux. Il le présente comme un processus qui se déroule dans le temps parce que c'est « ... la combinaison des changements sociaux et mentaux d'une population qui la rendent apte à faire croître cumulativement et durablement son produit réel global »[1]. Le développement est donc un phénomène de long terme, intégrant des changements techniques, économiques, culturels (au sens anthropologique) qui interagissent. Il permet à une population de créer des richesses de façon durable et de façon autonome. Ce qui signifie qu'il faut le distinguer de la croissance qui ne fait que mesurer l'augmentation de la production globale et, éventuellement, du revenu d'une population. Le développement quant à lui implique des transformations structurelles de l'appareil productif, sa complexification et un changement dans les mentalités. Par exemple l'émergence d'une certaine forme de rationalité ; l'acceptation d'un certain modèle de consommation.

Cette autre définition de François Perroux met en évidence le résultat du développement : « l'ensemble des transformations des structures économiques, sociales, institutionnelles et démographiques qui accompagnent la croissance, la rendent durable et, en général, améliorent les conditions de vie de la population »[2]. Ce serait donc à l'amélioration continue des conditions de vie d'une population grâce aux richesses qu'elle crée elle-même que l'on reconnaîtrait le niveau de développement atteint par un pays.

Autrement dit, l'objectif du développement, si on ne prend en compte que ses aspects matériels, est de permettre à une population d'avoir un niveau de satisfaction suffisant de l'ensemble de ses besoins économiques et un bon niveau

---

[1] François Perroux, L'économie du XXe siècle, PUF, 2è édition, 1964

[2] François Perroux, Opus cité.

d'activité. Perroux pose ce qui constitue les fondamentaux classiques du développement.

De telles transformations, certains pays d'Europe de l'Ouest les ont connues dès le 19è siècle, avant les États-Unis, le Japon et quelques autres pays non européens dans le cadre d'un mode de production capitaliste. L'ex-URSS a recherché les mêmes objectifs dans le cadre d'un mode de production que ses dirigeants qualifiaient de socialiste.

Le développement durable est une autre approche proposée en 1987 par l'Organisation des Nations Unies (ONU). Il s'agit d'un développement « qui répond aux besoins du présent sans compromettre les capacités des générations futures à répondre aux leurs »[3]. Cette définition fait écho à une réflexion sur la croissance commencée dans les années 1970 avec le Club de Rome. Celui-ci remettait en question un modèle de croissance fondé sur le gaspillage de ressources naturelles limitées et qui maltraitait l'environnement. La conception nouvelle va, au contraire, mettre au cœur du développement des équilibres écologiques et sociaux, en donnant à celui-ci, en plus de sa composante économique, une composante sociale et environnementale. Il permet à une population d'avoir de bonnes conditions de vie sans pour autant porter atteinte de façon irrémédiable à l'environnement, tout en recherchant un équilibre social désirable.

Dans le court, moyen terme, le développement doit être fondé sur une croissance qui serait économe des ressources naturelles. Ce qui est rendu possible par la « croissance verte », nouveau modèle proposé par l'organisation de coopération et de développement économique (OCDE) en 2011. Cette recherche de croissance verte consiste à « favoriser la croissance économique tout en veillant à ce que les actifs naturels continuent de fournir les ressources et les services environnementaux sur lesquels reposent notre bien-être »[4] Les investissements réalisés dans cette optique doivent transformer les filières existantes (énergies, transport, chimie) et doivent promouvoir de nouvelles filières (photovoltaïque, biocarburants, énergie marine notamment). Les nombreuses mesures prises dans les pays anciennement développés, par exemple dans la loi de transition énergétique de 2015 en France, s'inscrivent dans une telle orientation.

Le développement humain est un concept qui apparaît sous l'égide du Programme des Nations Unies pour le Développement (PNUD). « Le développement humain est le processus qui conduit à l'élargissement de l'éventail des possibilités offertes aux individus ».

Cette définition repose en grande partie sur les travaux de l'économiste Amartya Sen qui donne du développement une définition novatrice : c'est le processus par lequel les libertés des personnes s'accroissent[5]. Plus de libertés économiques signifie qu'une population a les moyens de satisfaire des besoins essentiels de nourriture, de soins, d'éducation, de loisirs. Mais les libertés concernent également la possibilité de participer à la vie sociale et politique pour les hommes comme pour les femmes.

---

[3] Voir Rapport Brundland, 1987, Commission mondiale sur l'environnement et le développement.

[4] OCDE, Vers une croissance verte, mai 2011.

[5] Amartya Sen, Development as freedom , Alfred Knop, 1999

La conception d'A. Sen prend mieux en compte la finalité de toute forme de développement, la réalisation d'un équilibre de la société et en définitive le bien-être social.

Le principal critère du développement

Les définitions du développement s'appliquent à un phénomène complexe qu'on ne peut se contenter de mesurer par de simples indicateurs quantitatifs. Pourtant ils sont utilisés pour situer plus facilement chaque pays quant au niveau de développement atteint au risque de négliger sa forme.

Pour mesurer le niveau de développement, les économistes et les institutions internationales se sont d'abord référés exclusivement à des indices de production, de consommation et de transformation structurelle. L'un des critères classiques du niveau de développement a longtemps été le seul Produit Intérieur Brut (PIB) réel (hors inflation) par habitant. Il représente aussi très approximativement le revenu potentiel moyen de chaque habitant d'un pays. On considérait également l'autosuffisance alimentaire, le niveau de consommation, le taux d'urbanisation, d'alphabétisation, la qualité de la formation de la population, la diversification de l'appareil productif et la part croissante occupée par les activités de services grâce à l'accroissement de la productivité du travail dans les deux autres secteurs (Primaire, Secondaire). Ces indicateurs, dont les limites ont été largement démontrées, ont été remplacés ou complétés par d'autres.

Après les travaux d'A. Sen, le principal indicateur proposé par le PNUD est l'indice de développement humain qui associe au niveau de revenu, les niveaux d'éducation et de durée de vie. Un pays serait d'autant plus développé qu'il aurait un IDH élevé. Désormais, il ne suffit plus que le revenu par habitant progresse grâce à une augmentation du revenu global supérieure à l'accroissement de la population. Il faut également que davantage de moyens soient consacrés à l'éducation et à la santé. Ce que certains pays font mieux que d'autres, à niveaux de revenus équivalents. Dans la logique de cette autre conception du développement, il faudrait ajouter aux indicateurs, classiques d'autres tels que l'ampleur des inégalités et de la pauvreté, le niveau de la délinquance et de la criminalité, la participation à la vie sociale, la place des femmes dans la vie politique enfin le bien-être culturel.

Les autres indicateurs qui ont pris de l'importance concernent le développement durable. la Commission sur le développement durable de l'ONU propose un tableau de bord d'indicateurs plutôt qu'un seul qui serait trop réducteur.

On peut donner l'exemple de quelques indicateurs-clés du développement durable proposé par l'Union Européenne en 2006.

- Taux de croissance du PIB par habitant ;
- Émission totale de gaz à effet de serre ;
- Part des énergies renouvelables dans la consommation intérieure d'énergie ;
- Consommation d'énergie des transports ;
- Indice d'abondance des populations d'oiseaux communs ;
- Prises de poissons en dehors des limites biologiques de sécurité ;
- Espérance de vie en bonne santé ;

- Taux de risque de pauvreté après transferts sociaux ;
- Taux d'emploi des travailleurs âgés (55-64)[6]

Même avec ces nouveaux indicateurs, la hiérarchie mondiale de développement, telle qu'elle est présentée par les organismes internationaux ne change guère. Les IDH les plus élevés se retrouvent en Europe occidentale, en Amérique du Nord et dans certaines régions d'Asie et de l'Océanie (Japon, Australie, Nouvelle Zélande). Ce sont ces régions du monde qui ont la meilleure capacité de préservation de l'environnement, même quand certains de ces pays refusent de le faire. Dès lors, on peut penser, si on retient les fondamentaux posés par Perroux et complétés par Sen, que l'aptitude d'une population à créer durablement des richesses lui donnant les moyens de relever les défis et de régler les problèmes qui se posent à elle reste déterminante. Ce qui laisse supposer qu'a été enclenché le mécanisme qui permet de transformer la croissance en développement.

Le modèle occidental de développement

Les premières analyses des mécanismes du développement datent des années 1960. L'un de ses précurseurs, l'économiste Walt Rostow, distingue différents stades de croissance économique qui conduisent au développement[7]. C'est lui qui crée le concept de décollage économique (*take off*). Cette étape de la croissance est, selon lui, nécessaire pour tout pays qui aspire à l'ère de consommation de masse ; cette dernière étape étant l'indice d'un développement accompli. Les premiers pays à atteindre cette étape ont été évidemment les premiers pays industrialisés, Royaume-Uni, États-Unis, Allemagne, France.

Le décollage économique s'est toujours fait autour d'un secteur d'entraînement. Dans les premiers pays développés, dont la France, le secteur d'entraînement a été l'industrie. Le décollage économique dans ce cas est assimilé à la Révolution industrielle (expression utilisée dans l'analyse marxiste). C'est le point d'appui d'une transformation d'ensemble des structures de l'économie. La diversification de l'appareil productif est l'occasion d'une multiplication du nombre d'entreprises et des possibilités de production dans de nombreuses branches d'activité. Cette diversification se poursuit au gré des innovations technologiques. Grâce au décollage et au développement, les populations obtiennent les moyens pour mieux se protéger contre les aléas climatiques ou économiques. Encore faut-il qu'il y ait un minimum d'intervention de l'État et de changement dans l'organisation de la production, donc de transformations institutionnelles (au sens large).

Dans aucun de ces pays, l'évolution vers la société de consommation n'a pu se faire sans ces transformations institutionnelles. D'ailleurs, Douglass North présente le développement comme le passage d'un ensemble d'institutions archaïques à des institutions modernes capables d'œuvrer au bien-être de la population[8].

---

[6] Odile Bovar et alii, « Les indicateurs du développement durable », L'économie française, édition 2008.

[7] Walt Rostow, Les étapes de la croissance économique, éditions du Seuil 1962.

[8] Douglass North, « Economic performance through time », American Economic Review, n° 3, juin 1994.

Par exemple, en Europe, dans un premier temps, le cadre institutionnel du capitalisme découle de l'idéologie libérale pure. L'État est présent pour faire respecter des règles juridiques plus favorables au patronat qu'aux salariés. Vers la fin du 19è siècle, des lois sociales plus favorables au salariat et l'interventionnisme croissant de l'État vont créer de nouvelles conditions de croissance capitaliste.

Celles-ci vont encore évoluer avec le fordisme, en œuvre aux États-Unis dès le début du 20è siècle, puis en Europe après la seconde guerre mondiale. Plus qu'une simple innovation dans l'organisation du travail mise en place par l'industriel américain Henry Ford dans ses usines, le fordisme est devenu, pour les économistes institutionnalistes français, un véritable mode de régulation du capitalisme industriel. Il crée, après la Seconde Guerre mondiale et la grave crise du capitalisme de 1929, un cercle vertueux favorable à la croissance et au développement. L'accroissement des revenus (profits, salaires) grâce à l'accroissement de la productivité du travail va stimuler la consommation et l'investissement, moteurs de la croissance. Il est vrai que ce mécanisme peut être interrompu par de petites fluctuations, voire des crises importantes de l'économie, mais sans remettre fondamentalement en question, jusqu'aux années 1970, le cercle vertueux de la croissance et du développement.

Un aperçu de stratégies insulaires

Si on retient la définition du développement de François Perroux, on peut affirmer que certains petits territoires insulaires se sont donné les moyens d'y accéder dans le cadre du capitalisme et de la division internationale du travail qu'il impose. À cet égard, trois économies se distinguent dans l'espace caribéen.

D'abord Trinidad qui, depuis plusieurs décennies, a acquis une capacité d'action suffisamment grande pour maintenir sa croissance et l'orienter vers l'amélioration des conditions de vie de sa population. Trinidad fait figure d'exception. La possession d'importants gisements de pétrole et de gaz a de toute évidence favorisé le processus de développement. Il a tiré profit de l'exportation de ses produits énergétiques et a pu créer non seulement des industries liées au pétrole mais également quelques autres industries lourdes ou légères. On ne peut négliger cet autre facteur : l'existence d'un cadre institutionnel adapté et d'un certain consensus au sein de la population[9]. Il fait aussi exception par sa situation géographique proche du continent américain.

La Barbade a atteint quasiment les mêmes résultats sans les mêmes ressources, sa production pétrolière étant trop faible (et trop récente) pour les expliquer. Île sucrière comme tant d'autres dans la Caraïbe, la Barbade a réorienté son économie depuis son indépendance en 1966. Au cours des dernières décennies, elle a fondé son développement principalement sur l'activité touristique, des services financiers, une industrie liée aux technologies de la communication et une petite industrie de biens de consommation. Comme pour Trinidad, le niveau d'éducation de la population, les conditions institutionnelles et sociales sont à prendre en compte[10].

[9] Http://countrystudies.us/caribbean-islands.

[10] Http://countrystudies.us/caribbean-islands

Un troisième État de la Caraïbe se distingue par le niveau élevé de son IDH, et par son aptitude à le maintenir en créant de nouvelles richesses dans le long terme : ce sont les Bahamas. Une fois de plus, le tourisme et les activités financières *offshore* jouent un rôle déterminant. En dehors de ses atouts environnementaux, le succès des Bahamas est aussi lié à sa proximité avec les États-Unis et à une législation favorable aux activités financières[11].

Le succès de ces stratégies ne doit pas cacher leurs limites ; les politiques économiques mises en place n'arrivent pas à réduire le chômage à son niveau « incompressible », malgré la flexibilité du marché du travail. Les inégalités, la pauvreté, et l'insécurité restent élevées. Enfin quel que soit leur niveau de développement, ces petites économies insulaires restent très dépendantes des marchés extérieurs et vulnérables à des degrés divers.

Nous avons proposé trois exemples de territoires proches de la Guadeloupe géographiquement et historiquement. Telles ne sont pas les caractéristiques de certaines îles de l'hémisphère Nord, l'Islande et Malte, qui ont créé, elles aussi, les conditions d'un certain développement.

L'Islande se situait à la fin du XIXe siècle, parmi les pays les plus pauvres de l'Europe ; elle est devenue au XXIe siècle l'un des pays les plus riches du monde (en termes de PIB par habitant). Dans un premier temps, c'est l'exploitation des produits de la pêche qui a impulsé sa croissance économique. Mais ce sont surtout de profondes réformes qui lui ont permis d'atteindre un niveau de développement parmi les plus élevés. La libéralisation du marché financier, la privatisation des banques, la baisse de la fiscalité ont accompagné d'importants investissements dans l'éducation, la recherche, les nouvelles technologies. Autant de réformes qui lui ont permis d'attirer les nombreux capitaux s'investissant dans une économie considérée compétitive. Le développement d'un secteur industriel, notamment la production d'aluminium, et de nombreux services financiers lui ont apporté la diversification nécessaire de son appareil productif et de ses exportations[12].

L'île de Malte a une superficie 7 fois plus faible que celle de la Guadeloupe pour une population équivalente. Grâce au dynamisme de son économie au cours des dernières décennies, elle s'est classée parmi les pays à très hauts revenus de l'Union Européenne avec un bon niveau d'IDH.

L'activité touristique et les services marchands représentent les deux principaux moteurs de sa croissance. On y retrouve le rôle joué par une fiscalité très avantageuse pour les capitaux étrangers, ce qui fait d'elle une place forte des activités financières. Malte a également mis en place une réglementation attractive pour des activités de transport, et industrielles, notamment pharmaceutiques.

Quelques indices permettent de comprendre le succès de ce type de développement insulaire. Pour les territoires insulaires de l'hémisphère Nord, il y a la proximité géographique avec de grands pays développés comme dans le cas de l'Islande et de Malte.

---

[11] Http://countrystudies.us/caribbean-islands

[12] Http://www.hartford-hwp.com/archives

Ce sont aussi les ressources exceptionnelles ou tout simplement la faculté de tirer profit d'une ressource, qu'elle soit exceptionnelle ou non, pour mettre en place une croissance à long terme. Enfin, tous ces territoires ont eu recours à une législation sociale, fiscale ou douanière en phase avec leur objectif de développement, mais souvent contestable socialement ou au regard des règles financières internationales.

La faible taille de ces économies ne permet pas une diversification de l'appareil productif aussi importante que celle des grandes économies. Leur dépendance vis à vis d'un ou de deux produits et du marché mondial reste donc très forte.

Au-delà de ces réserves et des limites évoquées, nous avons la preuve qu'un développement insulaire, au sens de François Perroux, reste possible à certaines conditions. Retenons ce qui nous paraît essentiel, la capacité d'une population de se prendre en charge, pour créer des richesses, sources potentielles de progrès économiques et sociaux.

Le développement insuffisant et atypique[13] de la Guadeloupe

La théorie, étayée par de nombreux exemples historiques nous explique comment une croissance soutenue crée les conditions du développement, même pour de petites économies insulaires. Ce schéma ne s'est pas réalisé de façon satisfaisante en Guadeloupe, malgré de longues périodes de croissance.

Croissance et progrès économiques et sociaux

L'analyse de l'évolution économique de la Guadeloupe au cours des quatre dernières décennies indique clairement ce qui tire son IDH vers le haut. C'est le résultat d'une croissance bien plus forte qu'en France depuis les années 70.

---

[13] Qualificatif utilisé par Claude Miras, Le développement des petites économies insulaires relève-t-il encore de l'économie de marché ?, Revue Tiers-Monde n°149, janvier-mars 1997.

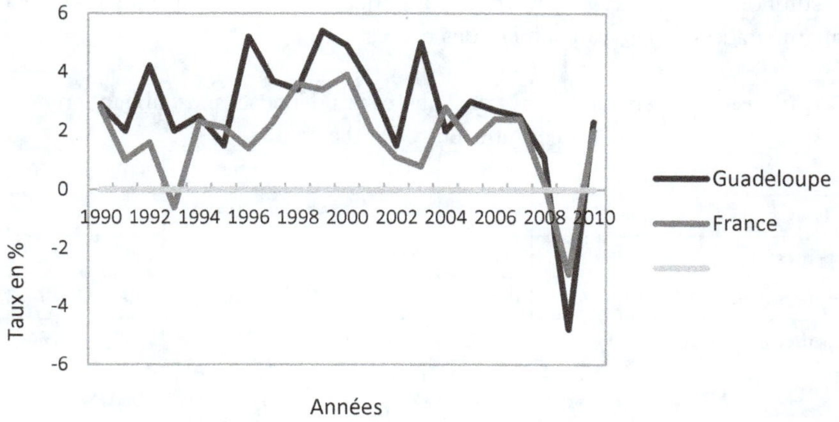

Elle a été particulièrement forte entre 1990 et 2000, période au cours de laquelle son taux moyen, de 3,4 % chaque année, a dépassé la moyenne de la France. Entre 1990 et 2010, le taux de croissance en Guadeloupe n'est passé en-dessous de 2 % que trois fois, en 1995, 2002 et 2009. Il a atteint des records (5 %) en 1996, 1999, 2000 et 2003.

Évolution de la croissance en Guadeloupe et en France de 1990 à 2010

La Guadeloupe a également fait mieux que la plupart des îles de l'espace caribéen. Cette croissance s'est ralentie depuis 2000, en suivant les fluctuations de l'économie française, tout en restant plus élevée que la croissance française.

Les moteurs de cette croissance sont connus. Il s'agit d'abord de l'augmentation de la consommation nourrie par l'augmentation du revenu réel. Il y a ensuite l'investissement, renforcé par les politiques économiques spécifiques pour l'outre-mer, confortées ultérieurement par les politiques structurelles de l'Union européenne à destination des régions ultra-périphériques d'outre-mer. Doivent également être prises en compte les politiques sociales liées à la départementalisation. Dans leur ensemble, ces politiques économiques et sociales ont contribué à augmenter salaires réels des secteurs publics et privés, profits et revenus sociaux. Les revenus d'activité proviennent pour l'essentiel des administrations, du commerce et du BTP. Les revenus agricoles qui ont connu une progression moindre ont malgré tout, bénéficié des transferts, que ce soit indirectement (marchés locaux) ou au travers des politiques agricoles mises en action par l'État central et par l'Union européenne. L'hôtellerie a été l'un des secteurs privilégiés des lois de défiscalisation destinées à l'investissement productif, les dispositifs liés à ces lois existant depuis les années 1980. L'investissement s'est donc concentré dans les secteurs du tourisme, du commerce et du bâtiment. Celui-ci *bénéficiant* du développement de l'hôtellerie et surtout des programmes de logements collectifs mis en place par l'État et les collectivités locales. La constitution d'une classe moyenne supérieure a été, elle aussi, un facteur d'augmentation de l'investissement des ménages.

Évolution des dépenses nettes de l'État et des dépenses par habitant en euros courants entre 1980 et 2010.

	1980	1990	1995	2000	2005*	2010*
Recettes	119	380	457	715	859	817
Dépenses	311	728	946	1227	1399	2300
Dépenses nettes	192	348	489	512	540	1483
Dépenses par habitant	587	899	1172	1213	1192	3671

**Sans les Îles du Nord (Saint-Barthélemy, Saint-Martin)*
Lecture : Le montant des transferts nets de l'État est passé de 192 millions d'euros courants en 1980 à 2,3 milliards d'euros courants en 2010.
Les dépenses par habitant sont passées de 587 en 1980 à 3671 euros courants en 2010.
Elles ont baissé dans la période allant de 2005 à 2010.
Sources : D'après Conjoncture n°6, Insee, TER Guadeloupe 1993, 1995, 1997 Insee, Rapport Iedom 2002, 2006, 2010,2011.

L'augmentation des dépenses nettes (recettes déduites) de l'État par habitant, permet de mesurer l'importance de son engagement financier sur une quarantaine d'années. Il est vrai que ces chiffres doivent être lus avec précaution. Les modifications apportées dans la présentation du budget de l'État, le détachement des Îles du Nord de la Guadeloupe à partir de 2006, l'existence d'une inflation, ont pu créer quelques biais. Toutefois, le sens de l'évolution à la hausse ne fait aucun doute, même en tenant compte de ces données. À ces transferts publics que mesure le budget de l'État, il faut en ajouter d'autres, notamment les transferts sociaux.

Évolution du PIB et des dépenses de l'État en millions d'euros courants et de la part des dépenses de l'État dans le PIB régional entre 1990 et 2010 en %.

	1990	1992	1994	1996	1998	2000	2002	2004	2006	2008	2010
PIB	2317	3011	4156[14]	4576	5030	5593	6202	6964	7758	7443	7585
Dépenses de l'État	728	759	946	1094	1069	1227	1292	1268	1312	2616	2300
D/PIB	31	25	23	24	21	22	21	18	17	35	30

Lecture : Entre 1990 et 2010, le PIB de la Guadeloupe en prix courants a été multiplié par 3, passant de 2,317 milliards d'euros à 7,585 milliards d'euros. Dans la même période, les dépenses de l'État ont été également multipliées par 3, passant de 728 millions d'euros à 2,300 milliards d'euros.
Entre 1990 et 2010, le ratio dépenses nettes de l'État, PIBR a baissé de 31 % à 17 % avant d'augmenter.
Sources : D'après Conjoncture n°6, Insee ; TER Guadeloupe 1995, 1997, 2002, 2009-2010 ; rapport Iedom 2006,2008, 20010 ; Comptes définitifs de la Guadeloupe 2008-2010, Insee.

[14] Le PIB a été réévalué en même temps que sa base de calcul a changé.

L'amélioration des conditions de vie à la suite de la croissance est réelle. Quand on considère le classement d'après l'IDH, la Guadeloupe et la Martinique sont mieux situées que les autres territoires de la Caraïbe, hormis les Bahamas. Cette situation s'explique surtout par un meilleur PIB par habitant et un meilleur indice sanitaire. Ces deux territoires dépassent le territoire pétrolier qu'est Trinidad et l'un des champions régionaux du tourisme : la Barbade. Il s'ensuit que le revenu moyen par habitant se trouve parmi les plus élevés de la Caraïbe et de l'Amérique Centrale.

L'accroissement du niveau de consommation sous toutes ses formes est un autre indicateur de l'amélioration des conditions de vie. La forte augmentation en quelques années du taux d'équipement des ménages en biens durables est l'indice le plus visible des progrès apparents dus à la croissance. Cependant, un réel rattrapage en l'espace de trois décennies, ne peut occulter l'écart encore important entre le PIB par habitant de la Guadeloupe et celui de la France hexagonale. En 2015, il représentait encore 64 % de la moyenne française, et se situait derrière celui de la Corse, le plus bas des régions de la France hexagonale.

Deux indicateurs économiques en Europe et dans la Caraïbe (IDH 2010/2013 et PIB par habitant 2015 en dollars)

		Cap-Vert	Guadeloupe	Marti-nique	Baha-mas	Bar-bade	Trini-dad	Sainte Lucie	Islande	Malte	France	Norvège
IDH	2010	0,568	0,822	0,813	0,771	0,793	0,760	0,723	0,898	0,832	0,884	0,943
	2015	0,648			0,792	0,795	0,780	0,735	0,921	0,856	0,897	o,949
PIB/Habitant	2015	3080	21012	23300	19804	12918	16545	6826	41626	17489	32800	61916

Lecture : En 2010, l'Idh de la Guadeloupe était de 0,822, supérieur à celui des Bahamas et de la Barbade ; mais inférieur à celui de la France, 0,883.
En 2015, le PIB par habitant de la Guadeloupe était de 21 012 dollars, supérieur à celui du Cap-Vert (3 080 dollars) ou de Trinidad (16 545 dollars), mais inférieur à celui de la France (32 800 dollars) et de la Norvège (61 916 dollars).
Source : Iedom, Rapport 2012 ; d'après PNUD, Rapport 2011 et AFD document de travail 129, le Bilandu Monde 2016

Au total, la croissance, facteur d'augmentation des revenus et du niveau de vie a sa source principale dans les importants transferts en provenance de l'extérieur, qu'il s'agisse de l'État central métropolitain, de l'Union européenne, ou encore de l'épargne privée mobilisée grâce aux lois de défiscalisation. L'accroissement des revenus et du niveau de vie global est également la conséquence logique de la départementalisation et de l'application des lois sociales françaises.

L'action syndicale n'a pas été moins importante pour améliorer les conditions de travail aussi bien que des niveaux de revenus pour les salariés les plus modestes.

Dans le même temps, ce type de croissance n'a pas permis les conditions du développement tel qu'on le conçoit dans le modèle occidental.

Une forte croissance sans un vrai développement

L'ouvrage publié par l'Insee en 2004, résumait 10 années de transformations de l'économie guadeloupéenne entre 1990 et 2000[15] Il mettait en évidence les mutations d'une économie, devenue dynamique, donnant plus de place à des branches marchandes, et connaissant un allongement des circuits de production. Les mutations de l'appareil productif sont visibles à travers l'évolution des différentes branches d'activité. Si les produits de l'agriculture de la pêche et les industries agro-alimentaires (dont le sucre), représentaient respectivement 6,8 % et 4,5 % de la valeur ajoutée brute en 1980, elles ne représentaient plus que 2,8 % et 1,1 % de cette même valeur ajoutée en 2010. Par contre pour les autres industries et les services marchands, les taux sont passés de 1,9 % et de 27,5 % à 3,2 % et 31,7 %.

Évolution de la répartition par branche de la valeur ajoutée en %

	1980	1990	2000	2010
Agriculture, pêche	6,8	6,6	4,5	2,8
Industries agro-alimentaire	4,5	1,9	2,7	1,1
Autres industries	1,9	3,6	3,1	3,2
Énergie	0,3	1,1	1,1	0,5
Bâtiments et travaux publics	4,7	7,8	9	7,7
Commerce	16,7	15,8	13,7	12,5
Transports et télécommunications	4,7	5,9	7	3,7
Hôtels et restaurants	2,6	2,9	5,1	3,4
Services marchands	27,5	25,5	22	31,7
Services non marchands	30,3	28,9	32,5	33,4
Total	100	100	100	100

Lecture : en 1980 l'agriculture et la pêche représentaient 6,8 % de la valeur ajoutée totale de la Guadeloupe ; alors qu'en 2010 elles n'en représentaient que 2,8 %. À l'opposé, les services marchands ont augmenté de 4 points durant la même période, passant de 27,5 % à 31,5 %.

Source : Estimations, d'après les données de l'Insee et rapports Iedom 2000, 2003, 2012.

À l'intérieur des branches dont le poids a augmenté, on voit des activités nouvelles, en plein essor. Par exemple dans l'industrie, la construction navale, l'équipement électrique et électronique, la construction métallique, la chimie, le caoutchouc et le plastique ; enfin, plus récemment la valorisation des déchets.

15. Guadeloupe : une économie en déficit … d'image, juin 2004, Insee, Iedom, AFD.

Les services marchands présentent aussi des activités modernes : l'information et la communication, le conseil aux entreprises, les activités spécialisées scientifiques et techniques, les activités immobilières. Nous aurions donc la preuve d'un développement de l'appareil productif.

Ces transformations sont illustrées par l'évolution du rapport dépenses publiques, PIB qui diminue entre 1990 et 2005. Le rôle des transferts de l'État se déduit du rapport entre le montant de ses dépenses et le PIB. Depuis l'année de départ, 1990, jusqu'en 2006, les dépenses de l'État comparées au PIB ont diminué, conséquence supposée d'une autonomie croissante de l'économie locale vis à vis de ces dépenses et indice de leur efficacité. Toutefois la tendance s'est inversée entre 2007 et 2010 ; les dépenses de l'État, en forte augmentation, ont représenté une part importante du PIB.

En définitive, ces mutations sectorielles constatées, restent modestes, eu égard aux besoins des acteurs économiques. Elles arrivent à peine à contenir les importations, quels que soient les secteurs. L'un des indicateurs de cette faiblesse est le déficit croissant de la balance commerciale depuis les années 1960. Le taux de couverture des importations guadeloupéennes par les exportations était de 61 % en 1962 ; il n'était plus que de 8,8 % en 2015 !

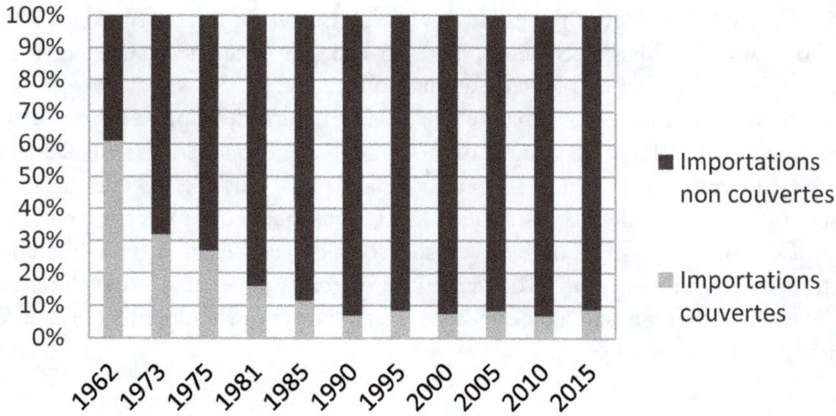

Évolution du taux de couverture : part des exportations finançant les importations de la Guadeloupe entre 1962 et 2015.

Lecture : La part des importations couvertes par les exportations (taux de couverture) a très nettement diminué entre 1962 et 2015. De 60 % elle est passée à moins de 10 %.

Sources : D'après Insee, Annuaire statistiques de la Guadeloupe, 1962-1964 ; 1971-1976 ; TER 1995 ; 1997 ; 2002 ;2009-2010 ; Conjoncture n°6 novembre 1983 ; Rapports Iedom 2010, 2015.

Le déficit d'une balance commerciale n'est pas en lui-même un indicateur de sous-développement, pas plus que son excédent ou son équilibre ne pourrait être une preuve incontestable de développement. La Guadeloupe des années 1950 se caractérisait par un sous-développement et une pauvreté extrêmes avec, pourtant, une balance commerciale faiblement déficitaire.

Mais l'écart croissant entre ce que vend le territoire guadeloupéen et ce qu'il achète à l'Extérieur témoigne de la très grande faiblesse de l'offre locale comparée à une demande de consommation (et d'investissement) en forte hausse. De nos jours, quand la Guadeloupe vend à l'Extérieur pour une valeur de 9, elle lui achète pour une valeur de 100. Pour la France, le rapport est en moyenne de 87 %. Il est de 82 % pour Trinidad, de 21 % pour les Bahamas et de 31 % pour la Barbade.

Pour avoir un bilan complet des échanges extérieurs, il faut ajouter les services, par exemple les revenus liés au tourisme. Même dans ce cas, l'économie guadeloupéenne présente toujours des échanges extérieurs largement déséquilibrés au niveau de ses comptes de transactions courantes. Même si l'intégration de la Guadeloupe dans l'économie française fait disparaître les contraintes financières liées au déficit d'une balance des paiements virtuelle, donc de la balance commerciale, la question d'une croissance facteur d'un vrai développement reste posée.

L'augmentation du déficit depuis les années 1960 signifie que la forte hausse de la consommation a bien plus profité à l'Extérieur qu'à la production locale. Cet Extérieur étant principalement la France métropolitaine, on pourrait considérer que les biens importés alimentent la demande intérieure d'une région, composante de la demande totale au niveau national. Vue sous cet angle, l'augmentation de la consommation guadeloupéenne contribuerait à l'augmentation de la consommation nationale facteur de développement des entreprises et de la croissance du PIB au niveau national. Mais, ce serait faire fi de la nécessité d'une forme de développement facteur de bien-être au niveau local.

Si nous nous intéressons maintenant à la structure de l'appareil productif, ou encore à celle du PIB total, nous constatons qu'ils se composent essentiellement de services, marchands et surtout non marchands ; la part de ces derniers ayant beaucoup augmenté depuis les années 1970, conséquence du développement des administrations. En plus de leur utilité sociale, ces services non marchands pourraient contribuer plus efficacement à la croissance et au développement (formation, recherche, santé), à condition qu'il y ait un développement équilibré de l'ensemble des activités.

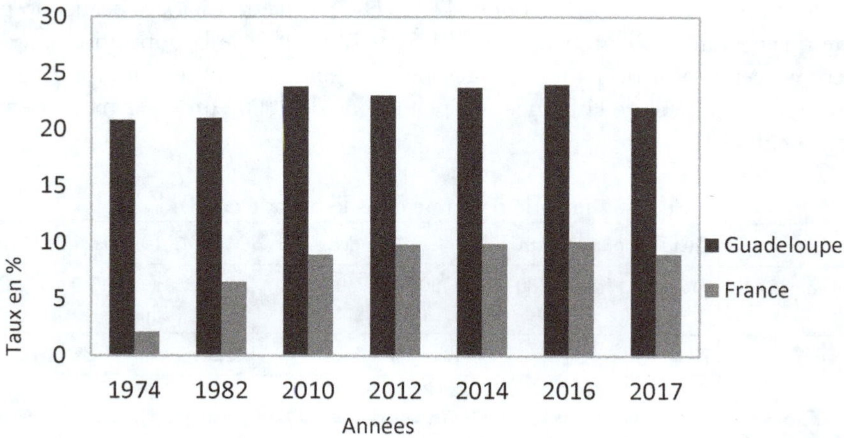

La problématique du développement concerne également le chômage et les problèmes de société. Dans les pays du Sud (terminologie des années 1960 et 1970), le chômage endémique reste un des principaux marqueurs du sous-développement économique. En Guadeloupe, depuis l'existence d'un recensement des chômeurs, son taux a toujours été deux à trois fois plus élevé qu'en France. Le graphique 2 indique la diminution de l'écart entre les taux de chômage en Guadeloupe et en France entre 1974 et 2017. La montée récente du chômage en France est probablement plus structurelle que conjoncturelle. Mais d'une façon générale, dans les pays développés, la plus grande partie du chômage est conjoncturelle, c'est-à-dire liée à une baisse passagère de l'activité économique. En Guadeloupe, même lorsqu'il varie, le chômage reste toujours à un niveau élevé, malgré toutes les politiques de l'emploi appliquées par l'État. Le chômage est donc en grande partie endémique et structurel, certes à cause d'une certaine inadéquation formation/emploi, mais surtout à cause du développement insuffisant de l'appareil productif, donc de l'offre d'emploi..

Quelques taux de chômage en Guadeloupe et en France hexagonale

Lecture : Entre 1974 et 1017, le taux de chômage a augmenté aussi bien en France qu'en Guadeloupe. Quelle que soit l'année, le taux de chômage de la Guadeloupe est deux à trois fois supérieur à celui de la France.

Source : Annuaire statistiques de la Guadeloupe 1971-1976 ; Conjoncture n°9, Insee ; Rapport Iedom 2010, 2012, 2015 ; 2016. Tableaux de l'économie française éditions 2014, 2016,2018, Le chômage, séries longues, 2 février 2015, Insee.

Le chômage, surtout quand il est de longue durée, est une source potentielle d'inégalités et de pauvreté, autres indicateurs importants du sous-développement.

La croissance économique et l'application des lois sociales françaises ont logiquement entraîné un recul de la grande pauvreté qui sévissait dans la Guadeloupe d'après-guerre. Ce qui ne l'empêche pas d'être toujours beaucoup plus forte qu'en France. Elle touchait en 2011 environ 20 % de la population si on se réfère au seuil local de pauvreté (près de 600 euros par mois), contre 13 % en France. Avec le seuil de la France (un peu moins de 1000 euros par mois) ce taux dépasserait 49 %.

Seuils et taux de pauvreté dans le monde en 2011

	Guadeloupe		Martinique		France	Malte (2010)	Islande(2010)
Seuil annuel en €	7170	11730	7380	11730	11730	6275 (€ SPA*)	12 000 (€ SPA)
Taux en %	20,1	49,1	21		14,3	15,5	9,8

**SPA : standard de pouvoir d'achat*

Lecture : En 2011, le seuil local de pauvreté en Guadeloupe était de 7170€ par an et par personne. Le taux de pauvreté de la population était d'un peu plus de 20 %. Avec le seuil de la France hexagonale, 11 730 €, le taux de pauvreté en Guadeloupe serait d'un peu plus de 49 %

Sources : Insee ; Eurostat

Le calcul du seuil de pauvreté en SPA permet de tenir compte du pouvoir d'achat local de la monnaie. En Guadeloupe, ce pouvoir d'achat est probablement plus faible qu'en France hexagonale ; ce qui aggrave d'autant plus l'état de pauvreté de ceux qui sont en-dessous de ce seuil.

Le développement, dans tous les pays du monde, est également accompagné d'une baisse des inégalités. Celle-ci est d'ailleurs une de ses conditions parce qu'elle permet l'élargissement de la consommation à des couches plus importantes de la population, donc son augmentation globale.

À la lecture de deux de ses indicateurs, nous constatons que les inégalités restent en Guadeloupe beaucoup plus fortes qu'en France en dépit d'une baisse tendancielle.

Deux indicateurs d'inégalité en 2010

	Guadeloupe	France
1er décile	8420	12200
2e	10800	15800
3e	13600	19200
4e	15400	22900
Médiane	18300	27100
6e	22700	32000
7e	27200	37400
8e	35500	44800
9è	50600	57900

(D9/D1)	4,22	3,67
Coef. Gini	0,41	0,3

Lecture : Les ménages situés dans le 9è décile ont un revenu annuel moyen supérieur à 50 600 €.
Les ménages situés dans le 1er décile ont un revenu annuel moyen inférieur à 8 420 €.
En 2010, le rapport interdécile est plus faible en France (3,67) qu'en Guadeloupe (4,22)
Le coefficient de Gini est également plus faible en France (0,3) qu'en Guadeloupe (0,41)
Sources : Dossier Guadeloupe n°1, Insee, Septembre 2014

Le tableau présente une répartition par déciles (tranches de 10 %) des revenus des ménages guadeloupéens et français. Elle révèle d'abord l'importance des inégalités de revenus entre les tranches les plus élevées (9è décile) et les tranches les plus faibles (1er décile). En 2010, les 10 % des Guadeloupéens qui ont les plus hauts revenus ont en moyenne un revenu annuel supérieur à 50 600 euros. À l'autre extrémité de l'échelle, les 10 % des Guadeloupéens aux revenus les plus faibles reçoivent au mieux, 8 420 euros par an. En simplifiant on peut dire que les plus hauts revenus sont, au moins, plus de quatre fois plus élevés que les revenus les plus faibles. En France, cet écart va de 1 à 3½.

Le coefficient de Gini est l'autre indicateur qui permet de faire des comparaisons internationales. Il se situe entre 1, inégalité absolue, et 0, répartition complètement égalitaire des revenus. Ce coefficient est plus proche de 0, pour les pays les plus développés comme la France et l'Islande, et plus proche de 1 pour les collectivités françaises d'outre-mer. Ce qui signifie que dans ces collectivités territoriales, la répartition du revenu est plus inégalitaire qu'en France.

Quelques Indices de Gini, indicateurs d'inégalités

Guadeloupe (2010)	Martinique (2011)	Réunion (2011)	Barbade(2010)	France (2011)	Islande (2012)
0,41	0,47	0,53	0,47	0,31	0,26

Lecture : le coefficient de Gini est de 0,41 pour la Guadeloupe, de 0,33 pour la France, de 0,26 pour l'Islande.
Sources : Perspectives du monde ; Centre d'observation de la société ; Observatoire des inégalités ; Corse-économie.
www.bb.undp.org/ content/ barbados
Insee, Dossier Guadeloupe n°1, Septembre 2014

Les faits sociologiques ayant leur propre logique ne peuvent être expliqués par les seuls facteurs économiques. Il est tout aussi vrai que les problèmes de société ne peuvent être dissociés complètement des changements provoqués par des situations relevant de l'économie. En 2011 une étude mondiale sur l'homicide de l'Office des Nations Unies contre la Drogue et le Crime (ONUDC), établit une corrélation entre le niveau de développement et le taux de criminalité dans le monde[16]. Le fait que cette corrélation ne se vérifie pas pour certains pays indique l'existence d'autres facteurs que le seul facteur économique ; mais celui-ci, dans la majorité des cas, l'emporte sur les autres.

---

16. hpps://www.unodc.org/.../BOOK_Etude_mondiale_sur_lhomicide_2011

Or, l'évolution et les mutations de la criminalité sont des caractéristiques de la société guadeloupéenne actuelle. Le trafic de produits illicites a augmenté, entraînant l'émergence de pathologies liées à leur consommation. Plus généralement, on peut constater une augmentation du volume et des formes de la criminalité. La Guadeloupe n'échappe pas à un phénomène qui s'est répandu en Amérique centrale et dans tout l'arc caribéen, régions confrontées au problème de la pauvreté et du chômage de masse.

Tous ces déséquilibres nous amènent à conclure que la situation économique et sociale de la Guadeloupe est encore loin d'être celle d'un vrai développement, tel qu'on peut l'observer dans les pays les plus avancés économiquement, notamment en Europe occidentale. La longue période de croissance de la Guadeloupe, n'a donc pas créé toutes les conditions d'un bien-être social de haut niveau. Alain Buffon avait déjà mis en évidence certains effets déstructurants des *transferts* sur l'économie de la Guadeloupe.[17]

D'autres auteurs ont également analysé pour la Guadeloupe et les territoires français d'outre-mer en évoquant le mal-développement, la croissance sans développement ou encore le syndrome domien.

Les raisons d'un paradoxe

Le développement contrarié de la Guadeloupe résulte à la fois des multiples défis auxquels elle est confrontée, et de la logique d'un mode de développement imposé et atypique.

Le défi de la compétitivité

L'un de ces défis est la compétitivité du territoire, c'est-à-dire sa capacité à faire face à la concurrence extérieure. Or, c'est une des conditions nécessaires au développement de l'appareil productif de tout territoire inséré dans les échanges internationaux. Trois principaux facteurs semblent limiter la compétitivité-prix de la Guadeloupe : la petite taille de son marché, les contraintes d'accessibilité et les effets de ce qui est parfois perçu comme une « rente administrative ».

La relation entre la taille d'une économie et sa compétitivité est une question ancienne, souvent traitée par la littérature économique. Elle concerne en particulier les petites économies insulaires. En dehors de quelques exceptions, ces petites économies ne peuvent pas compter sur la production minière et l'industrie comme secteurs d'entraînement, ce qui n'empêche pas, pour autant, toute activité industrielle. D'autres secteurs peuvent se transformer en activités motrices comme ce fut le cas dans certaines îles de la Caraïbe ou en Europe, si elles peuvent soutenir la concurrence extérieure et retirer de leurs exportations des revenus durables à valeur constante.

---

17. Transferts et déséquilibre de croissance, le cas de la Guadeloupe , CARE, Editions Caribéennes, Avril 1982.

Les premiers économistes du développement se sont le plus souvent intéressés aux grands pays continentaux ou aux grandes îles. Comme si les mécanismes à l'origine de ce développement ne pouvaient opérer qu'à partir d'une certaine dimension territoriale ou (et) démographique. Il a fallu attendre les années 1970 pour que dans le cadre de l'ONU, des économistes s'emparent de la problématique du développement insulaire. A été mis en évidence le particularisme de ce type de développement, à la fois plus difficile mais aussi plus accessible à cause des caractéristiques propres aux petites îles.

Au-delà des PEI, la question de la relation entre la taille d'un pays et l'efficacité de sa stratégie de croissance et de développement a été abordée dès les années 1960 par la conférence de La Haye (Pays-Bas). Handicaps, mais aussi avantages liés à la petite taille sont soulignés. Par exemple, pour Simon Kuznets[18], un handicap peut provenir de la faible taille du marché qui ne permet pas de réaliser des économies d'échelle. Dans le même temps la faible taille de la population la rend plus homogène et plus capable de s'adapter et de tirer profit des nouvelles technologies.

Toutefois, les lois de la production s'appliquent de la même manière aux petites comme aux grandes économies. Or, les PEI sont incapables de compenser l'accroissement de leurs coûts de production, en l'absence d'économies d'échelle et de gains de productivité substantiels. À moins que les marchés extérieurs ne se substituent au marché intérieur ou ne le complètent.

Si le sucre de canne n'est plus la principale production des plus petites îles de la Caraïbe c'est bien parce que celles-ci ne peuvent soutenir la concurrence de grands pays producteurs, notamment le Brésil, la Chine, l'Inde, l'Australie. Il en est de même pour la banane cultivée au Costa Rica, en Colombie, en Équateur ou en Côte d'Ivoire sur des superficies bien plus importantes qu'aux Antilles avec, en outre, des coûts salariaux (du point de vue des producteurs) moins élevés.

Pour expliquer la faible compétitivité et la faible exportabilité de la production guadeloupéenne, les « surcoûts » dus aux contraintes d'accessibilité sont également mis en avant. La principale de ces contraintes est créée par l'éloignement des grands marchés de consommation et (ou) d'approvisionnement. Cet éloignement renchérit les coûts d'approvisionnement et alourdit les prix de revient et de vente. Une étude de la Chambre de commerce et d'industrie des îles de Guadeloupe (CCIG) datant de novembre 2014 énumère les éléments qui créent ces surcoûts liés au transport : manutention, embarquement, débarquement, fret bord à bord, frais de transit.[19] À cela il faut ajouter les frais de dédouanement et de stockage, celui-ci étant important pour éviter les ruptures, notamment dans la chaîne de production. Une fiscalité spécifique a été mise en place pour rétablir une égalité concurrentielle, pour chacune des Régions d'outre-mer : octroi de mer, aides compensatoires, Régime Spécifique d'Aide sont autant de moyens destinés à protéger les productions locales.

Les marchés extérieurs sont difficilement accessibles, sauf rares exceptions ou pour des exportations traditionnelles (sucre, banane). Mais sucre et banane sont

---

18. Simon Kuznets Economic Grow of Small Nation, Robinson ed. 1960

19. CCIG, Etude de l'offre et de la demande logistique en Guadeloupe, 2014.

eux-mêmes provisoirement subventionnés pour faire face à la concurrence extra-communautaire.

Selon Bernard Poirine, l'existence d'une « rente administrative » dans les collectivités d'outre-mer provoque un phénomène économique décrit dans les années 1960 sous le nom de syndrome hollandais[20]. Ce phénomène concerne à l'origine les pays qui connaissent une forte croissance de leurs ressources financières tirées de l'exportation de matières premières ou d'énergie. Il s'ensuit

un effet-revenu à l'origine d'une hausse des prix, affectant notamment le secteur industriel, une perte de compétitivité et un affaiblissement de la production industrielle. Cette analyse a été appliquée à la situation des territoires français d'outre-mer dont les transferts publics sont considérés comme une « rente administrative » procurant à ces territoires des ressources financières exceptionnelles. Ces ressources seraient à l'origine d'une formation des prix à la consommation et des coûts de production à un niveau élevé, affectant ainsi la rentabilité et la compétitivité de la production intérieure. Ce modèle particulier de croissance est décrit par Borda et Mathouraparsad sous le nom de syndrome domien[21].

Les facteurs limitant la compétitivité de l'économie guadeloupéenne sont, certes, incontestables, mais ne peuvent être les seules explications des maigres résultats obtenus en termes de développement économique et social. Les nombreux dispositifs mis en place permettent de compenser les surcoûts de la production locale comparés à l'Extérieur. Dans certains secteurs, les entreprises les plus importantes ont, en moyenne, des niveaux de performance égaux, voire supérieurs à ceux des entreprises françaises de l'hexagone.

Capacité bénéficiaire des entreprises les plus performantes en Guadeloupe et en France en 2016

Capacité bénéficiaire Taux en %	Guadeloupe			France		
	Commerce de détail	Commerce de gros	Commerce automobile	Commerce de détail	Commerce de gros	Commerce automobile
Taux de marge	37	41,8	32,3	35,8	36,6	26,4
Taux de rentabilité financière	33,2	30,8	27,8	26,5	22,7	19,7

20. Bernard Poirine, Le développement par la rente dans les petites économies insulaires, Revue économique n°6,1993.

21. Borda P., Mathouraparsad S., Le syndrome domien ou les maux du modèle économique des DOM, Document de travail du CREDDI, Juillet 2013.

Capacité bénéficiaire	Guadeloupe			France		
	Construction	IAA	Biens d'équipement	Construction	IAA	Biens d'équipement
Taux de marge	23	40,3	27,6	21,7	35,6	27,9
Taux de rentabilité financière	27,1	20,5	20	24,4	20,5	20,9

Lecture : En 2016, le taux de marge des entreprises de commerce de détail les plus performantes était de 37 % en Guadeloupe et de 36,6 % en France. Durant la même année, leur taux de rentabilité financière était respectivement de 33,2 % et 26,5 %.
Source : D'après Iedom[22]

Ces ratios ne concernent qu'un échantillon des entreprises, et parmi elles, les plus performantes. Le nombre d'entreprises composant cet échantillon est, en toute logique, bien plus important en France qu'en Guadeloupe. Par exemple pour le taux de marge dans le secteur des biens d'équipement, 33 entreprises en Guadeloupe contre 10 344 en France. Le tissu productif de la Guadeloupe est composé de très petites entreprises. Toutefois, les ratios relevés semblent être significatifs d'une situation bien réelle. Le taux de marge des entreprises guadeloupéennes (bénéfice brut) est, en 2016 supérieur à celui constaté en France. La rentabilité financière (fraction du bénéfice net revenant au(x) propriétaire(s) est le plus souvent supérieure à celui constaté en France. Grâce aux nombreux dispositifs mis en place, il est donc possible de surmonter les contraintes liées à l'éloignement et à l'insularité. Même si on admet que la plupart des entreprises guadeloupéennes connaissent une situation beaucoup moins favorable que celle que nous venons de décrire.

Nous pouvons également nous appuyer sur une étude comparative des entreprises des DOM et de la métropole, portant sur la période 2000, 2007. Dans cette étude, Antoine Dreyer et Bertrand Savoye rendent compte des similitudes de situation des entreprises, selon leur type. Les résultats financiers peuvent même être supérieurs. Ils concluent que les handicaps dus à « l'ultra-périphéricité » sont en partie atténués par les mesures en faveur des entreprises domiennes.[23]

La faible taille du territoire guadeloupéen, son éloignement des grands marchés, la « rente administrative » sont autant de facteurs qui limiteraient le développement. Mais on doit également s'interroger sur l'efficacité des politiques de développement.

L'efficacité limitée des politiques de développement

L'idée du développement pour les Outre-mer s'est progressivement imposée aux pouvoirs publics pour des raisons politiques et d'efficacité économique. Déjà en 1967, le Préfet Bolotte, en poste en Guadeloupe après l'Algérie, avait évoqué la nécessité d'un développement pour conforter la départementalisation et combattre

---

22 w.ww.iedom.fr/Guadeloupe/entreprises/ratios-sectoriels

23 Une analyse comparative des entreprises des DOM et de la métropole, Economie et Statistiques n°462-463, 2013

les idées d'autonomie et d'indépendance. Dès le début des années 1970, l'État et les institutions consulaires ont pris conscience de la nécessité d'une activité motrice pouvant se substituer aux activités traditionnelles (sucre de canne, banane) ou les compléter. Pour les chambres consulaires des Antilles et de la Guyane[24], « tous les moyens doivent être mis en œuvre pour réaliser l'industrialisation des départements antillo-guyanais ». Dans le cadre du 6è plan (1970-1975), le tourisme est présenté comme un axe prioritaire de développement avec le projet d'aménagement hôtelier « Riviera Sud ». Parmi les vingt points d'appui pour le développement économique des Antilles et de la Guyane d'une Conférence interrégionale réunie en 1979 par Paul Dijoud en Guadeloupe, on relève, « le développement touristique, la promotion de l'artisanat, les ressources et l'exploitation de la mer, la production agricole destinée au marché local, la diversification agricole et les cultures d'exportation »[25]

Dans les années qui ont suivi, plusieurs lois de défiscalisation et d'orientation du développement ont concerné les Outre-mer. Se sont succédé entre 1986 et 2003, les lois Pons, Perben, Paul, Girardin et en 2009, la loi organique pour le développement de l'outre-mer. Le point commun de toutes ces lois est la création de dispositifs de réduction ou de suppression des charges fiscales et sociales pour les entreprises et les ménages. Ces dispositifs concernent quasiment tous les secteurs d'activité pour favoriser l'investissement, donc la production et l'emploi. Mais elles ont à peine renforcé l'appareil productif guadeloupéen.

Les politiques structurelles ou de soutien sont aussi celles de l'Union européenne en direction des régions ultra-périphériques. Par exemple, le Programme d'Options Spécifiques à l'Éloignement et à l'Insularité (POSEI) est une déclinaison de la politique agricole commune (PAC) pour les Régions Ultra Périphériques (RUP) européennes. Ce programme de l'Union Européenne a pour objectifs le développement des produits agricoles essentiels dans les RUP grâce à l'allègement des coûts, le soutien de la diversification agricole et le maintien des filières d'exportation traditionnelles.

L'Union Européenne intervient également avec d'autres fonds structurels dont le plus important est le Fonds Européen de Développement Régional (FEDER). Ces fonds ont pour vocation de réduire les écarts de développement entre Régions en favorisant la compétitivité et l'attractivité des territoires les moins développés.

Sont également à prendre en compte les politiques conjoncturelles et structurelles de l'État au niveau national. Ces politiques, avec leurs mesures à court ou moyen terme, concernent la Guadeloupe au même titre que toutes les autres collectivités territoriales françaises. Mais elles ne peuvent que maintenir le statu quo économique en Guadeloupe. Par exemple les politiques de relance vont surtout relancer les importations, sans nécessairement développer la production locale. Selon la même logique, les politiques structurelles nationales appliquées dans les

[24].Conférence permanente des CCI des Antilles et de la Guyane française, Développer les Département Français d'Amérique, Dix propositions, p.25, Cayenne, 22 août 1974.

[25]. Conférence Interrégionale, Orientations pour le développement économique des Antilles et de la Guyane, Pointe-à-Pitre7-8 mai 1979

régions d'outre-mer, montrent leurs limites quand leur objectif est l'amélioration de l'offre des entreprises pour améliorer leur rentabilité, leur compétitivité et l'emploi. C'est le cas de la récente loi CICE (2012). L'un de ses principaux dispositifs est un crédit d'impôt sur les bénéfices dont le montant est supérieur de 50 % pour l'outre-mer. Les mesures proposées dans cette loi sont destinées avant tout, à un pays industrialisé de longue date qui veut améliorer la compétitivité d'un appareil productif déjà développé.

Les politiques publiques locales fortement liées aux politiques nationales et européennes n'ont pas été d'une plus grande efficacité pour un vrai développement de l'économie guadeloupéenne. Depuis plus de deux décennies, la Région propose des schémas de développement et depuis 2015 sa responsabilité dans la stratégie de développement a été confortée. Avant 2015, elle pouvait faire quelques propositions dans le cadre du Schéma d'Aménagement Régional (SAR). Par exemple, le SAR de 2011 devait donner à la Guadeloupe les outils majeurs d'un aménagement et d'un développement durable. Il évoquait déjà la nécessité de renforcer l'autonomie économique de la Guadeloupe et la nécessité de promouvoir une croissance verte et une croissance bleue. Fort de sa compétence élargie en matière de développement, le nouveau Conseil régional de 2015 a élaboré un Schéma régional de développement économique d'innovation et d'internationalisation (SRDEII)[26]. Ce schéma indique les axes de développement du territoire, mais sans clairement les hiérarchiser :

- favoriser la création, le développement, la croissance des entreprises guadeloupéennes ;
- renforcer et diffuser l'innovation et les usages du numérique dans les entreprises ;
- valoriser les savoir-faire des entreprises guadeloupéennes et favoriser leur
- internationalisation ;
- promouvoir une agriculture et une agro-transformation durables et compétitives, facteurs de
- développement pour une croissance verte ;
- promouvoir et développer une économie bleue ;
- faire de l'économie sociale et solidaire un levier de croissance ;
- faire du tourisme un vecteur de valeur ajoutée pour l'économie guadeloupéenne.

Cette présentation a été complétée en 2017 par un plan pluriannuel d'investissement pour les trois années à venir.

L'idée dominante est que le développement sera facilité par la mise en place d'équipements structurants, capables de favoriser une dynamique durable de croissance autour d'activités privilégiées. En attendant la concrétisation de ces orientations, force est de constater qu'à ce niveau de décision, le bilan en termes de décollage est jusqu'à ce jour, modeste. Les schémas d'aménagement doivent tenir

---

[26] https://www.regionguadeloupe.fr/fileadmin/Site_Region_Guadeloupe/Mediatheque/textes_Politique/SRDEII

compte des initiatives locales (communales) d'aménagement qui, elles aussi, influencent les mutations économiques du territoire. Celles-ci étant elles-mêmes souvent initiées par certains décideurs économiques.

Admettons que les politiques régionales et les dispositifs spécifiques pour les Outre-mer ont eu quelques effets bénéfiques sur la production, les revenus et l'emploi qu'elles ont contribué à stabiliser, voire renforcer, notamment dans le tourisme et le BTP. Mais, jusqu'à ce jour, elles n'ont fait apparaître aucune activité motrice capable d'entraîner durablement l'ensemble de l'activité économique guadeloupéenne par essaimage. Les activités économiques traditionnelles sont très loin de jouer ce rôle. Le tourisme peut être une des activités pouvant avoir un effet d'entraînement de nombreuses autres activités du territoire guadeloupéen[27] (Maurin, Mathouraparsad, 2004). Toutefois, malgré sa progression depuis les années 1970, il ne joue pas encore suffisamment ce rôle.

Au total, plus de 30 ans de politiques structurelles, avec le concours de l'État et de l'Europe n'ont pas réussi à mettre la Guadeloupe sur les rails d'un vrai développement. Il faut dire que ces politiques s'inscrivent pour l'essentiel dans le cadre d'un mode de développement et de structures économiques préexistantes. Pour l'essentiel, leur principal objectif, louable en lui-même, est de maintenir l'emploi et le niveau des revenus. Mais les lois du marché et les initiatives des principaux décideurs économiques vont limiter les quelques avantages pour la production dus aux initiatives des pouvoirs publics.

La logique d'un mode de développement atypique

Ce qui est en cause, est un mode de développement hybride que les politiques économiques menées jusqu'à ce jour ne remettent pas en question. Des normes empruntées à la consommation fordiste ajoutées à des caractères hérités d'une économie coloniale sont des éléments qui constituent ce mode de développement imposé et atypique. Il a sa propre cohérence interne et son mécanisme de reproduction.

L'économie de la Guadeloupe est d'abord l'héritière d'une économie coloniale, dans une société esclavagiste. La question du développement de la Guadeloupe ne peut donc être traitée sans prendre en compte ce fait historique. Valéry Giscard d'Estaing, ancien Président de la République, et ancien ministre de l'Économie, reconnaissait lui-même la survivance de « résidus du colonialisme », lors d'un discours prononcé à Basse-Terre en décembre 1974[28].

Dans son essence, l'économie coloniale et esclavagiste est une économie d'exploitation extrême. On exploite jusqu'à épuisement les ressources et les hommes au profit de quelques intérêts privés et de l'État colonial. La vocation de la colonie n'est pas de s'industrialiser mais de fournir à la métropole des denrées et

---

27. S. Mahouraparsad, A. Maurin, J-G. Montauban , La construction des comptes satellites du tourisme et l'impact économique dans les DFA, Les défis du développement du tourisme et l'intelligence économique des territoires, s/d. P. Roselé Chim et J. Raboteur, EPU 2014.

28. discours.vie-publique.fr/notices

d'être pour celle-ci un débouché pour sa production. L'échange entre cette métropole et sa colonie est inégal dans la mesure où les produits que celle-ci lui achète sont plus chers que les produits qu'elle lui vend. C'est le sens du système de l'Exclusif pratiqué par toutes les puissances coloniales[29]. L'exploitation du travail des esclaves renforce le bénéfice que les entreprises coloniales et la métropole tirent de la colonie. La colonie, quant à elle, doit vivre avec ses propres ressources.

Dans ce type d'économie de comptoir, encore sous influence d'une forme de mercantilisme, le commerce joue un rôle central. Il est l'interface entre la métropole et la colonie. C'est lui qui permet d'exporter vers cette métropole la production de la colonie et c'est lui qui permet d'écouler les marchandises en provenance de la métropole.

Ce système a créé ses propres structures économiques, sociales et mentales. Alors qu'en Europe le capitalisme a détruit quasi complètement les anciennes structures et institutions, en Guadeloupe, l'idéologie coloniale et esclavagiste a contenu l'esprit du capitalisme dans sa forme la plus évoluée. Dans cette île, marquée par le multiculturalisme et les séquelles de la colonisation et de l'esclavage, les rapports sociaux, la culture d'entreprise, l'appropriation du capital (financier, foncier, technique) n'ont pas été les mêmes que dans n'importe quelle région de la métropole. Dès lors, la Guadeloupe avec sa formation sociale particulière ne peut pas être à l'image de la Corse et encore moins de l'Île-de-France ou de l'Occitanie.

De nos jours, la Guadeloupe n'est plus une colonie d'exploitation profitable à la métropole si on la ramène au seul État central. Les principales productions locales traditionnelles pas plus que les plus modernes ne semblent représenter un avantage substantiel ni pour le marché intérieur français, ni pour le marché mondial. D'ailleurs, si on ne considère que les seuls flux financiers publics, il est fort probable que ceux-ci soient inversés au profit de la Guadeloupe depuis la départementalisation. Restent maintenant à évaluer les avantages de nature géopolitique.

La possession du capital foncier et des entreprises a, elle aussi, connu quelques changements. Toutefois, si les structures caractéristiques de l'économie coloniale d'exploitation ont évolué, elles n'ont pas complètement disparu. La production de biens marchands (sans le commerce et les administrations) est toujours dominée par deux produits, sucre et bananes, les mêmes qui dominent la structure d'exportation, malgré les récentes évolutions des branches d'activité. C'est un type de spécialisation imposé par l'échange international aux pays anciennement colonisés. Les entrepôts du 19è siècle se sont densifiés, déplacés et modernisés avec des technologies du 21è siècle pour mieux recevoir les importants flux de marchandises en provenance, certes du monde entier, mais principalement de la France métropolitaine. Le commerce aussi bien intérieur qu'intercontinental garde sa fonction d'écoulement d'une production de masse venue de l'Extérieur. Si on considère non plus le seul État central mais l'entité France métropolitaine (y

---

[29]. Voir Alain Clément ; Du bon et du mauvais usage des colonies : politique coloniale et pensée économique française au XVIII e siècle, Cahier d'économie politique n° 56, l'Harmattan ,2009.

compris les entreprises) le volume de consommation des collectivités d'outre-mer dans leur ensemble, continue de représenter des sources de profit pour les entreprises de la métropole. Donc, quand on mesure le volume des flux financiers entre la Guadeloupe et la France métropolitaine, il faut prendre également en compte les flux financiers privés, tout en sachant que certains d'entre eux sont difficiles à évaluer.

Au cours du processus de développement occidental, la production de masse a précédé ou au moins accompagné la consommation de masse. Même quand cette consommation précède le développement de l'appareil productif, elle a pu ensuite contribuer à sa diversification grâce à des industries de substitution. Le même processus a pu être enclenché en Guadeloupe, mais de façon embryonnaire. Ainsi, les neuf secteurs d'activité qui se sont développés, occupent désormais une place importante dans la production guadeloupéenne. Mais leur part aussi bien dans la consommation intérieure que dans l'exportation reste infime alors que la société d'après la départementalisation a largement et durablement adopté le standard de consommation de masse occidentalisée avec ses excès et ses nuisances. Les décideurs politiques n'ont fait que s'aligner sur les comportements économiques des décideurs économiques et des consommateurs, même si les limites d'un modèle insoutenable à terme sont maintenant reconnues. Il s'agit en effet de s'aligner sur le standard européen traditionnel du toujours plus : plus de produits frais importés, plus de voitures, plus de routes, plus d'équipements ménagers, plus d'équipements de loisirs. Or, non seulement ce standard met à mal les limites écologiques d'une petite île, soumise de surcroît au réchauffement climatique, mais il est aussi très loin d'être satisfait par un appareil productif défaillant.

Il y a manifestement une préférence assumée pour un modèle de consommation occidentalisé et son corollaire, le modèle de distribution. La multiplication des centres commerciaux et des grands magasins correspond à un modèle de distribution et de consommation qui ne peut profiter au développement local que de façon marginale. Entre 1995 et 2008 les surfaces commerciales ont plus que doublé, ce qui indique une progression bien plus forte que le PIB lui-même. Ce modèle qui s'est répandu depuis les années 1970 n'a fait qu'accentuer le décalage entre production et consommation au profit des importations. Celles-ci se sont amplifiées dans tous les secteurs : produits alimentaires, prêt-à-porter, équipement des maisons notamment, autant de secteurs où la production locale était fortement sollicitée avant les années 1970.

Comment sortir d'un modèle dont se satisfait une large majorité de la population, aussi bien ceux qui en profitent que ceux qui aspirent à en profiter ? Il est difficile, d'avoir pour objectif une « abondance frugale », une consommation plus modeste, plus locale et plus respectueuse de l'environnement sans une volonté forte et un engagement assumé des décideurs politiques et de la population elle-même.

Évolution des surfaces commerciales en Guadeloupe

	1995		2000		2004		2008	
	Nombre	Surface	Nombre	Surface	Nombre	Surface	Nombre	Surface
Hyper-marchés	4	15130	4	21441	4	23865	4	23865
Supermarchés	28	27645	46	31958	44	33179	51	40442
Autres	52	48414	83	72710	92	83300	108	112252
Total	84	91189	133	126109	140	140344	163	176559

Lecture : En 1995, il existait en Guadeloupe 84 grands magasins qui représentaient une surface commerciale de 91 189 m². Ils étaient 163 en 2008, représentant une surface de 176 559 m².

Sources : Rapport Iedom 2000, 2004, 2008 ;

Un autre mode de développement ne pourrait se mettre en place sans que soit transformé le mécanisme de reproduction de l'actuel mode de développement solidement installé. Il l'est, en effet, malgré les déséquilibres économiques et sociaux qu'il génère. Il se renouvelle sans qu'il y ait, pour l'instant, de crises graves qui lui soient propres. Par certains de ses aspects, le mouvement social de 2009 semblait représenter une remise en cause du mode de fonctionnement actuel de l'économie et de la société. Avec le recul il apparaît davantage comme une crise (sociale) à l'intérieur du système qu'une crise du système lui-même.

Ce mode de développement particulier qui s'est installé avec la départementalisation dégage une cohérence interne en dépit des déséquilibres qu'il produit. Il se distingue, par son fonctionnement, des systèmes (ou sous-systèmes) des autres régions de la France hexagonale. Le particularisme vient de l'histoire, comme nous l'avons expliqué plus haut, et du rapport entre la production intérieure et la consommation des ménages. Mais les formes institutionnelles existantes, notamment l'omniprésence de l'État central et la nature du rapport salarial, contribuent à sa reproduction. Les entreprises dominantes dans la grande distribution et le BTP tout comme les *insiders* du marché du travail y trouvent leur compte, l'importance d'une économie et d'un marché du travail informels réduisant la probabilité d'explosion sociale.

Les économistes régulationnistes français (Boyer, Aglietta, Freyssinet), considèrent le régime économique français d'après la Seconde Guerre mondiale comme un mode de régulation macro-économique dans lequel il y a un processus auto-entretenu de redistribution des gains de productivité en augmentation généralisée du pouvoir d'achat des salaires[30]. Ce mode de régulation accepté sous forme de compromis par les partenaires sociaux sous l'égide de l'État maintient une croissance profitable à tous tant que les conditions de son bon fonctionnement sont réunies.

Si, en Europe, le « compromis fordiste » a largement reposé (jusqu'à la fin des années 1970) sur l'accroissement de la productivité globale, tel n'a pas été le cas en

[30]. R. Boyer et M. Freyssinet, Les modèles productifs, La Découverte, 2000.

Guadeloupe, petite économie insulaire héritière d'une économie coloniale départementalisée. L'accroissement des revenus et des profits se nourrit en grande partie des transferts publics, qu'ils proviennent de l'État central ou de l'Union européenne.

Le système fonctionnera tant que les déséquilibres jugés secondaires (chômage, pauvreté, insécurité, pathologies mentales particulières) seront tolérés, et surtout tant que les transferts de revenus seront assurés. En effet, pour qu'il continue de fonctionner, il faut le maintien, voire l'augmentation des flux financiers publics, ce qui n'est pas garanti. L'État central, dont les politiques spécifiques n'ont que très moyennement réussi, a commencé à mettre à mal le modèle, à travers les mesures de contrainte budgétaire qu'il applique à ses services comme aux collectivités locales. Cette contrainte budgétaire affecte particulièrement les collectivités d'outre-mer alors que l'État central laisse aux mêmes collectivités la responsabilité d'"un développement qu'il pourrait se contenter d'accompagner sous conditions.

Nous avons mis en évidence la situation économique et sociale paradoxale de la Guadeloupe. Elle a toutes les apparences d'un territoire développé, auquel il manque pourtant l'essentiel, la capacité de sa population à transformer la croissance en développement de sorte qu'elle se prenne en charge durablement, ce que d'autres petits territoires insulaires ont fait en changeant leur type d'insertion dans le commerce mondial.

Une première étape a effectivement été franchie avec une croissance transmise depuis la France hexagonale, secondée par l'Union européenne, à travers d'importants transferts financiers. La Guadeloupe a ainsi connu à partir des années 1980, plusieurs décennies de croissance à l'origine d'incontestables progrès économiques et sociaux. Mais cette croissance n'a réussi ni à développer suffisamment l'appareil productif, ni à réduire de façon drastique les déséquilibres économiques et sociaux (chômage, pauvreté), tout en renforçant certains et en créant d'autres.

Le processus enclenché n'est pas arrivé à son terme, étant donné les conditions de la croissance et la nature du mode de développement imposé. L'économie de la Guadeloupe ne pouvait que difficilement relever le défi de la compétitivité qu'exige son insertion dans le commerce mondial, héritée pour l'essentiel de son histoire.

Des politiques économiques structurelles, qu'elles soient nationales ou locales, ont été menées durant plusieurs décennies pour diversifier l'appareil productif et le rendre plus efficace. Leur mise en œuvre dans un cadre préétabli, sans une profonde transformation des conditions de la production, explique leurs modestes résultats. Elles opèrent dans le cadre d'un mode de développement atypique et solidement installé. Celui-ci inclut des formes institutionnelles de l'économie post-coloniale, et des normes de consommation de masse sans production de masse, impossible à créer. L'équilibre du système étant réalisé par les importantes importations et le maintien d'un volume élevé de transferts publics. Sa reproduction étant facilitée par l'omniprésence de l'État et la nature du rapport salarial. L'économie guadeloupéenne devient alors progressivement une excroissance commerciale de l'économie française, largement dépendante de celle-ci.

L'idéal serait d'avoir un niveau de production permettant au moins de satisfaire les besoins de consommation finale, d'investissement et d'exportation sans porter atteinte aux équilibres sociaux et environnementaux. Dans le cadre de l'actuel mode de production, cet objectif est quasiment hors d'atteinte, compte-tenu de l'importance des niveaux de consommation comparé à la faiblesse de l'appareil productif, et à la faible compétitivité de la production locale.

Pour qu'elle ne soit plus une simple excroissance commerciale d'une économie dominante, deux voies semblent s'offrir actuellement à la Guadeloupe. D'abord, le choix d'un type d'insertion dans l'économie mondiale à l'image de certaines des îles les plus florissantes de la Caraïbe, avec les deux principales activités motrices que sont le tourisme et la finance *offshore*. Les effets pervers de ce choix ont été soulignés. De toute façon, des activités financières *offshore* sont impossibles dans le cadre institutionnel actuel.

Un autre choix serait de multiplier les axes de croissance, intégrant certes le tourisme mais exploitant également les nombreuses autres ressources du territoire, situées pour l'essentiel dans le secteur primaire : agriculture, activités maritimes, dans l'agro-industrie et dans l'industrie culturelle. Cette orientation correspond à l'idée d'un développement endogène envisagé par le SAR de 2011 quand il évoque une croissance autonome. On la retrouve également dans le SRDEII qui veut développer toutes les potentialités locales pour assurer une croissance verte, facteur d'un développement durable. Si ce programme est réalisé dans le cadre actuel, il pourra tout juste réduire la grande dépendance de la Guadeloupe vis à vis de l'Extérieur.

Sur un petit territoire insulaire aux ressources limitées et à l'environnement écologique fragile, l'équilibre de l'économie et de la société suppose des standards de production et de consommation différents du modèle dominant de l'économie occidentale. Les atouts propres aux petites économies ont été évoqués. Une meilleure capacité de cohésion sociale ; une meilleure capacité d'adaptation aux chocs extérieurs ; une meilleure capacité de transformation des conditions de production et de vie sociale. Dès lors, les pratiques et les types d'activité alternatifs et complémentaires au capitalisme productiviste peuvent plus facilement et devraient pouvoir plus largement se développer : coopérative, partage du travail, économie de recyclage. Le dernier schéma régional de développement cite certaines de ces pratiques sans indiquer clairement la place qu'elles pourraient occuper dans la perspective d'un vrai développement. Ces formes d'organisation de la production et du travail, caractéristiques d'une économie mixte ne peuvent être efficaces que si elles sont accompagnées d'un modèle de consommation plus sobre et plus économe.

La réorientation clairement assumée de l'activité de production et de consommation vers une économie du bien-être ne peut se faire sans une forte volonté collective et sans une profonde transformation des structures économiques institutionnelles et mentales de la Guadeloupe.

« Spécificités » ? Vous avez dit « spécificités » ? Quel cadre théorique pour débattre du développement économique de la Guadeloupe ?

Joseph Ody
Économiste

En juin 2014, l'Agence Française de Développement (AFD) a réuni divers spécialistes des outremers pour débattre des « inégalités à l'origine de la panne de croissance des DOM ». Le constat de cet aréopage composé d'élus, de responsables d'institutions gouvernementales, d'économistes, de sociologues est sans appel : *« Aujourd'hui, les DOM semblent en panne, socialement et économiquement, les inégalités étant, justement, un frein à la croissance. Ils cumulent l'ensemble des indicateurs de précarité... (ces territoires) se positionnant comme les territoires les plus pauvres de France. »*

De nombreuses pistes d'action ont été explorées et proposées :

- amélioration du « système éducatif »,
- amélioration de la couverture sanitaire,
- réductions des écarts entre la métropole et les DOM,
- etc...

Certaines de ces pistes ont reçu des commencements d'exécution sans que, globalement, ni la situation de ces territoires, ni même la vision qu'en ont les décideurs et la société française ne soient véritablement modifiées.

Il en va de la Guadeloupe comme de l'ensemble des outre mers.

Et s'il fallait un renversement de perspective ? Ces territoires qui, selon les termes du colloque AFD, se positionnent comme « pauvres », sont-ils « les plus pauvres **<u>de France</u>** » ?

En un mot, peut-on parler de « l'ensemble français » et considérer intellectuellement les différences entre l'environnement économique des DOM – et donc de la Guadeloupe – et celui de la « métropole » comme de simples disparités régionales ?

Autrement dit, les travaux sur les disparités régionales [1] sont-ils pertinents pour étudier les écarts entre la France « métropolitaine » et ses « outre mers » ?

---

[1] La nature et l'évolution des disparités régionales ont déjà été l'objet de réflexions et de travaux importants et sont au centre des préoccupations des courants d'analyse en économie spatiale. Pour mémoire (références non exhaustives)

- CATIN M., GHIO S., 1999, « Les étapes du développement régional : un modèle d'économie géographique », dans CATIN M., LESUEUR J.Y., ZENOU Y., Emploi, concurrence et concentration spatiale, Économica, Paris.
- KRUGMAN P.R., 1995, Development, geography and economic theory, The MIT Press, Cambridge, Mass.

Les termes de la problématique que nous allons explorer dans cette contribution sont donc les suivants :

Au plan économique (système de production, répartition des revenus, niveau et modes de vie, etc.) la Guadeloupe est-elle :

- Une « région de France » avec quelques singularités, un territoire « en retard » dans un ensemble « développé » ?
- Une entité complètement différente aux plans économique, sociologique et sociétal n'ayant rien en commun avec l'ensemble français (en dehors du rattachement administratif et politique) ? Cette différence de nature justifierait ainsi pleinement que ce territoire fasse l'objet d'une analyse spécifique.

Quel sens donner au concept de « développement économique » ?

Le concept de « développement économique » est l'un des plus complexes et des plus controversés de la littérature économique. Plusieurs définitions sont proposées par différents auteurs. Il est généralement admis que le développement économique désigne les évolutions positives dans les changements structurels d'une zone géographique ou d'une population : démographiques, techniques, industriels, sanitaires, culturels, sociaux... De tels changements engendrent l'enrichissement de la population et l'amélioration des conditions de vie.

À cette définition très générale, je préfère la vision ouverte de François PERROUX, économiste français du milieu du XXe siècle. Selon cet auteur, le développement est *« la combinaison des changements mentaux et sociaux d'une population qui la rendent apte à faire accroître cumulativement et durablement son produit réel global »*.[2]

Cette définition est plus féconde en ce qu'elle opère la liaison entre l'économie et la société dans laquelle le sujet économique évolue, les structures institutionnelles, sociales, culturelles qui constituent son environnement. Cette approche globale et humaniste historicise l'économique et fait résonance avec les autres sciences sociales contrairement au paradigme actuel d'une « science » économique qui étudie des mécanismes désincarnés et éloignés des dynamiques sociales et sociétales. C'est la vision néo libérale actuellement en vogue qui consiste à poser que l'économie est une science des moyens, et non une science des fins, ces dernières relevant exclusivement de la morale et de la politique. Or, une telle position n'est pas tenable. En effet, comment étudier des moyens indépendamment des fins qu'ils révèlent, et, réciproquement, comment imaginer une discipline des fins qui négligerait les conditions de réalisation de celles-ci ? La visée d'une telle césure est de présenter l'ordre social existant comme indépassable, comme définitivement figé.

- WILLIAMSON J.G., 1965, « Regional inequality and the process of national development : a description of the patterns », Economic Development and Cultural Change

2 François PERROUX :*L'Économie du XXe siècle*, Presses universitaires de Grenoble, 1961,

La Guadeloupe est-elle une « région de France » avec quelques singularités ou une entité complètement différente qui justifierait ainsi pleinement d'une analyse spécifique ?

L'analyse proposée ici est une approche statique, permettant de discriminer les régions françaises les unes par rapport aux autres au regard de plusieurs critères économiques et sociologiques.

J'ai sélectionné 13 indicateurs afin de décrire les disparités dans l'« ensemble français ». Ces indicateurs se répartissent en 2 thèmes :

- économie, emplois et revenus d'une part ;
- déterminants sociaux et conditions de vie d'autre part,

VARIABLES ÉCONOMIQUES :

- Taux de chômage (2014)
- Taux de chômage des jeunes 15 à 24 ans (2014)
- PIB par habitant (en € 2010)
- Valeur ajoutée Tertiaire non marchand (%) 2014
- RMI (RSA) pour 1 000 personnes de 25 à 64 ans en 2008
- Poids de l'emploi public pour 100 hbts 2011 (les 3 fonctions publiques)

Ces variables présentent de manière synthétique les principales caractéristiques du système productif, de l'emploi et des revenus.

VARIABLES SOCIOLOGIQUES

- Cadre, profession intellectuelle sup (en % pop active 2014)
- Ensemble médecins (pour 100000 hbts)2014
- Femmes seules avec enfants (en % pop 2011)
- CMU taux de couverture pour 100 hbts en 2008
- Bénéficiaires Allocation soutien familial (pour 1 000 enfants de 0 à 19 ans) en 2008
- Licenciés en Tennis pour 100000 hbts en 2008
- Crimes et délits contre les personnes pour 100000 hbts en 2008

Ces variables présentent des déterminants sociologiques et sociétaux qui esquissent une représentation des conditions de vie.

D'où trois séries de variables regroupées à analyser :

- La première série porte sur la totalité des variables retenues afin d'analyser dans leur globalité socio-économique les disparités et similitudes des régions françaises ;
- La deuxième série ne retient que les variables permettant de caractériser l'environnement des régions selon des critères d'activité économique générale, de création de richesse, de situation de l'emploi ;
- La troisième série regroupe les variables permettant de caractériser des marqueurs emblématiques de l'environnement sociologique et sociétal et de comparer les régions françaises sur ces plans.

Ces données font l'objet de trois analyses en composantes principales (ACP, voir encadré) afin de mettre en évidence quelques familles de régions aux caractéristiques significativement comparables.

Les sources de données et la mise en forme des séries utilisées

Les données proviennent de la publication de référence de l'Insee « La France et ses régions »([3]) Ce document est une somme d'indicateurs et d'analyses statistiques déclinés sur les régions françaises. À chaque région française sont associées des données brutes appartenant aux champs économique, sociologique et sociétal.

La sélection des indicateurs répond à la double contrainte :

- de pertinence de l'information apportée à caractériser les fondamentaux économiques des territoires ainsi que les principaux marqueurs des niveaux et des modes de vie ;
- de la disponibilité des données à la maille de la région dans les fiches statistiques produites par les différentes sources [4].

C'est pour ces raisons que des indicateurs composites ont été écartés, de même que les indicateurs généralement recommandés [5] dans le traitement des inégalités.

Les informations recueillies ont fait l'objet d'un traitement statistique préalable à la réalisation des analyses en composantes principales. Ainsi, pour rendre l'information exploitable, il a fallu :

- utiliser des taux ou des densités et non des effectifs pour éliminer les effets de taille ;
- utiliser des taux comparatifs plutôt que des indices comparatifs, de façon à avoir des variables situant les régions les unes par rapport aux autres et non par rapport à une moyenne nationale.

Les régions mentionnées dans l'article font référence aux découpages et dénominations antérieurs à la réforme territoriale NOTRé du 7 aout 2015.

ACP : Définition et interprétation

L'Analyse en Composantes Principales a pour objet la description de données contenues dans un tableau individus-caractères numériques. Dans les données

[3]INSEE « La France et ses régions » Editions 2015 et 2010, Fiches thématiques

[4] La difficulté de disposer de statistiques à la maille des régions et territoires d'outre-mer est bien connue et a déjà fait l'objet de nombreuses récriminations. De l'aveu même du Ministère des Outre-Mer sur la page d'accueil de l'Observatoire de l'Outre-Mer« *Les données statistiques concernant l'outre-mer sont très nombreuses mais éparses et difficiles d'accès….Afin de travailler pour et sur l'outre-mer, la nécessité d'identifier les sources, de collecter puis organiser et présenter les données s'impose…* » Depuis la question écrite du sénateur Rodolphe Désiré au Sénat en…1992 sur le sujet, rien n'a véritablement changé.

([5]) Voir : Conseil National de l'Information Statistique « Rapport du groupe de travail sur la définition d'indicateurs en matière d'emploi, de chômage, de sous-emploi et de précarité de l'emploi » CNIS 2008 Ou bien voir : Indicateurs de pauvreté de l'ONPES (Observatoire National de la Pauvreté et de l'Exclusion Sociale).

analysées ici, les individus correspondent aux régions et les caractères ou variables correspondent aux indicateurs retenus pour chaque thème.

Cette méthode permet de fournir un résumé de l'information, résumé qui en rend la lecture possible. Il s'agit d'une méthode dite factorielle car la réduction du nombre de variables se fait par la construction de nouvelles variables synthétiques obtenues en combinant les variables initiales.

Ces nouvelles variables synthétiques sont appelées "composantes principales". Elles déterminent un certain nombre d'axes factoriels, qui réalisent chacun une synthèse des variables initiales. Chaque axe n'est porteur que d'une partie de l'information qui est mesurée par le pourcentage d'inertie totale du nuage de points étudié (ce nuage est l'espace à plusieurs dimensions représenté par l'ensemble des données et dont l'analyse a pour objectif de fournir une représentation synthétique).

La difficulté de l'ACP est de donner une signification concrète aux nouvelles variables. On s'intéresse aux indicateurs présentant les plus fortes corrélations avec un axe car ce sont eux qui participent le plus à la caractérisation de cet axe. La représentation graphique des indicateurs sur les axes permet alors de repérer rapidement les indicateurs liés entre eux ou opposés et ainsi d'interpréter les axes factoriels.

La représentation des individus sur les plans factoriels permet d'apprécier leur répartition et de repérer les individus aux profils semblables ou au contraire opposés par rapport à un axe.

Appliqué aux régions françaises, ce traitement statistique permet de mettre en évidence leurs spécificités, de faire émerger les caractéristiques significativement comparables mais aussi, et surtout, de dégager les différences fondamentales.

Analyse sur la totalité des variables

Comment se positionnent les régions françaises lorsqu'on les soumet à une analyse globale, tant économique que sociologique ?

L'analyse de la position des variables sur le plan factoriel :

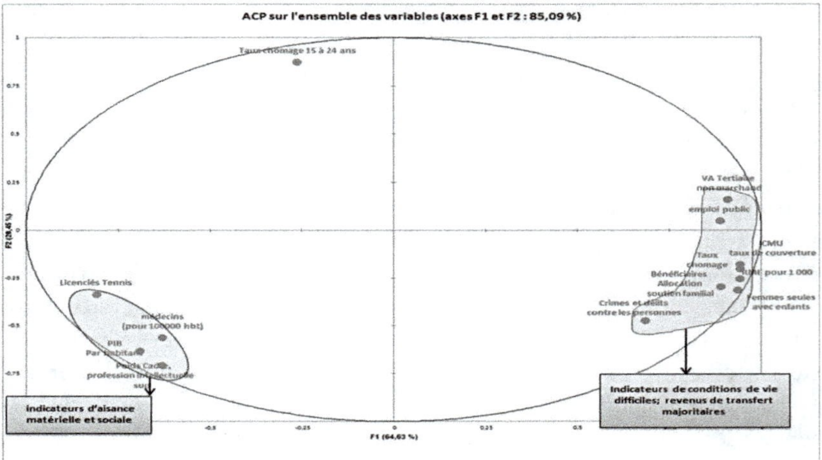

Les deux premiers axes (ou facteurs) restituent une inertie cumulée de 85,09 %, ce qui constitue un rendu robuste.

Les variables qui « font » l'axe FI, 64,63 % de l'information (« l'inertie »)sont :

1- d'une part des variables représentant une certaine aisance matérielle et sociale fortement corrélées entre elles :

- revenu par habitant
- nombre de médecins pour 10000 hbts
- % de licenciés sportifs dans la pratique du tennis : consommation de loisirs coûteux et socialement connotés

2- d'autre part des variables témoignant de grandes difficultés à vivre et d'un environnement économique dégradé, variables elles aussi, fortement corrélées entre elles et en opposition avec les variables d'aisance matérielle et sociale

- taux de couverture CMU pour 1 000 habitants : ce taux signifie des populations précarisées qui n'ont aucune activité (ou statut) permettant d'enclencher une couverture sociale normale ;
- la contribution du tertiaire non marchand à la valeur ajoutée : le niveau de ce taux permet de déterminer si l'élément moteur de la création de richesse se trouve dans le secteur relevant de la puissance publique ou du secteur associatif ;
- taux de chômage ;
- taux de personnes bénéficiant du RSA ;
- le taux d'agressions pour 10000 habitants (crimes et délits sur les personnes) ;
- le taux de chômage ;
- le pourcentage de femmes seules avec enfants ;
- les taux de bénéficiaires des allocations de soutien familial ;

- le taux d'emplois publics (les 3 fonctions publiques) dans le total des emplois : l'accès aux emplois publics est-il le principal moyen d'occuper un emploi stable ?

Positionnement des régions par rapport à ces variables :

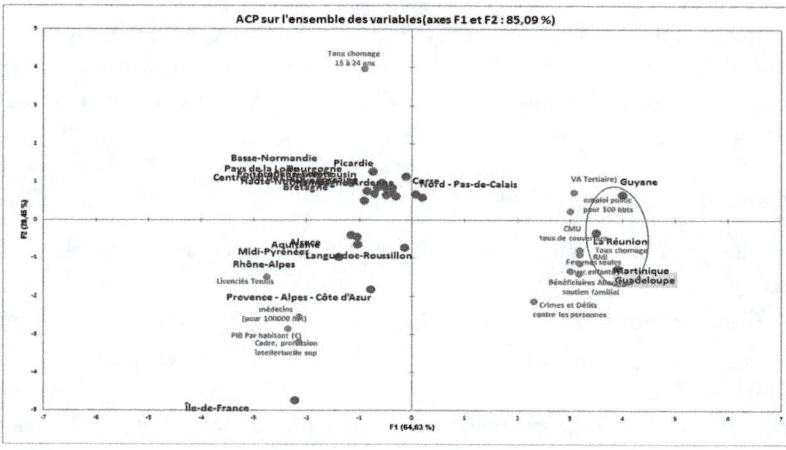

Le graphique représente la projection des régions sur le plan principal formé par les deux axes dont nous avons précédemment analysé les caractéristiques. Cette représentation montre comment les régions se situent par rapport aux facteurs identifiés, notamment ceux d'aisance d'une part et de difficultés de vie d'autre part. La position des régions présentant la plus ou moins grande proximité avec les facteurs montre la force du lien avec ces facteurs.

Cette représentation permet de distinguer clairement globalement deux groupes de régions :

Des régions relativement favorisées

Présence à des taux supérieurs à la moyenne de quelques marqueurs symboliques d'aisance matérielle et sociale :

- PIB par habitant élevé
- Pourcentage élevé de pratiquants licenciés dans le tennis, pratique sportive coûteuse et socialement connotée,
- Couverture médicale supérieure à la moyenne ;
- Proportion élevée de cadres et professions supérieures dans la population active.

Dans ce groupe se trouvent la totalité des régions métropolitaines, même si l'on peut distinguer des régions plus favorisées que les autres :

- Ile de France

- Alsace, Aquitaine, Languedoc Roussillon, Midi Pyrénées, PACA, Rhône Alpes ;

Les marqueurs étant légèrement en retrait pour les autres régions métropolitaines.

Des régions cumulant tous les handicaps : les Dom

Les quatre DOM parfaitement différenciés des autres régions et situés sur la droite de l'axe F1, zone qui, nous l'avons vu plus haut, recense les facteurs de conditions de vie difficiles tant sur les variables économiques et d'emploi que sur les variables sociologiques et sociétales.

Ce sont les seules régions qui cumulent la totalité des difficultés :

- une part importante des revenus des habitants provient des transferts sociaux ;
- forte proportion de familles monoparentales dont le chef est une femme ;
- les taux des crimes et délits envers les personnes sont plus élevés que la moyenne des régions.

On voit tout l'intérêt de l'analyse multidimensionnelle. En effet, les variables énumérées ci-dessus prises isolément signalent des difficultés ponctuelles et individuelles. Par contre, la conjonction de ces difficultés nécessite une analyse différente, davantage tournée vers le système global économique et social.

Une vérification par classification ascendante hiérarchique (CAH, voir encadré) confirme que ces groupes de régions ne font pas partie du même environnement socio- économique.

CAH

La classification ascendante hiérarchique (CAH) est une méthode de classification itérative

La CAH organise les observations, définies par un certain nombre de variables, elles-mêmes divisées en modalités, en les regroupant de façon hiérarchique. Elle commence par agréger celles qui sont les plus semblables entre elles, puis les observations ou groupes d'observations un peu moins semblables et ainsi de suite. Ces agrégations se font deux à deux.

On continue ainsi jusqu'à ce que tous les objets soient regroupés.

Les avantages de la méthode :

- Homogénéité dans chaque classe et disparité entre les classes,
- Classes non prédéfinies mais découvertes au cours de l'opération.

Représentation graphique :

Le Dendrogramme est un arbre binaire présentant les agrégations successives. La hauteur d'une branche est proportionnelle à la distance entre les objets regroupés.

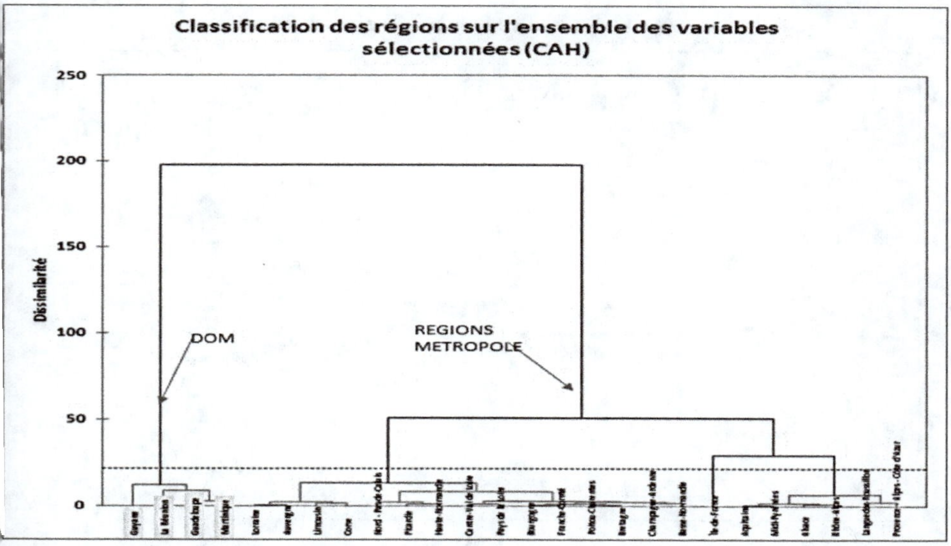

Analyse sur les variables sociologiques et économiques

Ces premières conclusions sont confortées par des ACP plus ciblées et réduites aux séries de données sociologiques :

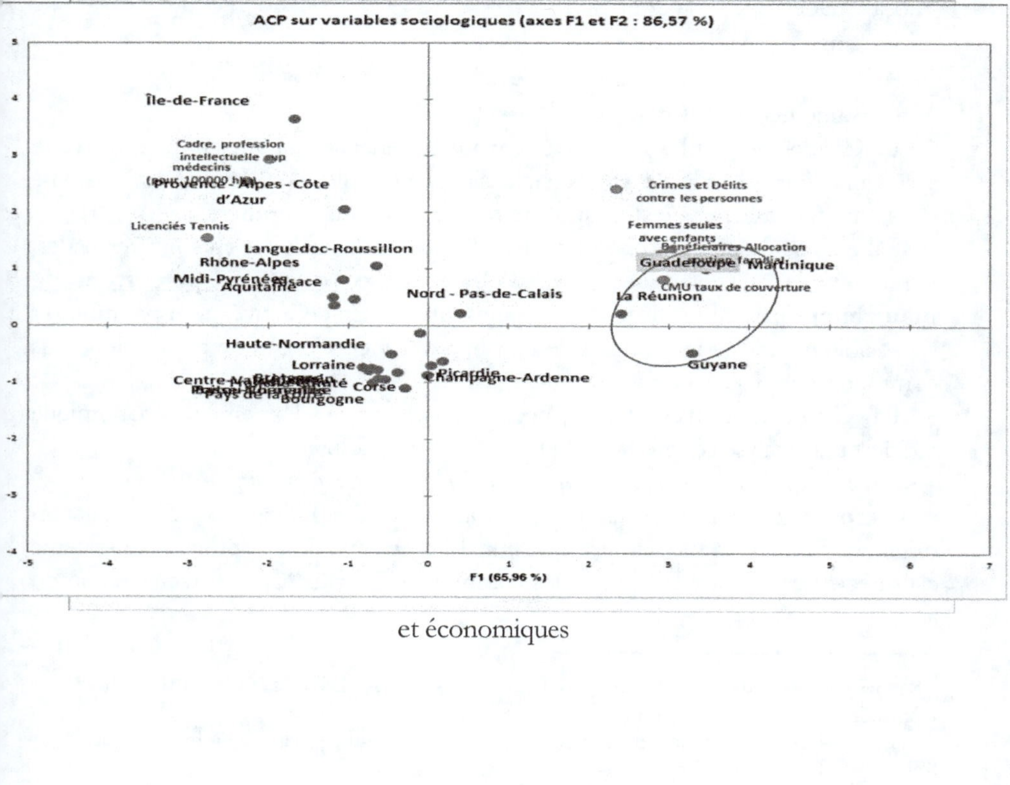

et économiques

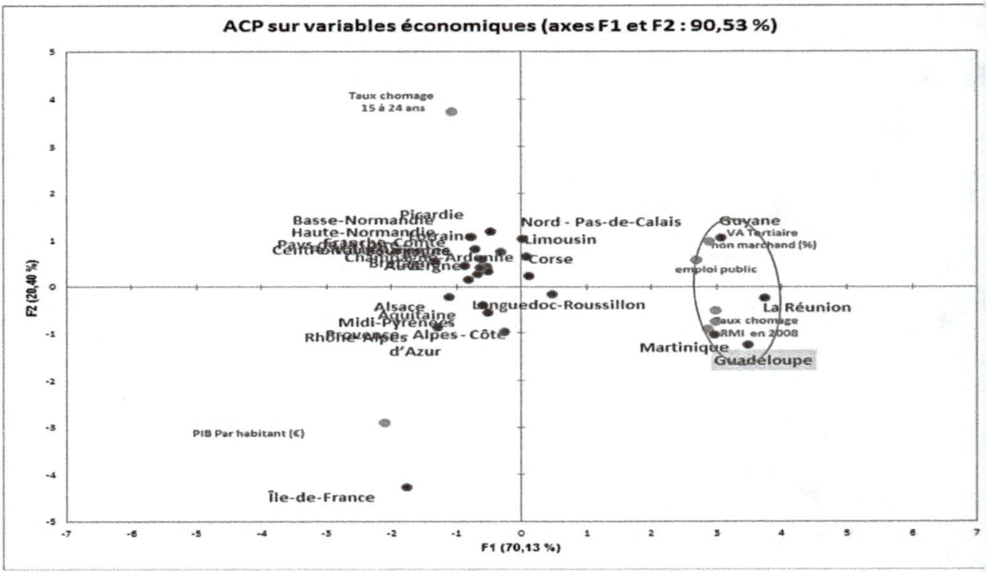

Ainsi, sur tous les champs analysés, la Guadeloupe (et les DOM en général) apparaissent atypiques **lorsque les analyses sont faites en termes de similarités /dissimilarités avec le reste de l'ensemble français[6].**

La Guadeloupe n'est donc ni :

- une région de France « avec des spécificités »
- une région de France « en voie de développement »
- une région de France « sous-développée »

La Guadeloupe (et les DOM d'une manière générale) est une entité particulière ayant une identité sociale et sociétale singulière. Elle a également un système productif particulier et à ce titre **justifie d'une réflexion singulière.**

S'il est vrai qu'un grand nombre d'intellectuels et d'analystes en sont persuadés, il me semble qu'il était nécessaire **d'objectiver ce que tous perçoivent de manière empirique comme des « spécificités ».** En définitive, pour paraphraser les sociologues, il fallait « construire un objet d'étude » c'est-à-dire passer du « sens commun » au sens économique[7].

La Guadeloupe n'est pas « spécifique ». Son développement économique requiert une analyse centrée sur son histoire et sa sociologie.

« Lorsque tu ne sais pas où tu vas, regarde d'où tu viens » (proverbe africain)

L'économie de la Guadeloupe est tributaire de ses rapports de production originels. Elle est un modèle presque pur d'« économie de comptoir ». Ce système est directement issu de la logique des comptoirs coloniaux. Cette caractérisation du

---

[6] Rappel source des données : INSEE « La France et ses régions » Éditions 2015 et 2010, Fiches thématiques

[7] Paugam Serge, «Les 100 mots de la sociologie », Paris, Presses universitaires de France, coll. « Que Sais-Je ? »,2010

système économique guadeloupéen n'est pas neutre, elle permet de mieux appréhender le système productif :

- économie extravertie basée sur l'exportation de produits de base et sur l'importation de la quasi-totalité des biens de consommation malgré de timides embryons d'industries d'import substitution ;
- système commercial local principalement destiné à écouler et diffuser les produits de la métropole.

La mécanique de fonctionnement de ce type d'économie à base de contrats d'exclusivité avec les fournisseurs français, de quotas, barrières douanières et d'intermédiaires en tous genres, engendre des monopoles et des positions dominantes qui assurent des retours sur investissements élevés et encouragent une mentalité entrepreneuriale très particulière faite de recherche de profits rapides. Ce type d'économie non seulement importe de l'inflation, mais l'amplifie et son fonctionnement, par son mécanisme même, entraîne naturellement tous les prix à la hausse. Dans ce contexte, les « boucliers-prix » et autres « observatoires » ne sont d'aucune utilité.

Dans ce modèle économique, chaque acteur est à sa place et joue sa partition :

- aux grands colons originels les grosses concessions et contrats d'exclusivité d'import-export, agriculture moderne et agro-industrie souvent hérités de positions dominantes historiques. Ces monopoles constituent le tremplin vers des activités plus hautement capitalistiques (grande distribution notamment) ;
- aux entrants plus récents (immigrants de la période post esclavagiste et/ou métropolitains) les rôles d'intermédiaires et les investissements dans les PMI d'import substitution ;
- les autres populations restent largement en dehors du réel pouvoir de décision.

L'économie de la Guadeloupe d'aujourd'hui est le produit de cette forme d'organisation. En d'autres termes, les formes d'organisation sont toujours historicisées et leur étude ne peut pas faire l'économie de cette analyse[8].

Les promoteurs de « l'égalité réelle » admettent en préambule du rapport ministériel ([9]) la singularité de « *sociétés fragmentées comme le sont les sociétés et les économies des outre-mer basées, dès l'origine, sur des fondements anthropologiques et sociologiques profondément et consubstantiellement inégalitaires... sociétés post-esclavagistes, postcoloniales et plantationnaires, à forte hiérarchisation pigmentocratique, des inégalités anthropologiques et psychosociologiques s'ajoutent aux inégalités économiques et sociales classiques* ». Cependant, le rapporteur ne tire aucune conséquence théorique ni méthodologique de ce constat accablant, mais lucide. Il continue à préconiser la mobilisation de recettes ou de techniques expérimentées ou déjà à l'œuvre dans des régions françaises qui n'ont pas le même soubassement sociologique.

---

[8] «*Un racisme anti-blanc en Guadeloupe ?*» Franciane et Joseph ODY (23 mars 2009) in CCNews et UGTG.org

[9] « *Egalité réelle outre-mer – Rapport au Premier Ministre* » La Documentation Française- collection Rapport Public- Mars 2016 Editeur Ministère des Outre Mer

Certaines contributions, encore trop isolées, ont pourtant commencé à explorer des pistes prometteuses dans la compréhension des mécanismes de nos spécificités(10)

Au début de cet article, j'ai exprimé ma préférence pour la définition du développement énoncée par François PERROUX : *« la combinaison des changements mentaux et sociaux d'une population qui la rendent apte à faire accroître cumulativement et durablement son produit réel global »*.

La culture, la formation, le système de valeurs ne peuvent être exclus du champ de la réflexion sur le développement économique.

10 C'est le cas de l'article de Vincent HECQUET et Frédéric LAINÉ *« Sur chômage aux Antilles-Guyane : des éléments d'explication »* Antiane Eco N°68. Les auteurs déterminent un effet spécifique du chômage « un taux de chômage théorique qui serait observé si chaque personne avait la même probabilité d'être au chômage qu'en moyenne nationale compte tenu de son âge, son sexe, son niveau de formation ». Ils distinguent un « effet structurel » du chômage et un « effet résiduel » correspondant à la différence entre le niveau du chômage réellement observé et celui qui est imputable à l'effet structurel.
Réflexion théorique intéressante mais qui pose la problématique à l'intérieur (et en référence) à l'ensemble français.

Les chemins de la souveraineté alimentaire en Guadeloupe : un projet collectif

HARRY ARCHIMEDE

Docteur en sciences agronomiques

Directeur de recherches à l'INRA (Institut National de la Recherche Agronomique).

Membre de KapGwadloup(Koudmen pour une agriculture paysanne en Guadeloupe)

Contexte et définitions

Autonomie alimentaire, sécurité alimentaire et souveraineté alimentaire sont des concepts qui ont fait l'objet de nombreux débats internationaux. Ils sont quelquefois utilisés indifféremment mais en réalité ils font état de postures et d'objectifs différents. L'autonomie alimentaire est une « donnée quantitative » qui mesure la capacité d'un pays à couvrir les besoins alimentaires de sa population avec les productions issues de son terroir. En 1996, à Rome, lors d'un sommet sur l'alimentation, la FAO définissait la sécurité alimentaire comme "*une situation caractérisée par le fait que toute la population a en tout temps un accès matériel et socioéconomique garanti à des aliments sans danger et nutritifs en quantité suffisante pour couvrir ses besoins alimentaires, répondant à ses préférences alimentaires, et lui permettant de mener une vie active et d'être en bonne santé*" (FAO, 1996)[1].La sécurité alimentaire se voulait un concept neutre mais sa définition est le résultat d'âpres combats idéologiques entre nations. De nombreuses interprétations sont possibles. « Garantir des aliments sans danger et nutritifs » ne revient-il à rejeter les excès de l'agriculture intensive ? Répondre aux préférences alimentaires des peuples n'est-il pas un rejet de la mondialisation des modèles alimentaires ? Lors de ces mêmes débats, des mouvements paysans d'Amérique du sud regroupés au sein de « Campesino » avançaient le concept de souveraineté alimentaire en réaction à la mondialisation et au commerce international des vivres. La souveraineté alimentaire intègre tous les éléments de la sécurité alimentaire et ajoute une dimension politique. C'est le droit des Etats et des populations à définir leur politique alimentaire et agricole. La souveraineté alimentaire est un concept tant quantitatif que qualitatif qui porte, entre autres, une dimension culturelle, éthique, sociale... Elle repose sur une agriculture qui respecte l'environnement et rejette l'agriculture intensive. L'agriculteur-paysan, jardinier de la nature, et non l'agro-industrie, est au centre de la chaîne de production. La souveraineté alimentaire n'est pas l'autarcie, ni le rejet d'aliments venus de

---

[1] FAO, 1996. Sommet mondial de l'alimentation, 1996 Note d'orientation n°2.

l'extérieur comme tentent de caricaturer les défenseurs du commerce international et de la mondialisation. C'est par contre le refus que l'aliment devienne une simple marchandise, objet de spéculations.

Depuis, la lutte contre le réchauffement climatique s'est invitée au débat. Il faut réduire l'empreinte carbone des activités humaines sur la planète. C'est un enjeu mondial dont les solutions sont locales. Parmi ces dernières, figurent la limitation du commerce et le rapprochement des centres de production des centres de consommation. Conséquence du réchauffement, les risques climatiques sont accrus ce qui entraîne plus d'insécurité sur les récoltes. C'est aussi un argument pour plus d'indépendance des nations vis-à-vis des « greniers du monde » afin de réduire l'insécurité alimentaire.

En Guadeloupe, la recherche de la souveraineté alimentaire pourrait aussi être une stratégie économique. Faut-il monopoliser les terres pour des cultures alimentaires et industrielles d'exportation dans un contexte où leurs compétitivités dépendent d'accords commerciaux plus ou moins solides ? Certaines caractéristiques socio-économiques (coût du travail, taille des exploitations...) et technologiques (niveau d'intensification de la production) semblent condamner l'agriculture en Guadeloupe à être peu compétitive compte tenu des règles en vigueur. Faut-il que les producteurs continuent à produire pour l'exportation avec une épée de Damoclès sur la tête, quand parallèlement moins de 30 % des denrées alimentaires de la population proviennent du terroir ?

La Guadeloupe est un petit territoire fortement peuplé où l'espace agricole n'a pas cessé de régresser. La souveraineté alimentaire ne serait-elle pas un rêve ? Quels chemins permettraient d'y converger ?

L'objectif principal de cet article est d'avoir un regard tant historique que présent sur la question alimentaire en Guadeloupe et d'analyser la faisabilité d'une souveraineté alimentaire.

Historique de la question alimentaire en Guadeloupe : du temps des Kalinas à nos jours

Les Kalinas

La Guadeloupe n'a connu la souveraineté alimentaire que sous l'ère des Kalinas. Leur alimentation était constituée principalement de ressources issues de la faune et flore locales. Certaines de ces ressources étaient indigènes. D'autres ont probablement été introduites en provenance des régions de l'Amazonie, car il y avait de nombreux mouvements de populations amérindiennes entre le continent et les îles de la Caraïbe. Les Kalinas pratiquaient la cueillette et l'agriculture itinérante sur brûlis. Dans les jardins kalinas de nombreuses ressources étaient plantées : manioc, patates douces, igname coussecouche,malanga, giromon[2]. Des fruits tels que les goyaves, les icaques, les mombins, les ananas, les papayes, les maracudjas...

[2] Labat R.P. Nouveau voyage aux isles d'Amérique. Tome 3. Editions des Horizons Caraïbes, 1973

étaient consommés. Les Kalinas mangeaient des produits de la pêche de rivière et de mer. Ils pratiquaient la chasse d'oiseaux et de petits mammifères indigènes (agouti). La population Kalina qui habitait sur la côte et au bord des rivières était très faible au regard de la taille du territoire.

Les colons et les esclaves

Dans un premier temps, peu d'Européens vivaient en Guadeloupe qui n'était qu'une terre de passage, une étape vers le continent qui était convoité pour son « or ». On s'y approvisionnait entre autres en eau. Les petites colonies installées facilitaient le voyage des conquistadors. Ces premiers colons européens auraient été relativement autonomes. Leur alimentation était un mixte de pratiques kalinas et européennes. Il n'y avait pas de régularité dans l'arrivée des bateaux. Les marchandises venant d'Europe, sous forme d'aliments conservés ou d'animaux vivants (bœufs, cabris, porcs, poules...) libérés sur place étaient limitées. Il fallait donc puiser dans les ressources du milieu en « apprenant » des Kalinas. Les Espagnols introduisirent les agrumes.

Différents épisodes de famine ont tout de même jalonné la colonisation, ce qui a incité les nouveaux habitants à ne pas être tributaires de l'arrivée incertaine des bateaux. Au 16e siècle, les Européens agriculteurs sont arrivés avec leurs pratiques agricoles et modèles alimentaires. Ils ont essayé de reproduire l'agriculture vivrière d'Europe en l'absence de connaissances des contraintes du milieu. Différentes plantes sont introduites avec des succès mais aussi des échecs pour les ressources non adaptées ; ce fut le cas du blé. L'introduction d'animaux d'élevage s'est aussi poursuivie et des « élevages » se sont développés localement. Face aux contraintes du milieu, les Européens adoptèrent aussi les cultures vivrières des Kalinas.

La rupture de la sécurité alimentaire est intervenue avec l'extermination des Kalinas et la transformation des colonies en territoires de production de produits agricoles (tabac, coton, indigo, café, sucre...). En l'absence d'or, les îles devaient fournir les matières premières dont avait besoin l'Europe. Progressivement la canne à sucre va occuper l'essentiel des terres au détriment des productions vivrières. Ces dernières ont cependant toujours été présentes car elles permettaient un volant de sécurité pour pallier les irrégularités dans l'approvisionnement des îles tant pour les colons que pour les esclaves. Les colons se nourrissaient en premier lieu de marchandises importées d'Europe. C'était une petite population relativement à celle des esclaves.

L'alimentation des esclaves aurait varié au cours des siècles. Au 17èmesiècle, elle serait composée principalement de manioc sous forme de cassaves, de salaisons (viande, morue, hareng...). Au 18ème siècle, elle serait davantage composée de morue, patates, malangas, maïs mais surtout de millet et bananes (Debien G)[3]. Des directives royales avaient codifié l'alimentation qui devait être distribuée aux esclaves : 2,5 livres de morue (ou viande salée) + 4,5 livres de farine de froment par

[3] Debien (G.) — Les esclaves aux Antilles françaises (XVIIe-XVIIIe siècles). Basse-Terre et Fort-de-France. 1974

semaine pour les hommes ; 1,5 livre de morue (ou viande salée) + 3,75 livres de farine de froment par semaine pour les femmes[4]. La farine de blé a été remplacée par celle du manioc. Le « choix était laissé » aux esclaves de recevoir la ration indiquée ou de cultiver un jardin en dehors des heures de travail du maître. Ils commercialisaient une partie de la production pour compléter leur alimentation. Les esclaves les moins affaiblis acceptaient de jardiner pour bénéficier d'une alimentation en moyenne moins pauvre que celle proposée par le maître. Ils ne disposaient que du samedi après-midi pour cultiver leur jardin. Dans les jardins d'esclaves, des pois, des racines et tubercules (manioc, igname, patates, malangas...) étaient cultivés. On retrouvait donc la même biodiversité cultivée que celle des Kalinas. L'igname aurait été très appréciée avec l'introduction de variétés venues d'Afrique. Différents pois dont des variétés africaines et le millet, étaient aussi cultivés. La pratique de jardins d'esclaves ne se serait pas généralisée sur toutes les plantations. Elle ne permettait pas aux esclaves de subvenir à leurs besoins et les maitres devaient compléter l'alimentation des esclaves

Face à différentes vagues de famine, des directives royales « incitaient » les grands planteurs à développer au sein de leur plantation des jardins de cultures alimentaires pour faire face aux déficits de denrées alimentaires provenant de la France. Cette pratique ne s'est jamais répandue. Seuls les petits planteurs européens, faute de moyens économiques, et des affranchis installés sur des terres peu propices à la culture de la canne ont développé les cultures vivrières mais les surfaces n'ont jamais permis de couvrir les besoins de la Guadeloupe. En 1789, les terres cultivées représentent 51 000 ha dont 22420 pour la canne à sucre, 10710 pour les cultures vivrières. À la même période, la Guadeloupe était peuplée de 110 000 personnes dont 84 % d'esclaves[5].

La monoculture de la canne, puis canne et banane, a persisté jusqu'à aujourd'hui. La seule impulsion gouvernementale pour le développement des cultures vivrières a été éphémère et imposée par un quasi blocus maritime lors de la Deuxième Guerre. Le discours du gouverneur Sorin, intitulé : « Appel aux agriculteurs et aux industriels guadeloupéens », publié le 14 Mars 1942 dans le Journal officiel contextualise cette nouvelle posture. En voici quelques extraits : « *L'évolution de la situation internationale me conduit aujourd'hui à vous mettre à nouveau en garde contre les dangers de la monoculture... Avant de compter sur les autres, comptez sur vous-mêmes... Il faut produire. Hier vous avez fait un effort pour vos cultures vivrières et pour la culture du manioc...maintenez de toutes vos forces les cultures d'exportation à leur potentiel actuel, mais ne les développez pas. La prudence l'exige, car nul ne sait de quoi demain sera fait. Intensifiez au contraire les cultures de consommation. Que ce pays devienne, grâce à vous, un pays d'arachide et vous aurez votre huile, denrée de première nécessité. Plantez du ricin, plantez des cocotiers, et vous aurez votre savon. Plantez du sisal et vous aurez de la corde et de la ficelle...*". Afin d'impulser cette politique plusieurs arrêtés ont été pris dont l'interdiction d'abattre les arbres alimentaires (manguier, arbre à pain...).

[4]F Longin, 1848. Voyage à la Guadeloupe.

[5] Guy Lasserre, 1961. La Guadeloupe, Etude géographique. Tome I : La nature et les hommes. Tome II : Les îles et leurs problèmes. Tome III : Les îles et leurs problèmes.

Les habitudes de consommation aujourd'hui

La consommation alimentaire en Guadeloupe est principalement basée sur les importations du fait de la faiblesse de la production locale et des goûts. L'Observatoire Régional de la Santé de Guadeloupe (ORSAG) a réalisé en 2010, une enquête sur les comportements alimentaires et perceptions de l'alimentation en Guadeloupe[6] sur un échantillon représentatif de la population entre 12 et 75 ans. Il leur était entre autres demandé ce qu'ils avaient consommé la veille de l'enquête. Environ 48 % de la population enquêtée avait mangé du riz, des pâtes ou de la semoule. Environ 28 % des personnes avaient mangé des féculents locaux et seuls 20,0 % de la population les avaient consommés la veille de l'enquête. Ces chiffres indiquent que la consommation alimentaire guadeloupéenne est principalement basée sur des aliments importés. Les résultats de l'enquête de l'ORSAG vont dans le même sens que ceux de l'analyse des statistiques des douanes relatives aux importations d'aliments et des productions locales de vivres. Exprimées en kg de produit sec/habitant/an, les consommations sont d'environ de 22 kg de riz, 10 kg de pommes de terre, 8 kg de pates, 7 kg de féculents locaux (igname, patate, malanga). La consommation des féculents locaux est probablement sous-estimée car elle ne prend pas en compte l'autoconsommation.

La préservation des terres agricoles un préalable pour la conquête de la souveraineté alimentaire

La première condition pour converger vers la souveraineté alimentaire est la disponibilité en terres agricoles qui doit être en adéquation avec la taille de la population. Les terres agricoles ont une limite biologique de production à respecter dans le contexte d'une agriculture agro-écologique afin de concilier production et protection de l'environnement. Le dernier recensement agricole réalisé en 2010 indiquait qu'environ 35 000 ha étaient occupés par des exploitations agricoles. Ces surfaces avaient diminué d'en moyenne 1000 ha/an sur les 10 dernières années. Les surfaces en friche augmentent sur la sole agricole. Les surfaces boisées représentent environ 72 000 ha. Le Schéma d'Aménagement Régional a figé les surfaces agricoles à 50000 hectares alors que les prédictions de population de l'INSEE pour 2040 sont de 430000 habitants. La disponibilité en terres agricoles en 2040 sera de 0.11 ha/habitant. Cela signifie qu'un hectare de terre agricole devra nourrir 9 personnes si la totalité des terres est consacrée à la production de vivres ce qui semble peu réaliste. À titre de comparaison, aujourd'hui, les disponibilités en terres agricoles (ha/habitant) sont de 0,2 en France, 0,56 en Amérique du Nord, 0,37 au brésil, 0,25 en Afrique du sud, 0,28 à Cuba[7].

---

[6] ORSAG, 2010. Comportements alimentaires et perceptions de l'alimentation en Guadeloupe en 2010. http://www.orsag.fr/alimentation-activite-physique/90-comportements-alimentaires-et-perceptions-de-lalimentation-en-guadeloupe

[7] Base de données de la banque mondiale.http://databank.banquemondiale.org/data/reports.aspx?source=2&series=AG.LND.ARBL.HA.PC&country=

Nous avons réalisé une étude des besoins en terres agricoles en Guadeloupe pour une population de 430000 habitants. Les besoins en terres sont partiellement liés aux modèles de consommation. Nous avons testé 4 modèles alimentaires dont des extrêmes :

1) Les régimes végétaliens n'incorporant pas de protéines animales mais des protéines végétales sous forme de pois consommés quotidiennement ;

2) Un régime végétarien incorporant des pois consommés quotidiennement plus du lait et des œufs pour l'apport de protéines animales ;

3) un régime omnivore : 50 % poisson/50% viande. Nous avons émis l'hypothèse que le poisson était pêché en mer ;

4) un régime omnivore : 100 % viande.

Le besoin énergétique moyen retenu pour les calculs est de 2600 kcal par jour/personne dont 13 % apportés par des protéines animales pour le régime omnivore (CNERNA, 2002)[8]. Ce besoin a été surestimé pour prendre en compte des pertes à l'échelle de la chaîne alimentaire. Nous avons aussi formulé l'hypothèse que l'assiette moyenne du consommateur était composée de 5 groupes d'ingrédients issus du terroir guadeloupéen dont les valeurs énergétiques ont été estimées à :

1) 2800 kcal en moyenne par kg de tubercules racines et fruits amylacés secs ;

2) 2800 kcal en moyenne pour les céréales ;

3) 2800 kcal en moyenne pour les protéagineux ;

4) 1800 kcal en moyenne pour les viandes fraîches (bovins, ovins, caprins, porcins et volailles) ;

5) 1500 kcal en moyenne pour le poisson.

La valeur énergétique des ingrédients a été extraite des travaux de la FAO (FAO, 1979)[9].La production d'énergie alimentaire par hectare a été calculée sur la base des rendements des productions agricoles observées en Guadeloupe (référence Chambre d'Agriculture). Ces rendements sont obtenus avec de la monoculture. Nous n'avons pas pris en compte les cultures associées, ni le recyclage des coproduits de culture en élevage. Les rendements ont été minorés de 30 % pour prendre en compte les pertes de cuisine, les pertes liées à la conservation, les surfaces agricoles mobilisées, les voiries et bâtiments... .

Les choix des régimes végétalien, végétarien, omnivore 1, omnivore 2 entraînent des besoins de surfaces agricoles respectivement de 0,06, 0,09, 0,14 et 0,20 hectare par habitant. Cela correspondrait à des besoins totaux en surface agricole d'environ 26 000 , 37 000 , 62000 et 88 000 ha. Si on émet l'hypothèse du maintien des surfaces destinées aux cultures d'exportation à leur niveau actuel, soit environ 20 000 ha, seuls 30000 ha sont potentiellement disponibles pour les productions vivrières. Dans un tel contexte seule l'orientation « végétalien » permettrait de converger vers une souveraineté alimentaire. En l'état actuel des connaissances, la capacité des régimes « végétaliens » à répondre aux besoins nutritionnels de

---

[8] CNERNA, Centre national de coordination des études et recherches sur la nutrition et l'alimentation. 2002. Apports nutritionnels conseillés pour la population française .3e édition / Tec & Doc

[9] FAO, 1979. Nutrition humaine en Afrique tropicale. Manuel pour le personnel de santé

l'homme fait l'objet de controverses. L'incorporation de protéines animales et/ou de poisson serait obligatoire.

Cette étude indique un besoin important de terres agricoles qui dépasse la surface réservée à cette fin dans le Schéma d'Aménagement Régional. La production de viande est fortement consommatrice de terres. L'introduction de légumineuses et de poissons sauvages dans l'alimentation permettent de réduire le besoin de terres agricoles. L'accroissement de l'offre alimentaire par unité de surface nécessite de maximiser l'utilisation de toutes les biomasses produites (principes de l'économie circulaire) et le développement de pratiques agronomiques valorisant par exemple l'association des cultures et les sous-bois en agroforesterie.

Cette étude n'est pas un plaidoyer pour la disparition des cultures non alimentaires. La sécurité et la souveraineté alimentaires n'imposent pas de tout produire sur son territoire. Les besoins d'une population ne se limitent pas aux aliments. Certaines cultures dites industrielles contribuent à l'alimentation. À titre d'illustration, la canne apporte le sucre, les oléagineux (arachide, soja...) apportent des matières grasses... Elles peuvent aussi apporter des coproduits utilisables en alimentation animale tels les amarres et pailles de canne, les tourteaux[10] issus des oléagineux. Des considérations économiques (avantages comparatifs à l'exportation...) peuvent aussi justifier la présence de cultures non alimentaires qui peuvent par ailleurs être des matières premières pour des productions « agro-industrielles » locales.

Les leviers pour une conquête de la souveraineté alimentaire

Repenser nos modèles de consommation

L'aliment n'est pas seulement un contenant d'éléments nutritifs indispensables au développement de l'homme. C'est aussi une source de plaisir, un marqueur identitaire, un ingrédient du lien social. Dans le monde, il y a différentes civilisations agricoles dont celles des céréales (riz, maïs, blé...), celles des racines et tubercules (manioc, patates, ignames...), celles des fruits amylacées (fruits à pain, banane...), celle des pois... .Il n'y a pas d'uniformité en tous lieux et en tous temps. Les besoins nutritionnels peuvent être satisfaits avec des aliments très différents. Indépendamment des goûts, d'autres caractéristiques (facilité de conservation ; produits agro transformés...) peuvent à un moment donné favoriser certains aliments au détriment d'autres, dans les assiettes. À titre d'illustration, comparativement aux céréales, les racines, tubercules et fruits amylacés ont davantage de handicaps.

L'aliment doit conserver ses fonctions multiples. Cependant, en tant que consommateur, nous devons devenir des éco-citoyens contribuant à lutter contre le réchauffement climatique, au maintien de la biodiversité et de l'identité de nos territoires, engagés dans une démarche solidaire avec les producteurs locaux. Les

---

10 Résidu des graines d'oléagineux après l'extraction de l'huile

importations d'aliments contribuent à augmenter l'émission de gaz carbonique par les transports. La substitution des ressources locales par des aliments importés entraînera à terme leur disparition de notre terroir et un appauvrissement de la biodiversité. Les modèles de consommation devraient donc valoriser la biodiversité locale : nos racines et tubercules, légumes, fruits etc. Ces ressources se singularisent par leur typicité. L'apprentissage aux goûts doit se faire dès le très jeune âge, chez le bébé, faute de quoi des phénomènes de rejet des aliments sont observés. Les adultes pères et mères, les restaurations publiques (crèches, écoles...) ont donc un rôle important à jouer dans l'habituation aux goûts locaux.

Il convient aussi que nous apprenions à réintroduire de la saisonnalité dans nos modèles alimentaires. La volonté de consommer à tout prix certaines ressources elles-mêmes saisonnées conduit à des importations et/ou à des productions à contre-saison qui peuvent avoir un impact fortement négatif sur la production. Ainsi la production à contre-saison peut entraîner des consommations d'eau plus importantes, de plus fortes pressions parasitaires...

Il faut aussi repenser l'importance à donner aux produits animaux dans l'alimentation. La consommation de viande croît dans les pays dits développés. En moyenne, la consommation de viande par habitant serait d'environ 60 kg/an hors salaisons et abats. Cette consommation est sans nul doute très supérieure aux simples besoins physiologiques. À titre de comparaison, les consommations de viande sont de 126 kg aux USA, 86 kg en France, 80 au Brésil. Aujourd'hui, dans le monde, dans les nations industrialisées en particulier, il se développe des mouvements contre la consommation de viande et l'élevage. Nous avons aujourd'hui dépassé le stade de démarches individuelles. Ce sont des mouvements de plus en plus puissants, des lobbies anti viande, qui cherchent dans certains cas à convaincre, dans d'autres cas à imposer un modèle alimentaire à la société. Cette dernière devra se positionner. Cependant, il y a là des marqueurs identitaires, des positionnements philosophiques[11] : l'homme fait-il ou non partie de la nature ? Sommes-nous ou non partie prenante de la chaîne alimentaire..? Au-delà de considérations éthiques, il n'y aurait pas aujourd'hui de démonstration scientifique prouvant que l'homme puisse se dispenser de protéines animales à tous les stades physiologiques de sa vie. Les protéines animales offrent en quantité et qualité un spectre d'acides aminés plus large que celui retrouvé chez les végétaux.

Les espèces animales d'élevage présentes en Guadeloupe sont peu diversifiées relativement à la biodiversité endémique de la Caraïbe. Leur présence s'explique avant tout par des pratiques d'élevage et d'habitudes alimentaires héritées d'Europe : bœuf, cabri, mouton, lapin, cochon, volailles. Pour certaines de ces espèces, il y a des races locales adaptées à notre milieu. Par contre, les viandes consommées par les Kalinas ont disparu de nos assiettes ainsi que les espèces animales associées (pécari, agouti, tatou, cochon d'Inde...). Certaines de ces espèces ont été récemment « domestiquées » pour l'élevage du fait de leur rusticité, leur

[11] Rauw WM, 2015.Philosophy and ethics of animal use and consumption: from Pythagoras to Bentham.CAB Reviews 2015 10, No. 016

capacité à valoriser des aliments de faible valeur. Aujourd'hui, la consommation locale de ces viandes, vendues comme produits de luxe dans certains pays de la Caraïbe, buterait sur certaines barrières sociologiques. Cependant, compte tenu des atouts que ces espèces animales présenteraient pour une agriculture agro écologique, la faisabilité de leur élevage mérite d'être étudiée.

Renforcer la pêche et l'aquaculture

Les activités de pêche et d'aquaculture permettraient d'accroître l'offre en protéines animales avec des impacts nuls ou faibles sur le foncier. Aujourd'hui ces activités contribuent pour 45 à 50 % des besoins. La Guadeloupe consomme annuellement 14.000 à 15.000 tonnes[12] de produits halieutiques (poissons + coquillages). Cela représente environ 35 à 37 Kg/habitant/an. C'est l'un des niveaux de consommation les plus élevés de la planète. Les pêches côtières et au large ont des limites liées aux disponibilités de la ressource pour l'une et des accords internationaux pour l'autre. Les contraintes sont moins fortes pour l'aquaculture mais il faut produire des innovations pour qu'elle soit davantage agro-écologique. Aujourd'hui, les principales espèces de poisson d'élevage sont carnivores, peu d'espèces sont herbivores. L'alimentation des poissons carnivores est tributaire de l'offre en farines viandes et/ou de poissons. La disponibilité de ces ressources est relativement faible du fait d'une part de la législation, d'autre part des contraintes de la pêche. Plusieurs pistes sont à évaluer pour le développement d'une aquaculture agro-écologique. Des systèmes intégrés « culture-élevage-aquaculture » développés en Asie donnent des résultats intéressants sous un angle quantitatif mais mériteraient une évaluation sanitaire et sociologique dans le contexte local. L'offre en farine animale pour des poissons carnivores pourrait aussi être apportée par des élevages d'insectes. Enfin, il faut continuer à explorer la biodiversité des poissons herbivores et leur adaptation en milieu d'élevage.

Réorienter l'utilisation de la sole agricole, produire les vivres localement

Le milieu guadeloupéen permet potentiellement de produire une large gamme d'aliments pour offrir des régimes alimentaires équilibrés. Les jardins vivriers guadeloupéens sont fortement façonnés par les racines tubercules et fruits amylacés. Nos assiettes pourraient s'en contenter car d'un point de vue strictement nutritionnel, ces ingrédients apportent de l'énergie en quantité et qualité. Dans la réalité sur nos tables on retrouve aussi en quantité importante des céréales tels le riz, le blé (pain, pâtes alimentaires, « donbré », « bokit », maïs... Nous retrouvons aussi des fruits tels les pommes, les raisins... Certains plats ont acquis le label de « manjélokal » : « diri é koubouyonpwason », « diripwa é viannkochon », « matétéakrab », « donbré an toutsòs », « patémayis é kilibiMarigalant »... . Le riz et le maïs peuvent être cultivés, ils le sont ou l'ont déjà été. Le blé est une plante des

[12] Source : Syndicat des producteurs aquacoles de Guadeloupe

régions tempérées qui implantée en Guadeloupe donne de l'herbe dans le meilleur des cas.

Les surfaces agricoles en culture, environ 22 000 ha, sont occupées à 75 % par des cultures d'exportation et 25 % par les vivres. Quel que soit le produit animal considéré, le taux de couverture des besoins par la consommation locale est de moins 25 %. Ces chiffres illustrent le décalage qui existe entre l'occupation des terres agricoles et l'assiette des consommateurs de Guadeloupe. Il conviendrait de réorienter l'utilisation des terres agricoles. Par ailleurs, compte tenu de la relative faiblesse des terres agricoles, il semble aussi indispensable de mettre en valeur les terres en friche et les parcelles de plus ou moins grandes tailles détenues par des particuliers en terrains constructibles ou agricoles.

Une agriculture agro-écologique et paysanne

La relative faiblesse des disponibilités de terres agricoles pourrait plaider pour le développement d'une agriculture intensive à l'image de celle proposée par la révolution verte basée sur une forte utilisation de consommables (engrais, pesticides, eau...), des végétaux et animaux sélectionnés pour leur forte productivité au détriment de leur adaptation aux différents stress (pathologies, chaleur, sécheresse...). L'histoire récente en Guadeloupe et l'expérience internationale montre les limites de ce choix. L'impact environnemental négatif accru et les risques pour la santé humaine plaident pour une autre alternative. Cependant, il y a un impératif besoin d'augmenter la production à l'unité de surface. En ce sens, l'agriculture agro-écologique et paysanne[13] représente une vraie alternative. Elle se caractérise entre autres par :

1) la valorisation de ressources animales et végétales issues de la biodiversité locale et/ou adaptées au milieu ;

2) la gestion de la fertilité des sols en utilisant des fertilisants organiques (plutôt que chimiques) et/ou des plantes de services ;

3) la lutte contre des pathogènes en privilégiant des mécanismes biologiques naturels.

La posture de l'homme est différente. Il devient un jardinier de la nature, il valorise un milieu vivant, il est préoccupé par la nécessité de nourrir l'homme tout en laissant aux générations futures une terre au moins aussi fertile que celle qu'il a reçue. L'agriculteur privilégie les associations de cultures plutôt que la monoculture. Des travaux scientifiques récents montrent que ce type de pratiques conduit à des productivités plus importantes que celles de la monoculture. L'augmentation de rendement peut varier de 10 à 80 % en fonction de l'association. Les pratiques agro-écologiques paysannes favorisent le développement de systèmes de production de type polycultures-élevage incorporant des cultures alimentaires duales dont la biomasse est consommable par l'homme et l'animal. Ces plantes

---

[13] "L'agroécologie paysanne pour la Terre et la Souveraineté alimentaire, expériences de La Via Campesina"https://viacampesina.org/fr/images/stories/pdf/CUADERNO%207%20LVC%20FRANCES.compressed.pdf

duales permettent potentiellement de produire l'équivalent de 0,2 ha de prairie/ha cultivé. Elles réduisent les gaspillages en recyclant les biomasses non consommées (agricoles, domestiques et du commerce) en alimentation animale.

Promouvoir l'agroforesterie, les cultures sous-bois, les jardins familiaux et l'agriculture urbaine

Les espaces boisés représentent plus de 70 000 ha. Ils sont gérés comme des sanctuaires au sein desquels l'homme n'est pas le bienvenu si ce n'est pour regarder la beauté de la nature. Ces milieux sont importants pour la « santé de la planète » mais il est peut être nécessaire de réorienter leur usage au profit d'une certaine mixité : « santé de la planète » et fourniture de vivres. Les pratiques paysannes de cultures en sous-bois permettraient d'assurer cette mixité. Ces pratiques varient en fonction de la densité de la végétation arborée. Ainsi les forêts pouvaient accueillir des cultures industrielles (caféier, cacaotier, vanillier) mais aussi des plantes alimentaires (bananier, ananas, Ignames). On pratiquait aussi certaines cueillettes (champignons...). Dans les milieux plus marécageux on retrouvait la madère. A minima le bilan de ces pratiques s'impose afin de les optimiser.

Il existe une deuxième « réserve foncière » autour des maisons. Ces espaces pourraient porter plus fréquemment des jardins familiaux plutôt que des friches et des pelouses. Ils contribueraient à de l'autoconsommation et l'excédent pourrait être commercialisé. Cela implique la mise en place de nouvelles formes d'organisation tant pour le conseil, le travail agricole, la commercialisation. Concernant ce dernier point, dans le passé récent un système de collecte des productions de jardins familiaux était assuré par des marchands. Cette démarche implique aussi une forme d'éducation à la ruralité. À défaut d'y adhérer, il faudrait a minima la tolérer pour éviter les conflits de voisinage entre les ruraux et les urbains installés dans les « campagnes », ces derniers cherchant consciemment ou inconsciemment à imposer leurs « règles » de vie.

L'agriculture urbaine est aussi une pratique à développer. De nombreuses expériences sont conduites dans différentes villes du monde. Ce sont des pratiques très variées allant de la simple plantation sur le balcon à l'aménagement de toitures.

Conclusion

Des contraintes physiques liées à la disponibilité en terres font que la conquête de la souveraineté alimentaire est une véritable gageure qui engage la totalité de la société et non uniquement les producteurs agricoles. Il faut une volonté politique se traduisant à travers l'aménagement du territoire. Il faut développer de nouvelles pratiques agricoles en rupture avec celle de la révolution verte. Elles doivent permettre de concilier une forte production de biomasse alimentaire par unité de surface tout en préservant la santé de l'environnement. L'éducation à la consommation et la ruralité du citoyen sont d'autres leviers qui permettraient de conduire ce projet collectif.

Pour un modèle de management endogène à la Guadeloupe

PATRICIA BRAFLAN-TROBO
Docteure en sciences humaines et sociales

Les sciences économiques se donnent pour objet et objectif une meilleure appréhension de la logique d'allocation rationnelle des ressources disponibles, que cela concerne un individu, une organisation, un État,... Les sciences de gestion, dont le management fait partie, se donnent pour objet la recherche des modes opératoires les plus propices à l'augmentation de la performance, d'un décideur, ou d'une organisation ou une entreprise tout simplement.

Généralement il existe un corpus théorique issu d'années, voire de siècles de pratiques, permettant un lien entre économie et sciences de gestion et plus largement entre économie et management des hommes au sein des entreprises du système (économique, culturel, historique,...) auquel il est fait référence.

Pour avoir parcouru une grande partie de la littérature fondamentale traitant d'économie, du management et de la gestion des ressources humaines (GRH), il ne m'a jamais été donné de trouver un écrit se rapprochant ou traitant de la situation de la Guadeloupe, ou d'une situation similaire du point de vue de la structure économique et des relations sociales du travail.

Aucun de ces ouvrages ne traite de la GRH ou du management dans une société dont les caractéristiques se rapprocheraient, ou qui aurait les caractéristiques, de la société guadeloupéenne. Aucun de ces ouvrages n'explique comment manager dans une société post-esclavagiste. C'est-à-dire une société dont les relations de travail et de production issues de l'ordre esclavagiste sont socio-raciales.

Il est d'autant plus difficile de trouver des références à l'organisation du travail pendant l'esclavage dans les manuels de gestion, que même les États-Unis qui ont connu l'économie de plantation, et qui sont les premiers pour ce qui est de la production de livres de management, font débuter leur approche des modèles de gestion des hommes au travail avec le Taylorisme.

Pour ce qui est de la gestion des hommes au travail en Guadeloupe, les méthodes de management qui s'y appliquent, le sont dans une société issue du mode de production servile et dont les caractéristiques organisationnelles sont, de bien des points de vue, proches de l'ordre esclavagiste récent.

Cela est d'autant plus vrai que plus de 160 ans après l'abolition de l'esclavage, la formation sociale héritée de l'esclavage fait que la place des "races" n'a guère changé dans la société guadeloupéenne. Les détenteurs du capital et les hauts fonctionnaires ou cadres sont majoritairement issus du groupe dit blanc et la masse des ouvriers et salariés est invariablement composée de Guadeloupéens d'origine africaine ou indienne. La société guadeloupéenne moderne est encore constituée de classes sociales raciales dont les frontières gardent une grande étanchéité.

L'accession des afro et indo guadeloupéens à des postes de dirigeants d'entreprise, de managers ou de cadres s'est faite et se fait encore dans une société bâtie sur le préjugé de couleur encore bien actif. Ce dernier affecte historiquement une place et des fonctions précises à chaque ethnogroupe. Aux dits Blancs est associé le commandement, aux dits Noirs l'exécution.

Dans cette structuration sociale mentalement intégrée par nombre de Guadeloupéens, il est fréquent d'entendre les difficultés de managers guadeloupéens de l'ethnogroupe dit noir s'exprimer à travers des formules lapidaires du type : "*nèg pépa dirijé nèg, nèg pépa travay èvè nèg*" (les nègres sont incapables de diriger les nègres, les nègres sont incapables de collaboration entre eux).

Dès lors, comment combler ce vide conceptuel et permettre aux managers guadeloupéens Noirs d'occuper leurs fonctions sans sentiment d'illégitimité ?

Compte tenu des difficultés de ces managers, concevoir un modèle de management endogène à la Guadeloupe était devenu indispensable pour combler les lacunes des sciences de gestion en termes d'outils d'aide pour les dirigeants exerçant en contexte post-esclavagiste.

Les relations de travail de type capitaliste naissent à l'époque moderne en Guadeloupe paradoxalement avec l'instauration d'un système esclavagiste. C'est l'habitation qui sera la matrice des relations de travail de la Guadeloupe.

La main d'œuvre des plantations était constituée essentiellement d'engagés (issus de la population de Blancs pauvres des villes et des ports français) appelés encore 36 mois. Au terme de ce contrat de trois ans l'engagé pouvait généralement acheter une concession et devenir ainsi un petit propriétaire.

La dureté du travail des champs, le climat tropical qui leur était peu favorable, les mauvais traitements dont ils faisaient l'objet de la part des colons puis le remplacement de la culture du tabac par celle de la canne à sucre expliquent assez largement le déclin du nombre d'engagés arrivant sur l'île.

Dès lors, la main d'œuvre de substitution qui s'imposera pour l'exploitation de la canne à sucre sera la déportation et la mise en esclavage d'Africains. Cette transition sera facilitée par le fait que cette pratique interdite sur le sol métropolitain français avait déjà cours dès la fin du 16e siècle dans les colonies espagnoles.

L'introduction massive de captifs en Guadeloupe se fait par le biais de la traite c'est-à-dire le commerce de prisonniers, des côtes africaines vers le continent américain.

La mise en esclavage des captifs africains déportés en Guadeloupe consiste dans un premier temps à les transformer en esclaves, car comme le souligne Benveniste cité par Meillassoux : "Par la capture, enlevés à leur milieu social d'origine, les individus ne sont pas encore "esclaves". Ils ne sont d'abord que "prisonniers", "capturés" ou captifs[1].

---

[1].Meillassoux Claude, *Anthropologie de l'esclavage : le ventre de fer et d'argent*, PUF, 1986, p. 101

Ce processus de bestialisation et de déshumanisation de l'homme africain capturé nous est ainsi décrit par Meillassoux : "Par l'arrachement à son milieu social d'origine, l'individu est d'abord "capturé" et le demeure tout le temps que son insertion dans la société esclavagiste n'est pas accomplie (...) La désocialisation et la dépersonnalisation sont à l'origine de l'état d'esclave, état strictement négatif et distinct en cela du statut dont jouit l'homme libre, l'ingénu. En raison de cet état, le capturé est totalement disponible économiquement et socialement. Economiquement, il peut être affecté à n'importe quelle tâche ou fonction, selon les besoins de la classe dominante." Socialement, un seul lien lui sera autorisé, celui qui l'attache unilatéralement à un maître."[2]

L'auteur poursuit en expliquant que "c'est ce lien univoque qui lui interdit d'être une personne publique, de relever des institutions de droit "civil", à la différence des cadets dépendants ou des gagés, par exemple, qui ne perdent jamais la faculté de recourir aux arbitrages des familles ou des autorités publiques."[3]

Dans la société esclavagiste, échapper au travail des champs est un signe de distinction et un moyen de s'élever dans la hiérarchie sociale. Ainsi "toute mobilité ascendante au sein de la masse servile suppose par conséquent le franchissement de ce "dernier degré" de l'esclavage."[4]

Afin de maintenir la coercition nécessaire au bon travail des esclaves, il y avait dans les champs celui qui était désigné par le maître comme commandeur. Le commandeur est l'esclave qui est dépositaire d'une partie de l'autorité du maître sur les ateliers qui sont placés sous sa responsabilité. Appelé aussi conducteur, il était "constamment armé d'un long fouet, emblème et instrument du pouvoir dominical."[5]

Le commandeur doit savoir tout faire et son autorité "semble essentiellement fondée sur une parfaite connaissance du processus de production."[6]

Jean-Baptiste Poyen de Sainte-Marie explique que les commandeurs étaient "l'âme" de l'habitation, les bons ou mauvais succès du planteur dépendant toujours d'eux : le planteur devait donc "les former lui-même, les choisir jeunes, intelligents, actifs, dociles, isolés dans l'atelier et susceptibles d'émulation."[7]

Il recevait plus de vivres et d'habillement que les autres esclaves et se voyait octroyer quelques gratifications. Le commandeur tout en ayant une certaine autorité et certains privilèges attachés à sa fonction n'était pas lui exempt de sévices ou de réprimandes. Le Père Labat faisait remarquer qu'il faut avoir "cette considération pour un commandeur de ne jamais le réprimander et encore moins le frapper devant les autres esclaves parce que cela le rend méprisable, et lui fait perdre tout crédit."[8]

---

2 Meillassoux Claude, *L'esclavage en Afrique précoloniale*, Maspero, 1975, p.21
3 *Ibid*
4.Oudin-Bastide Caroline, *Travail, capitalisme et société esclavagiste*, La Découverte, 2005 p. 160
5.*Ibid* p. 155
6.*Ibid* p.155
7.*Ibid* p 156 - 157
8.R. Père Labat, *Nouveau Voyage aux isles Françoises de l'Amérique*, tome 2, p 228, 1722

Les indications de Poyen de Sainte-Marie sont plus précises en la matière quand il souligne "qu'il est plus juste, plus profitable et plus d'accord avec l'humanité de châtier deux commandeurs que cent nègres. Si le maître doit éviter d'humilier ce "sous-ordre" devant l'atelier, il peut toujours le châtier à l'écart ou, lorsque le commandeur se met "fréquemment dans le cas de mériter des corrections privées", le faire fouetter devant tout l'atelier et le démettre de ses fonctions, comme incapable de les exercer"[9]

Pendant la période de l'esclavage, sur la plantation, le principal poste de commandement qui était accordé à un Noir, était celui de commandeur. Le choix du commandeur parmi les esclaves avait pour but de faire que le maître soit toujours aimé des esclaves et que les punitions et douleurs leur soient infligées par un congénère. L'image du Noir à un poste de commandement s'est donc construite dans les sociétés post-esclavagistes comme la société guadeloupéenne sur une référence à la violence dirigée et exercée avant tout contre un membre de son propre groupe.

C'est de ces conditions de travail esclavagistes qu'émergeront les relations managériales entre maîtres et esclaves mais aussi entre afrodescendants une fois que ceux-ci eurent la capacité de créer des entreprises ou d'accéder à des postes de management.

Dès lors, comment permettre à des Guadeloupéens dits Noirs d'accéder à des postes de management dans une société largement marquée du sceau de cette histoire et des places d'esclaves, de commandeurs et de géreurs qui leur étaient attribuées ?

Les théories occidentales du management et de gestion, traditionnellement enseignées dans le système éducatif français, donc en Guadeloupe, ne prennent pas en compte toutes ces données historiques relatives à la société guadeloupéenne et ne peuvent pas aider les Guadeloupéens Noirs dans la construction de leur image de manager.

Par ailleurs, les sociétés de l'aire américaine, comme la société guadeloupéenne, qui sont nées de la mise en esclavage d'Africains déportés ont été bâties sur un ordre social racial basé sur la domination de maîtres Blancs, sur des esclaves Noirs. La division du travail dans ces sociétés s'est faite suivant un ordre social et racial. À un groupe social, dominant ou dominé, correspondra un ethnogroupe à savoir lesdits Noirs ou lesdits Blancs. Après l'abolition de l'esclavage, les valeurs affectées à chaque couleur de peau, la condition socio-économique et la place occupée au sein de la société seront maintenues selon le même continuum sociologique et historique.

Ce phénomène qui n'est pas pris en compte dans les modèles de management enseignés et utilisés en Guadeloupe, empêche certains afro et indodescendants d'accéder à des postes à responsabilités. Ceux-ci doutant de leur légitimité à des postes de direction.

[9]. Poyen de Sainte-Marie Jean-Baptiste, *De l'exploitation des sucreries ou conseils d'un vieux planteur aux jeunes agriculteurs des colonies*, P-à-P, 1792, p.3-13

Le management est et demeure une activité humaine et sociale. Celle-ci intègre de façon consciente ou inconsciente les éléments propres à l'histoire et à la culture de chaque pays ou société. En Guadeloupe, la connaissance et la maîtrise de l'histoire des rapports de production de type esclavagiste permettent de mettre en évidence les représentations sociales, les préjugés et les stéréotypes qui découlent de cette histoire et de l'idéologie qui la sous-tendait. Ces représentations sociales issues des relations de travail de type esclavagiste, infériorisantes pour ledit Noir, sont encore largement opérationnelles de nos jours en Guadeloupe.

Pour une meilleure accession à des postes à responsabilités en Guadeloupe desdits Noirs affectés par la pensée sociale négative relative au groupe des afrodescendants, la création d'un modèle de management, qui permet la mise en évidence et la déconstruction de cette idéologie, devient indispensable.

Il apparaît que les relations de travail de type esclavagiste telles qu'elles ont pris naissance en Guadeloupe continuent encore à avoir un impact important sur les relations de travail modernes au sein de la société guadeloupéenne. L'épidermisation de ces relations de travail qui attribue à la notion de race une place demeure encore une donnée active. Pour nombre de managers ou de collaborateurs, la direction, le management, le commandement sont encore des fonctions dévolues au Blanc tandis que l'exécution reste la place du Noir.

La pensée sociale et les représentations sociales négatives issues de la période de l'économie de plantation et qui touchent encore les afrodescendants se retrouvent dans les adages relatifs au monde du travail à travers notamment le « *nègpépatravayèvènèg* » (le nègre ne peut pas travailler avec le nègre), « *nègpépadirijénèg* » (le nègre est incapable de diriger le nègre)".

De plus en plus de Noirs accèdent à des postes à responsabilité en Guadeloupe tout en étant encore pour beaucoup porteurs des conséquences de cet héritage idéologique et mental.

Afin de débarrasser le management de ces éléments handicapants et fragilisants pour le manager un certain nombre d'étapes doivent être franchies pour que ce manager dépasse la problématique de la couleur de peau dans son activité de management.

Ces étapes sont les suivantes :

Le manager doit se référer à un modèle de management endogène à la société guadeloupéenne et adapté aux conditions d'exercice de sa fonction en société post-esclavagiste

J'ai pu démontrer dans mes travaux de recherche, que les modèles de management occidentaux utilisés en Guadeloupe ne permettent pas aux managers afro et indodescendants d'accéder à des postes de manager dans des conditions optimales.

En effet, que ce soit l'école classique avec des auteurs comme Taylor, Ford, Fayol, Weber, l'école des relations humaines de Mayo, Lewin, Maslow, Mac Gregor, l'école néo-classique de Géliner, Sloan et Drucker ou encore la pensée japonaise de Deming et Juran, aucun de ces grands courants de pensée ne fait référence au management dans des sociétés touchées par le phénomène de l'épidermisation des relations de travail et des conséquences de cette épidermisation sur les acteurs touchés par les aspects négatifs et positifs de cette problématique.

Pour ce qui est du concept de management interculturel, là non plus, il n'y a aucune référence aux sociétés post-esclavagistes. Il est à noter que c'est un champ de recherche qui ancre son approche avant tout dans la culture comme variable essentielle à prendre en compte dans le monde des affaires et des implantations qu'entraîne l'internationalisation des grands groupes.

Geert Hofstede qui reste encore la référence en matière de management interculturel a mené en 1971 une étude des cultures dans 53 pays où étaient implantées des filiales du groupe IBM. Il voulait comprendre le fonctionnement des différentes cultures nationales que l'on peut retrouver au sein d'une entreprise et plus particulièrement comment leurs dimensions se traduisent en matière de management.

Les travaux d'Hofstede non plus ne font aucune référence à des sociétés dont les relations de travail sont issues de l'économie de plantation et n'évoquent pas les conséquences idéologiques encore actives des conditions d'émergence de ces relations de travail

Face à ce vide conceptuel qui est préjudiciable à l'enseignement et à la pratique de cette discipline en Guadeloupe, j'ai établi un modèle de management conforme à la réalité de l'émergence et de l'évolution des relations de travail en Guadeloupe.

Ce modèle permet de prendre en compte les éléments d'histoire et de construction des relations sociales du travail de la Guadeloupe, qui sont sources de handicap et de faiblesse des managers Noirs. Il propose d'y apporter des éléments pour la remédiation, ceci afin que le manager guadeloupéen Noir, afrodescendant ou indodescendant, soit un manager et non un manager Noir.

Les différentes séquences de ce modèle de management sont :

Connaissance des causes initiales – Connaître l'histoire des relations de travail en Guadeloupe

Relations de travail de type esclavagiste. Histoire des relations de travail en Guadeloupe :

- Déportation d'Africains mis en esclavage en Guadeloupe
- Relation de travail de type esclavagiste de 1643 à 1848
- Fabrication du nègre - Maître Blanc / esclaves Noirs
- Édification d'un corpus idéologique racialiste pour justifier et maintenir le système esclavagiste

Connaissance des conséquences de cette histoire :

Épidermisation, racialisation des relations de travail
- Attribution et légitimation d'une place à une race
- Au Noir l'exécution, au Blanc le commandement

-Intégration de ces places par des membres des différents groupes et transmission de cette idéologie par le biais de la pensée sociale et des représentations sociales

Remédiation des conséquences de cette histoire :

Correction des conséquences de l'histoire des relations de travail :

- Mettre en évidence les conséquences dans le management moderne de l'idéologie racialisante édifiée pour justifier et soutenir le système esclavagiste
- Déconstruire cette idéologie en étudiant son mécanisme de construction ainsi que la pensée sociale et les représentations sociales négatives qu'elle a pu générer
- Dépasser cette pensée sociale. Ne plus se voir comme Noir ou nègre mais comme un être humain capable de réussir et/ou d'échouer dans le management

Mise en œuvre :

Exercice de l'activité de manager. Mettre en place le management en tant que science :

- Dépouiller le management de toute idéologie relative à la couleur de la peau
- Ne plus être un manager Noir ou nègre mais un manager tout simplement
- Accéder au caractère universel de la fonction
- Adopter techniques personnelles ou modèles de management en fonction des besoins
- Créer son propre type de management

Se penser en tant que manager et non en tant que Noir

La première tâche qui attend le manager qui subit ces influences est de taille. Il doit tout d'abord arrêter de se penser en tant que Nègre ou Noir et opérer une véritable révolution : se penser comme un être humain. Il doit pouvoir dissocier l'individu qu'il est de la couleur de sa peau et se détacher de la couleur de sa peau comme unique élément de définition de lui-même. Il devra sans aucune culpabilité, sans impression de trahir son pays, sa « race », son groupe ethnique, sa couleur de peau endosser sa fonction de manager. Fonction qu'il exercera avec son caractère, son tempérament, son éducation, son histoire de vie, sa vision du monde, de la vie et son parcours.

Il doit se débarrasser des influences de la couleur de la peau dans la relation managériale. Se voir comme un manager et non comme un manager Noir ou comme un Noir manager. Cela revient à se voir tout simplement comme un être humain et non comme un Noir ou comme un être humain Noir. Le manager doit être avant tout un individu en situation de management et non un individu en situation de management "*avec, par et pour*" la couleur de sa peau.

Pour ce qui est des femmes, j'ai pu observer dans mes travaux qu'en Guadeloupe, lorsqu'elles n'ont pas intégré les éléments de stigmatisation, les femmes sont aussi efficaces que les hommes dans des postes de management.

Lorsqu'elles subissent l'impact de ces données relatives à la couleur de peau, elles peuvent se censurer et vivre comme un double handicap le fait d'être femme et Noire à un poste de management. Elles adoptent alors une posture de retenue et se tiennent en retrait, bien plus que les hommes dans ce cas.

Le manager doit développer son estime de soi et la confiance en soi

Chaque personne est un être social qui se développe au contact des autres. La perception que la personne a d'elle-même se forge dès les premières années de sa vie. Enfant, ce que ses parents, ses amis diront, les façons dont ils agiront avec lui auront une influence directe sur sa perception de lui-même, son estime de soi. Adolescent, son environnement et l'image qu'il aura de lui-même nourriront également son estime, son sentiment d'avoir une valeur ou non... Rendu à l'âge adulte, l'environnement joue encore un rôle important dans l'estime de soi en plus des événements du passé (succès, erreurs, échecs, etc.).

Dans une société où les Noirs ont été construits avec une identité sociale négative, beaucoup ont reçu en héritage ou ont construit une image négative d'eux-mêmes. Il n'y a pas si longtemps encore en Guadeloupe, les insultes et humiliations liées à la couleur de la peau noire étaient courantes. Même si elles existent encore, elles se font de plus en plus subtiles.

L'estime de soi est justement le processus inverse de la construction historique de l'image des Noirs dans les sociétés esclavagistes puis post-esclavagistes. Pour André et Lelord (1999), l'estime de soi tourne autour de trois piliers : *"l'amour de soi (indépendant de l'évaluation), la vision de soi et la confiance en soi"*[10].

L'estime de soi c'est donc la connaissance de soi mais c'est aussi une attitude intérieure qui consiste à se dire qu'on a de la valeur ou non, ou alors qu'on est unique et important.

L'estime de soi exige d'avoir une image positive de soi. C'est se connaître, connaître son histoire, pouvoir identifier l'origine de ses blessures, de son manque de confiance en soi et s'aimer comme on est avec ses qualités et ses limites. La connaissance de ses forces, de ses faiblesses, de ses difficultés, de ses limites, de ses besoins, ayant pour effet une image de soi en rapport avec la réalité. L'estime de soi c'est notre acceptation et appréciation de nous-mêmes tels que nous sommes.

Dans une activité de management, l'estime de soi est un élément déterminant de l'exercice de la fonction pour le manager. Sans estime de soi en effet, comment s'imposer au sein du groupe, comment argumenter, tenir sa position, se faire respecter, utiliser ses sources d'autorité,... ?

Développer la confiance en soi exige de pouvoir dépasser et combattre tous les éléments négatifs qui affaiblissent l'idée que l'on se fait de soi. Pour des personnes dites Noires qui ont souvent été affublées des stéréotypes les plus négatifs, qui

[10] Christophe André et François Lelord (1999). *L'estime de soi – S'aimer pour mieux vivre avec les autres.* Paris, éditions Odile Jacob, p. 128

n'ont jamais bénéficié de façon naturelle et évidente d'une identité sociale positive, cette étape du développement de la confiance en soi est capitale. Pour regagner la confiance en soi, le manager Noir devra tout d'abord rejeter toutes les constructions historiques négatives qui se rattachent au groupe des Noirs et qui entachent l'identité dite Noire.

Il devra ensuite être conscient qu'il s'agit de constructions idéologiques racistes, racialistes et racisantes édifiées pour justifier et soutenir le système esclavagiste.

Le manager Noir devra revenir à son identité première, son identité d'être humain. Il devra être conscient qu'il est aussi capable que tous les êtres humains car il n'y a aucun lien dans la biologie humaine entre la couleur de la peau et les capacités intellectuelles ou physiques.

Attendre de la solidarité ethnique : l'erreur fatale

Dans la relation de travail, la relation managériale, le manager ne doit pas être en attente de solidarité de Noirs ou de la part de Noirs. Il y a une équipe de travail composée de personnalités, d'individualités, de buts et d'objectifs communs mais aussi opposés, de stratégies collectives et de stratégies individuelles.

Le manager ne doit pas s'attendre à ce que la couleur de la peau fasse le travail de management à savoir conduire l'équipe de travail pour l'atteinte de résultats. Des salariés, des collaborateurs ou autres ne se motiveront pas "parce que le manager est Noir" ou parce que "*sé on nèg kon mwen*"(un nègre comme moi). Cette assertion ne repose en effet sur aucune base professionnelle.

Le manager ne doit pas voir dans l'attitude d'un collaborateur une attitude de Noir "comme moi" ou de "*nègkonmwen*" mais bien une attitude d'un individu au travail. Entendre certains cadres ou managers dire "*ce sont les Noirs comme moi qui me posent problème ou qui me mettent des bâtons dans les roues*" relève d'une mauvaise appréhension de la situation. Les oppositions, les difficultés existent dans toutes les situations de management.

Entend-on les managers ou cadres Blancs se plaindre d'avoir des conflits avec des collaborateurs Blancs ? D'avoir des difficultés avec des collaborateurs Blancs ? Non. Et pourtant le nombre de livres qui existent sur "la gestion de conflits", "gérer les personnalités difficiles"... , tous écrits par des Blancs pour des situations conflictuelles ou difficiles rencontrées dans le monde du travail par des Blancs avec des Blancs, est là pour témoigner des difficultés inhérentes au monde du travail quel qu'il soit. Aucun de ces ouvrages ne fait jamais référence à la notion de Blanc ou de Noir, mais traitent des difficultés relationnelles des êtres humains dans le milieu du travail.

Le manager devra aussi être conscient que certains salariés ou collaborateurs attendent que lui manager se conduise comme un Noir avant tout et non pas comme un manager *(nou ant nèg, nous sommes entre nègres)*. Ces collaborateurs attendent souvent une absence de remarques, de sanctions négatives, de rappels à l'ordre et recherchent de l'amitié, de la connivence, de l'approbation et de bonnes notations ou appréciations exclusivement. Situations que le manager Noir doit apprendre à dépasser

Le manager ne doit plus être un manager Noir mais un manager

Dès lors que le manager aura compris, intégré et admis que sa couleur de peau ne doit pas être le moteur de ses actes de management, il ne sera plus un manager Noir et devra devenir simplement un manager.

Le manager c'est celui qui est à la manœuvre, qui conduit le groupe, l'organisation. Pour cela il devra planifier, organiser, faire réaliser et contrôler. Il devra donc accéder au caractère universel de la fonction de manager et accepter le fait qu'il n'y a pas de trucs et astuces pour manager un Noir au travail ou un Guadeloupéen au travail. Les seuls outils nécessaires pour le management dans une société post-esclavagiste comme la Guadeloupe n'ont rien à voir avec la couleur de peau, noire ou autre, mais résident plutôt dans une bonne connaissance de l'histoire de cette société et des effets de cette histoire sur l'identité, la culture et les relations interpersonnelles.

Il est important de préciser que la fonction de manager est une fonction universelle. Les modèles de management (africain, nord-américain, français, indien...), eux sont singuliers en ce sens que le savoir qui guide, éclaire et sous-tend l'exercice de la fonction est spécifique à ces pays, à leur histoire, à leur culture et à leurs codes culturels. A partir de là, le manager dit Noir saura qu'il doit mettre ses pratiques managériales en œuvre en Guadeloupe avec des collaborateurs qui ne sont pas différents des autres êtres humains. L'enjeu sera de manager des Guadeloupéens en Guadeloupe selon le modèle guadeloupéen, à savoir décliner les objectifs universels de la fonction management en tenant compte des éléments historiques, sociaux et culturels relatifs à l'histoire des relations de travail en Guadeloupe.

Le manager Noir ainsi devenu manager tout court pourra accéder à tous les aspects de la fonction sans appréhension, sans attentes inappropriées dans une relation managériale et ce dans le but de remplir au mieux sa mission.

Mettre l'école et l'éducation au cœur du développement

Georges Combé
Professeur de philosophie retraité

La question de la place et du rôle à accorder à l'éducation dans les politiques de développement a fait l'objet de nombreuses réflexions dans ce que l'on appelait jadis les pays du Tiers-Monde. Il était communément admis qu'il n'était pas possible d'espérer un développement économique voire le développement général de ces pays sans poser les bases d'une politique d'éducation conséquente (éducation scolaire, professionnelle, continue, populaire). La plupart des nations des continents d'Afrique, d'Asie, d'Amérique latine marquées par la domination des puissances capitalistes du Nord s'interrogeaient sur les voies et moyens à mettre en œuvre afin de construire un système éducatif efficient et développer des politiques de formation au service de leur population. Une littérature importante en particulier pour l'Afrique et l'Amérique latine a nourri des débats sur ces problématiques. La Guadeloupe colonie française à partir de 1635, soumise à plus de deux siècles d'esclavage, est devenue officiellement un département français d'outre-mer en 1946. Elle a été ainsi intégrée au système éducatif français même si bien avant cette date elle bénéficiait de certaines dispositions réglementaires (lois Jules Ferry sur l'école publique de 1881 et 1882).

Aujourd'hui, l'éducation en Guadeloupe est censée fonctionner de la même manière que sur n'importe quelle partie du territoire de la République : un rectorat de plein exercice qui gère le système éducatif, des dispositifs identiques concernant la formation professionnelle et la formation permanente. Pourtant, s'agissant des effets de l'infrastructure éducative sur le niveau de formation général de la population, sur l'économie, sur les comportements des citoyens, de nombreuses questions se posent. Il est des faits bruts, éprouvés, qu'aucun responsable de l'éducation, qu'aucun observateur avisé ne se permettrait d'ignorer. Sans en dresser une liste exhaustive on peut citer :

- Des retards scolaires conséquents
- Des difficultés dans les apprentissages qui s'accumulent tout au long de la scolarité
- Un nombre significatif de décrocheurs
- Un taux d'illettrisme de 20 % de la population
- Plus de 10 % de la population scolaire quittant l'école sans diplôme ni qualification

À ce constat objectif, sombre, qui met en question le système éducatif, certains s'efforcent d'en donner une lecture plus *soft*. Ils avancent les taux de réussite aux examens, le classement de certains lycées en bonne place dans les palmarès des lycées de France, les réussites aux concours des grandes écoles (sciences po notamment) Ces faits sont réels, on ne peut les ignorer et il faut même s'en féliciter. Mais que représentent-ils si l'on prend en compte la totalité des indicateurs : la pointe ténue d'une pyramide dont la base hypertrophiée est branlante, la partie infime émergée d'un immense iceberg. Autrement dit, une analyse sérieuse ne peut choisir l'option de l'arbre qui cache la forêt.

Il importe donc de se poser cette question simple : quel est l'impact réel de l'éducation sur le développement du pays ?

Répondre à cette question c'est s'interroger sur les effets réels de l'infrastructure éducative, en apprécier la portée et les limites, c'est aussi mettre en perspective des pistes qui pourraient orienter vers de réels changements

Il y a un enjeu fort et d'actualité à cette problématique au moment où sont débattues une énième fois sous l'impulsion des pouvoirs publics des questions relatives au développement.

La notion de développement

Lorsqu'on parle de développement en Guadeloupe, il n'est question que de création d'entreprises, d'investissement, de financement, de marchés, de consommation, autrement dit cette notion est abordée presque exclusivement à partir de problématiques économiques et dans une perspective évolutionniste, la croissance économique. On regarde de l'autre côté de l'Atlantique et on y puise ses références et ses modèles. Les *Macdo* et autres fast-food des grandes villes européennes, les grandes enseignes commerciales, les centres de loisirs apparaissent comme autant de signes du développement. C'est tout juste si on n'ajouterait pas aussi la construction d'un métro

La prévalence des indicateurs économiques, de la croissance économique a fait l'objet de débats et a suscité de nombreuses critiques. On a compris qu'il ne suffit pas de développer les infrastructures économiques, de créer des entreprises, d'élever le revenu moyen par habitant pour avoir du développement dans un pays. Ces seules conditions ne sauraient suffire : tout développement suppose un cadre social et sociétal, une communauté ayant une histoire, une culture, des valeurs, ayant tissé des liens et développé des représentations. On peut à cet égard se référer aux travaux de l'économiste indien Amartya Sen, prix Nobel d'économie en 1998, qui a enrichi le concept de développement et en a donné une lecture qui aujourd'hui se révèle particulièrement féconde. Sen estime qu'on ne saurait définir le développement d'une société par la seule croissance du revenu par tête d'habitant. Il faut le compléter par d'autres indicateurs comme l'accès à l'éducation, à la santé, à la sécurité, aux libertés politiques et sociales, à la liberté d'entreprendre tant dans le domaine strictement économique que social.

.En insistant de la sorte sur la place de la liberté dans le développement, c'est l'homme que Sen met au centre de tout développement, car il ne peut y avoir de développement que pour l'homme qui se définit essentiellement en tant que liberté.

« *Le développement peut être considéré comme le processus par lequel les libertés réelles des personnes s'accroissent* » [1]

Et si une société se développe, ce n'est pas parce qu'elle accumule des biens qu'elle met à la disposition des individus, c'est plutôt parce qu'elle leur donne les moyens d'agir en tant qu'êtres libres. Autrement dit, développer c'est rendre les gens libres et capables d'agir. On comprend dès lors que l'éducation dont le principe même est de permettre à des individus jeunes et moins jeunes de développer leurs potentialités, d'accéder à l'autonomie en tant que sujets libres et conscients est un facteur puissant du développement des sociétés en même temps qu'un critère important du développement. Une société développée est aussi une société éduquée au sens où elle bénéficie d'un bon niveau d'éducation.

Or, faire advenir l'humain par le biais de l'éducation ce n'est pas seulement un cheminement, une transmission d'une génération à l'autre c'est aussi le cheminement sur plusieurs générations qui permet à une société de se constituer. C'est aussi le rôle dévolu au pouvoir politique par le truchement d'une institution, l'école. En Guadeloupe, l'accès à l'instruction et à l'école est relativement récent : c'est le fruit d'un long et difficile combat. C'est dire qu'on ne peut comprendre le rôle de l'éducation dans le développement de ce pays sans examiner la longue conquête de la scolarisation qui a marqué son histoire. La Guadeloupe porte en elle les séquelles d'un passé colonial qui pèse sur l'impulsion que l'éducation pourrait donner au développement.

Interdiction d'école, école sous condition, inégalités de réussite

L'histoire de l'école épouse celle de la colonie, elle suit ses évolutions. Interdite aux enfants d'esclaves durant la période esclavagiste, elle leur est ouverte à l'abolition en 1848, avec cette « clause », qu'elle n'est pas destinée à les détourner de leur destin de travailleurs de la terre. La départementalisation de la colonie en 1946 permettra progressivement la scolarisation de tous sans pour autant favoriser la réussite de tous les entrants.

La période esclavagiste de 1640 à 1848

La nature d'une colonie, sa vocation c'est d'être exploitée au profit d'une métropole pour les intérêts exclusifs de celle-ci. Et pour ce faire, la connaissance intellectuelle, la culture de l'esprit (*cultura animi*) ne sont d'aucune utilité. Interdiction absolue est faite à l'esclave d'accéder aux connaissances les plus élémentaires telles que la lecture et l'écriture

Le 26 décembre 1703 suite à une demande de création de collège pour les Blancs faite par les Jésuites, le roi Louis XIV répondait en ces termes : « *Le Roi ne permet pas aux Jésuites d'établir un collège. Les belles lettres aussi bien que la procédure ne*

[1] Amartya SEN cité par Paul GROSJEAN « La pensée d'Amartya SEN sur le développement », revue Quart Monde n°176, 2000.

conviennent pas dans les colonies où il ne faut ni philosophes ni orateurs mais des habitants uniquement appliqués aux soins et à la culture de leurs terres, et il suffit, pourvu qu'ils en soient bien instruits, des principes de la religion. » [2]S'agissant des esclaves, la philosophie générale du pouvoir colonial est explicite dans l'extrait qui suit tiré d'une lettre que Fénelon gouverneur de la Martinique adressa au ministre des colonies le 11 avril 1764 : *« L'instruction est capable de donner aux nègres ici une ouverture qui peut les conduire à d'autres connaissances, à une espèce de raisonnement. La sûreté des Blancs, moins nombreux, entourés sur les habitations par ces gens-là, livrés à eux-mêmes, exige qu'on les tienne dans la plus forte ignorance.* »[3] Et il ajoute *« ... il faut mener les nègres comme des bêtes et les laisser dans l'ignorance la plus complète.* »[4] Malgré tout, l'instruction religieuse sera dispensée aux esclaves, quelques écoles, surtout primaires seront autorisées pour les Blancs avec cette insistance que la priorité c'est avant tout l'éducation chrétienne.

À mesure que se développera le métissage, et par conséquent la catégorie des hommes de couleur libres, se posera le problème de leur scolarisation. La situation va quelque peu bouger. D'un côté les Blancs vont s'accrocher jusqu'au bout au principe de la non scolarisation des esclaves mais de l'autre, ils vont évoluer vers une socialisation relative et contrôlée par eux des hommes de couleur libres.

En 1833, les hommes de couleur libres ayant acquis la jouissance des droits civils et politiques, on s'achemine vers un plan d'éducation de leurs enfants. En 1837, le ministre des colonies précise ses intentions :

« L'un des principaux points de la tâche confiée aux institutions sera d'amener graduellement cette fusion à laquelle d'anciens et puissants préjugés se sont opposés jusqu'ici. Quant aux jeunes esclaves, il entrera, sans doute dans la pensée du gouvernement de comprendre leur instruction élémentaire et leur éducation morale parmi les mesures destinées à améliorer le régime de l'esclavage, mais ce sera une œuvre spéciale dont il n'y pas lieu de s'occuper ici, afin de ne point compliquer prématurément l'opération dont il s'agit ».[5]

La doctrine qui sous-tend l'opération en question repose sur une idéologie discriminatoire bien résumée par le conseiller Poirié de Saint-Aurèle :

« Pour le pauvre, il n'existe qu'une science nécessaire, celle de savoir supporter sa condition. Qui la lui enseignera ? La religion. »[6]

Mais sous la pression des révoltes d'esclaves, du courant abolitionniste conduit en particulier par Victor Schœlcher, et des répercussions de l'abolition dans les colonies anglaises en 1833, le pouvoir colonial se trouve contraint d'infléchir sa position. Une ordonnance du 5 janvier 1840 prescrit l'instruction religieuse et l'instruction primaire des esclaves. Les maîtres seront tenus d'envoyer à l'école primaire les jeunes esclaves de 8 à 14 ans, et afin de financer ces mesures un fonds annuel de 650 000 francs sera voté pour l'ensemble des colonies. Tout cela ne

---

[2] Archives Nationales des Colonies cité par André LUCRECE Civilisés et énergumènes. De l'enseignement aux Antilles, Ed Caribéennes/ L'Harmattan, 1981, p 31,

[3] *Idem* p 32

[4] *Ibidem*

[5] Cité par Antoine ABOU L'école dans la Guadeloupe coloniale Ed Caribéennes, 1988, p 38

[6] Idem p 40

mènera à rien. Dans une lettre du 17 août 1841, le ministre des colonies se plaindra que les fonds aient été détournés pour l'éducation de la classe blanche.

L'école à partir de l'abolition de l'esclavage

Avec l'abolition de l'esclavage, la citoyenneté de plein exercice est accordée à 87 700 Noirs représentant 68 % de la population. La population scolaire, elle, comprend 2500 élèves et 132 enseignants.

Mais aller à l'école pourquoi, dans quel but ? Les autorités qu'elles soient civiles ou religieuses, affichent sans ambiguïté leur position :

- En 1849, le Commissaire général de la République, Gâtine, précise : « *Après avoir reçu de ces écoles les bienfaits de l'instruction primaire, l'agriculture vous attend.* »[7]
- En 1853, l'évêque de la Guadeloupe renchérit : *« Il ne s'agit pas de préconiser cette tendance funeste qui porte les parents à ambitionner pour leurs enfants une position plus brillante ou plus relevée que la leur ; loin de nous surtout la moindre connivence avec les déplorables illusions qui éloignent de plus en plus de l'agriculture la génération qui s'élève. »*[8]

Le logiciel de l'école coloniale se met donc en place. L'école n'a pas pour fins d'épanouir les hommes, de libérer leurs potentialités, de former des sujets autonomes, de contribuer au développement du pays, elle vise à reproduire purement et simplement l'ordre colonial existant. Les enfants des anciens esclaves iront à l'école pour la forme -républicaine- mais qu'ils ne comptent pas changer de statut social. Leur destin c'est de retourner à la fin de leur scolarité, travailler la terre au service des descendants des colons esclavagistes et des nouveaux capitalistes usiniers.

Mais contrairement à ce qu'espéraient les autorités coloniales (politiques et religieuses), l'instruction à travers l'école va devenir un formidable levier de l'ascension politique et sociale d'abord de la bourgeoisie de couleur issue du métissage puis des descendants d'esclaves. Concernant ces derniers, on peut citer la figure d'Hégésippe Légitimus. Élu député à 28 ans, ce « petit nègre » comme le désigne le principal représentant des usiniers, Ernest Souques, a un double talent de journaliste et d'orateur. Au moyen de la plume il pourfend ses adversaires, grâce à ses talents d'orateur, dans un pays où la majorité de la population est analphabète, il galvanise les foules et en particulier les milieux ouvriers et populaires.

Contre l'idéologie racialiste et discriminatoire qui va encore se manifester pour empêcher l'accès des Afrodescendants au secondaire public, les partisans du développement de l'instruction vont emprunter la voie de l'assimilation. Elle doit viser selon eux non pas seulement à mettre en place dans les colonies les institutions de la Métropole mais aussi à transformer les mœurs par un système d'éducation qui se rapproche de celui de la France républicaine.

---

[7] *Ibid*em p 50
[8] *Ibid*

L'assimilation : réussite et échec scolaire

La loi d'Assimilation du 19 mars 1946 transformant les « quatre vieilles colonies » (Guadeloupe, Martinique, Guyane et Réunion) en départements d'outre-mer va produire plusieurs effets : impulser la scolarisation primaire qui restait jusque-là limitée, développer une idéologie du mimétisme, favoriser une certaine mobilité sociale.

Le décalage entre le droit et le fait a toujours été tout autant un principe qu'une réalité structurelle dans les colonies françaises. La loi Jules Ferry de 1881 avait institué l'obligation d'instruction mais il n'y avait pas suffisamment d'écoles pour accueillir les enfants. En 1946, le chef du service de la scolarité déclarait : *« Nous avons les textes en main mais on est loin d'avoir le nombre d'écoles nécessaires pour recevoir tous les enfants d'âge scolaire. »* [9]

Mais quand bien même les autorités auraient créé les locaux permettant d'accueillir les petits Guadeloupéens, il n'est pas dit que ces derniers auraient pu se rendre à l'école. Bien que l'école fût gratuite, les familles qui en moyenne avaient sept enfants ou plus, ne disposaient pas de revenus suffisants pour assurer la scolarité de leur progéniture. Il faudra attendre les années 1970 pour que le taux de scolarisation commence à tendre vers les 100 % à six ans.

Malgré tout, une idée va faire son chemin dans la population, celle que l'école constitue une chance à saisir, un levier permettant d'échapper à la misère qui sévit dans le pays. Et c'est ainsi qu'après avoir déjà permis dans l'entre deux guerres l'émergence de quelques figures qui feront carrière dans l'Administration coloniale en Afrique (Gabriel Lisette, Guy Tirolien, Rémi Nainsouta, Albert Béville), le système éducatif fera fonctionner l'ascenseur social pour les générations nées après la 2e guerre mondiale. Ces réussites n'occultent pas pourtant un constat global affligeant. Dans sa vaste enquête menée en Guadeloupe et en Martinique dans les années 1960 et qui reste une référence, l'ethnologue Michel Leiris notait que l'on pourrait évaluer à plus de 20 % de la population martiniquaise et plus de 40 % de la population guadeloupéenne la proportion d'analphabètes qu'on y rencontre encore à l'heure actuelle et cela en ne tenant compte que des jeunes gens d'âge militaire. Et c'est justement en s'appuyant sur la pénétrante observation de Michel Leiris que l'on peut aborder l'un des effets les plus pervers, les plus malfaisants de l'État français en matière d'éducation : l'aliénation. L'ethnologue pointe un enseignement qui fait totalement abstraction de la réalité locale, du milieu dans lequel vit l'enfant, de sa culture, de la langue créole uniquement parlée à l'époque dans les familles par la très grande majorité des élèves guadeloupéens.

« ... donnée le plus souvent sans qu'il soit tenu compte du fait que le monde tropical avec ses saisons, sa flore, sa faune, etc. n'est pas celui des régions tempérées et par surcroît dans une langue qui fait figure de langue d'apparat, l'instruction tendra chez les individus ainsi formés à revêtir un caractère essentiellement verbal et, de ce fait, à rester une chose surimposée. »[10]

---

[9] *Ibid* p 150

[10] Michel LEIRIS Contacts de civilisations en Guadeloupe et en Martinique, Presses de l'Unesco/Gallimard, 1974, p 89

Cet enseignement est aussi nocif car il développe chez l'Antillais, dès l'enfance, un complexe d'infériorité.

« *De l'enseignement tel qu'il est actuellement donné aux Antilles françaises résulterait en somme, pour maints individus de couleur non une liquidation (ainsi qu'on l'attendrait d'un enseignement que l'on sait dispensé dans un esprit démocratique) mais un affermissement du sentiment d'infériorité hérité de l'époque esclavagiste, et sur le fond de malaise ainsi instauré une confirmation de la tendance-observable dans la plupart des groupes humains dont la situation de fait est celle de colonisés- à adopter la culture européenne dans ses formes extérieures plutôt que dans son esprit.* »[11]

L'enseignement de la deuxième moitié du 20e siècle en Guadeloupe va subir les grandes transformations de l'école française avec l'arrivée au pouvoir du général de Gaulle et l'avènement de la cinquième république. De Gaulle a laissé son empreinte dans l'histoire notamment pour avoir donné à la France une stabilité institutionnelle qui lui faisait gravement défaut sous la IVème république mais aussi en transformant l'école pour l'adapter à une société française en pleine évolution. Le 6 janvier 1959, le décret Berthoin porte l'obligation scolaire à 16 ans. Le secondaire est réformé, la seconde révolution scolaire selon la formule de Jean-Louis Auduc[12] qui se traduit par l'arrivée en grand nombre d'élèves dans le secondaire est en route. Les CEG (collèges d'enseignement général), CET (collèges d'enseignement technique) sont créés avant la transformation complète du lycée de type ancien. De Gaulle comprend que la France a un grand besoin de techniciens, d'ingénieurs, de cadres subalternes formés et qu'on ne peut plus rester au niveau du « Lire, écrire, compter » de Jules Ferry. Il donne aussi la priorité à l'enseignement scientifique dans le cursus scolaire, ce qui conduira à la suprématie des filières scientifiques au détriment des littéraires jouissant jusqu'alors d'un grand prestige. Un tournant décisif est alors amorcé : l'école s'affiche ouvertement comme un moteur de l'économie.

Mais cette question se pose : cette orientation fondamentale de l'école valable pour la France, pays industriel qui est en pleine reconstruction et expansion après la guerre est-elle applicable *in extenso* aux DOM et en particulier en Guadeloupe ?

L'économie agricole va certes diminuer en France, l'urbanisation va se développer mais d'autres secteurs vont connaître une impulsion (l'industrie automobile, l'électroménager) En Guadeloupe par contre, le déclin de l'économie agricole (fermeture de nombreuses usines de canne à sucre, de distilleries) intervient dans un contexte d'explosion démographique, de faiblesse chronique des infrastructures scolaires. La plupart des élèves vivent une scolarité chaotique : classes surchargées, écoles soumises aux aléas climatiques (cyclones Cléo, Betsy, Inès), échec scolaire jusqu'à la lie dans des classes ghettos (classes de fin d'études). Les pouvoirs publics sont débordés et ne peuvent scolariser les jeunes après le primaire, en particulier les jeunes filles qui se dirigent alors vers des établissements privés pour apprendre notamment le secrétariat et la sténodactylographie. C'est la

---

[11] *Op cit* p 91

[12] Jean-Louis AUDUC Le système éducatif français aujourd'hui, Hachette Education, 2014

belle époque des cours privés Pigier, Devaëd, Boc-Calmet, Castelnau et autres à Pointe-à-Pitre. Ces formations répondront en partie aux besoins des entreprises récemment créées dans les nouvelles zones d'activités commerciale et industrielle de Jarry et de Bergevin.

Mais pour beaucoup de jeunes, garçons comme filles, leur destin se jouera dans la traversée de l'Atlantique. Afin de stopper ce qu'il appelle la « démographie galopante » et comme parade à l'absence de développement économique, l'État français organisera via le BUMIDOM (Bureau pour le développement des migrations dans les départements d'outre-mer) une déportation massive des forces vives de la Guadeloupe vers la France avec comme horizon professionnel employées de maison, agents des PTT, des hôpitaux, de la RATP et de la SNCF. Autrement dit, les réformes structurelles du système éducatif vont s'appliquer en Guadeloupe mais sans jamais que l'on se demande si elles sont susceptibles d'aller dans le sens du développement du pays.

L'école d'une colonie départementalisée

Au cours des deux décennies précédant la réforme régionale, les pouvoirs publics n'ont aucune orientation définie pour l'école en Guadeloupe. Le seul objectif qui vaille c'est d'assurer la scolarisation à 100 % des enfants de 6 ans au Cours préparatoire. Dire cela c'est reconnaître que dans un contexte démographique élevé, tous les enfants ne peuvent être scolarisés à l'âge légal, c'est aussi souligner que les classes restent surchargées, que les infrastructures scolaires sont en mauvais état. L'occasion nous a été donnée de constater dans les années 1980, à l'ancienne école en bois de Boisvin, aux Abymes, un énorme trou dans le plancher d'une classe, par où passaient quelquefois des rats, aux dires de l'institutrice. Et il faut rendre grâce au cyclone Hugo, en 1989, d'avoir mis un terme à l'annexe en bois du collège du bourg, située à Boisripeau. Des classes couvertes de tôle, sans faux plafond, avec des petites fenêtres. Quand le soleil entrait par les fenêtres et gênait les élèves, il fallait les fermer. La salle de classe se transformait alors en four.

Des conditions matérielles aussi déplorables ne sont pas sans rapport avec le niveau des performances scolaires. Celles-ci demeurent très limitées. Une petite minorité accède au baccalauréat. L'accès au collège étant devenu obligatoire, un premier écrémage a lieu à la fin de la 5e, avec les fameuses CPPN (Classses PréProfessionnelles de Niveau) que les élèves ont dénommées « Cochons à Préparer Pour Noël », le deuxième à la sortie de la 3e. Une minorité accède au Lycée classique et moderne, d'autres sont « orientés » en « Technique » et tous les autres qui ne répondent pas aux critères d'accès à ces établissements sont tout simplement remis à leurs parents avec leur dossier portant la mention « VA » (vie active).

Mais quelle « vie active » ? Formule parfaitement cynique pour déverser les fracassés de l'école française dans la grande fosse des chômeurs.

La réforme régionale, l'érection des régions en collectivités territoriales, la massification des lycées, la transformation des collèges et lycées en EPLE

(Établissement Public Local d'Enseignement), le développement d'une prise de conscience sur la place du créole à l'école, la circulaire du 21/06/1982 sur l'enseignement des langues et cultures régionales, tous ces éléments font quelque peu bouger les lignes.

Il est important de souligner l'irruption massive des élèves du collège dans le second cycle du secondaire au début des années 1990. Jusqu'à cette époque, l'accès au lycée était réservé à un petit nombre et pendant très longtemps la Guadeloupe n'a disposé que de deux lycées publics, le lycée Carnot à Pointe-à-Pitre qui s'est transporté à Baimbridge à la rentrée 1965, et le lycée Gerville-Réache à Basse-Terre. À la rentrée 1983, un troisième lycée public a ouvert ses portes à Morne-à-l'Eau. Faisant écho à l'annonce du ministre de l'Éducation nationale, Jean-Pierre Chevènement, le 26 novembre 1985 de voir 80 % d'une classe d'âge au bac d'ici l'an 2000, les parents d'élèves vont pratiquement forcer dès la fin de la décennie 1980 les portes des lycées. J'ai vu en 1987 des parents d'élèves de 3e se mobiliser devant l'Inspection académique pour refuser la mise à la rue de leurs enfants faute d'orientation. Il y a une exigence de poursuite de la scolarité en lycée et les autorités régionales doivent alors se démener pour trouver des locaux afin d'accueillir les collégiens.

Ce changement a eu une charge symbolique très forte et des conséquences non négligeables. Pour la première fois des familles avaient accès au lycée, pour la première fois elles voyaient leur patronyme figurer au palmarès des reçus du bac. Dans ces années-là un de mes élèves de terminale technologique du LGT était venu à la publication des résultats du bac. Dès qu'il vit son nom sur la liste des reçus, il partit en courant sur la rocade annoncer la bonne nouvelle à ses parents qui habitaient Le Gosier.

L'augmentation du nombre de bacheliers conduira à l'ouverture de nouvelles filières de formation et au développement de l'université. On commencera alors à s'interroger sur l'offre de formation en rapport avec les besoins du territoire.

Mais quelle école pour quel développement ? Comment un pays peut se développer sur la base d'une économie de comptoir héritée de la période coloniale, qui mise tout sur l'import, qui contrôle autant qu'elle le peut la production locale dans le sens de ses intérêts quand elle ne la verrouille pas au besoin. L'école est celle d'un pays qui demeure sous certains rapports une colonie et qui est en même temps le département d'une puissance européenne, auquel s'appliquent, à son avantage comme à son désavantage, les mêmes règles, les mêmes normes du système éducatif.

Se demander si l'école actuelle est en mesure de contribuer au développement du pays, singulièrement de l'homme guadeloupéen c'est faire l'effort de répondre à plusieurs questions.

L'école assure-t-elle la réussite des élèves guadeloupéens ?

Le discours officiel a aujourd'hui une approche assez étonnante de la réalité. Après avoir désigné, il y a quelques années, la lutte contre l'échec scolaire comme un des objectifs principaux du système éducatif puis l'avoir converti de façon positive en « réussite pour tous », il a adopté depuis quelques années un nouveau slogan « la recherche de l'excellence ». Ce terme n'est pas neutre. Il traduit à bien regarder une option idéologique qui n'est pas sans conséquences pratiques sur les élèves qui peinent à réussir à l'école. L'idéologie de l'excellence vise soi-disant à positiver, à ne pas voir que le négatif, à donner en exemples ceux qui se hissent aux sommets (les fameux premiers de cordée), à percevoir plutôt le plein du verre que le vide quand bien même ce plein ne représenterait que 10 %. Un spécialiste québécois de l'éducation nous livre une analyse très fine de cette orientation qui a aussi cours dans son pays.

Selon Claude Lessard *« L'excellence renvoie (...) à la réussite de quelques-uns, de celles et de ceux qui dépassent les autres et se situent au-dessus de la masse ou de la moyenne. »*

« ... Elle ne se soucie pas de la réussite de tous mais poursuit l'identification des meilleurs... les futurs membres de l'élite sociale. L'excellence a besoin de gagnants et de perdants, car si tous ceux qui participent gagnent, alors il n'y a pas d'excellence, seulement une médiocrité généralisée. »[13]

Le discours sur l'excellence n'est en fait qu'une traduction dans le domaine scolaire de l'idéologie ultralibérale contemporaine qui ne se soucie que des *winners*, les autres n'ont qu'à se débrouiller.

Mais les faits sont là : des inégalités scolaires installées de façon structurelle, des retards, des échecs, du décrochage. Un tableau sombre confirmé par des experts même du système éducatif.

Dans un rapport de février 2003 rédigé par des inspecteurs de l'IGEN (Inspection générale de l'Éducation nationale) et de l'IGAENR (Inspection générale de l'administration de l'Éducation nationale et de la recherche), on note que « *les évaluations font ressortir des faiblesses à tous les niveaux d'études. Du CE2 à la classe de seconde, toutes les évaluations font apparaître des résultats en retrait-souvent très sensible-de ceux obtenus dans l'ensemble des académies.* »[14]

Une enquête de l'INSEE Première, n°1512 de septembre 2014, nous fait savoir que « *les retards scolaires sont les plus fréquents dans les territoires marqués par la plus forte précarité économique et sociale des habitants : entre l'académie de Paris et les DOM les écarts dans les retards scolaires à l'entrée en 6e vont du simple au double.* »[15] Et le document précise : « *Dans les DOM (hors Mayotte), le taux de retard s'élève à 18 % avec toutefois de forts écarts entre la Guyane (1/3 des élèves en retard) et les trois autres départements [s-e Guadeloupe, Martinique, Réunion] autour de 15 %* ».[16]

Le pourcentage des jeunes en difficulté de lecture est nettement plus élevé en Guadeloupe qu'en France hexagonale. Des évaluations effectuées sur des jeunes nés en 1992, entre 2009 et 2015, lors de la Journée Défense et Citoyenneté (JDC) font apparaître des écarts énormes : en France hexagonale, selon les départements, le pourcentage de jeunes en difficulté de lecture varie entre 6,2 et 15,1 %, en Guadeloupe il se situe autour de 30 %. (Voir Annexe I, note n°17-17 de juin 2017

---

[13] Claude LESSARD in revue Relations n°687, septembre 2003

[14] *Le système éducatif dans l'académie de la Guadeloupe : bilan et perspectives*, février 2003, rapport présenté par Yves GUERIN, François LE GOFF (IGEN), Yvon CEAS, Charles MARTIN (IGAENR)

[15] INSEE Première n°1512, septembre 2014

[16] ibidem

de la DEPP portant sur l'évaluation des difficultés de lecture des jeunes ayant participé à la journée Défense et Citoyenneté 2016 et Annexe I bis, Géographie de l'école, édition 2017)

Face à ces difficultés l'école pouvait encore faire jouer, il y a quelques années son pouvoir de résilience et permettre à un certain nombre d'élèves de s'en sortir mais ce pouvoir aujourd'hui a tendance à s'affaiblir. De quoi s'agit-il ? On a appelé pouvoir de résilience le fait qu'au sein d'un système éducatif l'attention portée aux plus démunis, un accompagnement adapté leur donnent un pouvoir d'élargir leur horizon d'espoir scolaire et social. Il existe un indicateur, le taux de résilience qui mesure ce pouvoir. Selon Alain Bentolila : « *Le pouvoir de résilience de l'école française s'est affaibli année après année. Le pourcentage d'enfants résilients (élèves performants malgré les difficultés socioéconomiques) y était en 2012 de 7 % alors qu'il atteignait 15 % en Corée, 14 % en Finlande et qu'il dépasse 12 % dans bien des pays qui consacrent des moyens moins importants que nous à l'éducation.* »[17]

Passée alors la fameuse époque des baby-boomers en Guadeloupe où, surmontant les barrières, le fils du paysan devenait médecin, celui du petit artisan ingénieur, la fille de l'employée de commerce avocate.

Et quel est l'horizon de très nombreux élèves dans un tel système ? Nous nous permettons d'emprunter cette image qu'Alain Bentolila accole au système éducatif français en général et qui colle encore davantage à l'école en Guadeloupe : « ... *pour de nombreux enfants un tunnel vers l'illettrisme.* » [18]

Là encore les chiffres accusent. Dans une étude de Philippe MOUTY parue dans « INSEE Antilles-Guyane, Premiers résultats », n°60 de juin 2010 on lit ceci :

« Un Guadeloupéen sur 5 en situation d'illettrisme.

Au 1er janvier 2009, 55 000 Guadeloupéens âgés de 16 à 65 ans, soit une personne sur quatre, se trouvent dans une situation préoccupante face à l'écrit, à un degré tel qu'une communication efficace par ce moyen leur est particulièrement difficile.

Pour un Guadeloupéen sur six, la communication est même très difficile.(...)Des gestes de la vie quotidienne comme lire un journal, rédiger une demande d'emploi ou comprendre un contrat en sont rendus d'autant plus délicats. »

Et à partir de là, on comprend aisément que ce fort taux d'illettrés qui questionne sur l'efficience de l'école constitue un handicap lourd pour l'emploi : 1/3 des personnes sans emploi sont impactées par l'illettrisme. Pour elles, la rédaction d'un CV et la lecture d'une offre d'emploi constituent des tâches insurmontables.

Une autre grande plaie de cette école ce sont les taux de sortie du système scolaire sans qualification. Le rapport des IG (voir supra) précise :

« *L'ampleur des taux de sorties du système scolaire sans qualification est trop élevé, en particulier à des moments qui ne permettent pas de justifier d'un niveau de formation reconnu sur le marché du travail : 2 % en 6e, 3 % en 5e, 5 % en 4e ce qui représente des élèves quittant le cursus scolaire avant d'avoir achevé le 1er cycle de l'enseignement scolaire. À ces élèves s'ajoutent [...] 10 %*

[17] Alain Bentolila *L'école contre la barbarie*, First Editions, 2017

[18] *Ibidem*

des élèves de 3e. » En définitive, *« Sur l'ensemble des élèves ayant quitté le système éducatif guadeloupéen en 1999, 11,5 % l'ont fait sans qualification.* »[19]

Qu'on s'imagine 1000 élèves jetés à la rue sur une île comme la Guadeloupe, sans débouchés, sans perspectives, sur un territoire comptant plus de 40 000 chômeurs ! Il ne manquera certainement pas de contradicteurs pour soutenir que tout cela c'était avant, que depuis quelques années des dispositifs ont été mis en place pour raccrocher les décrocheurs, pour leur offrir une nouvelle chance dans des écoles de la « deuxième chance ». On complètera le tableau des échecs en signalant les trop nombreux dysfonctionnements de la politique d'orientation. À la sortie du collège des élèves sont orientés dans des formations aux antipodes de leurs vœux d'origine. Des parents impuissants se retrouvent avec des jeunes désabusés qui ne croient plus en l'école. Participant en 2016 à une table ronde sur le décrochage scolaire, nous avons entendu les témoignages bouleversants de plusieurs parents dont les enfants avaient été victimes de ces couacs de l'orientation.

Mais à bien regarder, la réflexion sur les contre-performances ou le manque de performances de l'école reste très limitée. On se refuse à appréhender l'école dans son contexte au nom d'un soi-disant « non enfermement ». Le logiciel de base reste invariable : à savoir les mêmes règles, les mêmes normes, les mêmes programmes, les mêmes contenus en vigueur dans les autres académies. Des enseignants caribéens découvrant des manuels utilisés à l'école primaire eurent cette réflexion : *« Oh ! Votre école est européocentrée* ». Comment pourrait-il en être autrement puisque nous faisons partie de l'Union européenne ? Dans de nombreux domaines l'école est déconnectée de la réalité dans laquelle vit l'enfant et de son environnement proche, la Caraïbe. Faut-il parler des lacunes épouvantables dans la maîtrise des deux langues étrangères parlées à deux pas de chez nous, l'anglais et l'espagnol ? Même si des avancées ont été effectuées dans le sens d'une plus grande prise en compte de la langue et de la culture régionales, avec la création de classes bilingues français-créole, on est encore loin du compte, et souvent c'est une certaine peur chez les enseignants eux-mêmes ajoutée à une réticence des parents qui freine les innovations.

C'est aussi une école qui reste encore prisonnière de sa lourdeur administrative, de son fonctionnement bureaucratique qui limite les possibilités et ne favorise pas toujours les initiatives. Et on ne s'étonnera pas qu'elle éprouve les plus grandes difficultés à faire face aux changements sociétaux, à sortir des sentiers battus. Un observateur étranger, l'écrivain et essayiste britannique Peter GUMBEL se livre à un réquisitoire sans appel contre cet aspect de l'école française. Dans un entretien accordé à la revue *Books* ayant pour titre « *L'absurde monolithisme de l'école française* » il estime que « *la très grande diversité des contextes ne peut être ni appréhendée ni gérée à partir de bureaux dans le 7e arrondissement de Paris.* »[20]

Et à la question « *La centralisation est-elle aussi en cause dans la perpétuation des inégalités scolaires ?* » il répond : « ... *Un enfant sur quatre ne parvient pas au terme de l'enseignement*

---

[19] *Le système éducatif dans l'académie de Guadeloupe : bilan et perspectives,* op.cit. p 15

[20] Peter GUMBEL « L'absurde monolithisme de l'école française » in Books n°90, juillet-août 2018, p.81

secondaire. Tout est fait pour privilégier la petite élite des élèves qui sont en tête de classe. Comment pourrait-il en être autrement, quand le programme doit être appliqué de manière uniforme et au même rythme à Paris et en Lozère, en centre-ville et en banlieue, dans des classes dont le seul point commun est l'âge moyen des élèves ? »[21]

Si la réussite n'est pas au rendez-vous pour ce qui se rapporte aux apprentissages, l'est-elle pour ce qui est du développement de la personnalité, du développement des compétences sociales et civiques ?

L'école développe-t-elle la personnalité du jeune guadeloupéen ?

On a le sentiment que les jeunes, en particulier les lycéens subissent plus l'école qu'ils ne se l'approprient. Elle ne fait pas sens pour eux. Ils y vont comme par contrainte, parce que pour la plupart ils ne peuvent pas faire autrement. Ils obéissent tant bien que mal aux consignes des professeurs, c'est-à-dire ils font (ou essaient de faire) ce qu'on leur demande de faire pour passer au plus vite à autre chose et ceux qui ne peuvent plus la supporter la quittent. Cette école développe plus le conformisme que l'esprit critique des jeunes, elle ne les aide pas vraiment à trouver leur place dans la société en tant que citoyens.

Nul n'ignore que les premiers responsables de l'éducation des enfants sont leurs parents. Mais la part qui revient à l'école dans ce domaine ne saurait être sous-estimée. Or, force est de constater qu'elle a le plus grand mal à accomplir cette mission : les manifestations d'indiscipline, les incivilités, les actes de violence sont fréquents dans les établissements scolaires et les réponses portées sont loin d'être satisfaisantes. Le déferlement des phénomènes de violence que connaît de façon chronique cette société depuis plusieurs années pointe de façon non équivoque les dysfonctionnements des deux institutions majeures que sont la famille et l'école.

Beaucoup d'enseignants éprouvent les pires difficultés face aux comportements perturbateurs des élèves. À leur décharge, surtout ceux du second degré, ils ne sont pas vraiment formés, préparés à affronter les problèmes de la gestion de classe. L'institution considère ce domaine comme secondaire. Ainsi, la formation en ESPE (École Supérieure du Professorat et de l'Éducation) se limite à quatre, voire six heures de formation pour les professeurs stagiaires ; la formation continue, elle, à l'attention des néotitulaires et titulaires, dédaigne ces problématiques. En 2014, j'ai proposé au PAF (Plan Académique de Formation) deux stages de formation sur les violences scolaires à destination des professeurs du second degré. J'ai dû affronter le profond scepticisme de la responsable de formation du Rectorat : « *Nous, on propose ça (sic) pour les établissements à problèmes.* » La formation a tout de même eu lieu avec ce bémol que sur une quarantaine d'inscrits, à peine une vingtaine de professeurs y ont participé. Les chefs d'établissement ne sont pas forcément mieux aguerris que les professeurs pour gérer les cas difficiles : le renvoi reste très fréquent. Dans leur rapport de 2009, les inspecteurs généraux Durpaire et Forstman notent que l'exclusion temporaire assez souvent pratiquée en

---

[21] *Ibidem.* p. 82.

Guadeloupe est un frein à la réussite scolaire. Cela ne peut que contribuer à favoriser le décrochage.[22]

Alors évidemment, sur les problématiques comportementales, on a le sentiment d'être confronté à la quadrature du cercle. L'école peut mettre en œuvre toute son énergie, ses bonnes volontés – et elles existent encore- pour contribuer à améliorer le vivre-ensemble, à développer chez les jeunes générations des compétences civiques et sociales mais l'environnement social est tellement dégradé que les actions entreprises viennent se fracasser sur les maux endémiques de la société.

De très fortes inégalités sociales, un taux de chômage en 2017 (22 %) qui représente près du quart de la population active soit 35 000 personnes. Selon l'INSEE, aux chômeurs recensés il faut ajouter les inactifs, *« 26 000 en moyenne appartiennent au halo autour du chômage et se trouvent ainsi dans une situation aux frontières de l'emploi et du chômage ».* [23] 81 330 personnes sous le seuil de pauvreté (chiffre de 2011), 20 % d'illettrés auxquels viennent s'ajouter les nouvelles victimes de la fracture numérique. Des chiffres affolants de violences pour un département français : 1280 actes de violences physiques crapuleuses en 2017 (1802 en 2016), 31 homicides en 2017 contre près d'une quarantaine en 2015. Les autorités le reconnaissent : *« Les tentatives d'homicides évoluent tendanciellement à la hausse depuis plusieurs années. »*[24] Aucune étude n'a mesuré le coût de la criminalité en Guadeloupe mais c'est un phénomène qui pèse énormément sur le développement d'un pays. D'après un article du quotidien France-Antilles : « *Une étude de la Banque interaméricaine de développement (BID) estime que le coût annuel direct de la criminalité et de la violence en Amérique latine et dans les Caraïbes s'élève à 261milliards de dollars, soit 3,55 du PIB (produit intérieur brut)... La BID a déclaré que si la région ramenait le coût de sa criminalité au niveau des pays développés, elle pourrait augmenter ses investissements infrastructurels de 50 %.* »[25]

L'école permet-elle aux jeunes guadeloupéens d'avoir accès à l'emploi ?

L'une des missions de l'école aujourd'hui c'est de contribuer à l'insertion professionnelle par le biais de l'instruction. Elle s'attache à transmettre des savoirs, à faire acquérir des compétences permettant aux jeunes de s'orienter vers une voie professionnelle, quelle qu'elle soit. Chacun doit pouvoir, au cours de sa scolarité, trouver des ressources, développer des potentialités dans la perspective de l'accès au marché du travail. Il va sans dire que la formation du travailleur est un moteur du développement. À une époque où la part des emplois ne faisant appel qu'à de la « pure » main d'œuvre a été réduite à une portion congrue, où la technoscience et la

---

22 « *La politique d'orientation de l'académie de Guadeloupe et les sorties précoces et/ou sans qualification* » Rapport à Monsieur le ministre de l'Education nationale présenté par Philippe FORSTMANN (IGAENR) et Jean-Louis DURPAIRE (IGEN), 2007

23 *INSEE Analyses Guadeloupe* n° 29, avril 2018

24 Préfet de la Guadeloupe. Dossier de presse « Bilan de la délinquance 2017 »

25 Karel CLOTAIRE in France-Antilles du 06/03/2017

révolution numérique concernent tous les postes de travail, aucune société ne peut négliger l'éducation et la formation.

Qu'est-ce qui se donne à voir aujourd'hui en Guadeloupe ?

Un nombre non négligeable de jeunes ayant suivi une scolarité sans difficultés, ayant poursuivi des études universitaires ou étant passés par la voie professionnelle accèdent tant bien que mal au marché de l'emploi en Guadeloupe. D'autres ayant suivi le même cursus se retrouvent en panne de débouchés professionnels sur place, restent en France, en Europe ou vont investir leurs compétences un peu partout dans le monde. Que de jeunes guadeloupéens ayant fait de brillantes études dans tous les domaines exercent à Londres, Berlin, Dubaï, Montréal, New-York et autres ! S'il n'y a pas à s'offusquer que des jeunes exercent leurs talents à l'étranger s'ils le souhaitent, on ne peut cependant que déplorer ce qui s'apparente dans certains secteurs à une fuite de cerveaux consécutive à l'absence de réelle politique de développement. Enfin, la situation de l'emploi demeure structurellement problématique pour la grande majorité qui sort les mains vides du système éducatif. Et s'il ne faut pas critiquer par principe le rattrapage par les écoles de la deuxième chance il serait malhonnête de le présenter aux jeunes comme une alternative à l'institution scolaire. C'est bien parce que l'école n'a jamais su se remettre en question pour y instruire selon le principe d'équité que ce palliatif a été inventé. Autrement dit, la responsabilité de l'école est indéniable. Les faiblesses dans l'acquisition des savoirs, même des jeunes diplômés, limitent l'accès à l'emploi. Certains postes à pourvoir ne trouvent pas preneurs parce que les postulants n'ont pas le niveau requis. Sur ce point les experts sont formels : *« Parmi les causes identifiées [sous entendu du chômage] le faible niveau de qualification arrive au premier rang, alors que les secteurs créateurs d'emplois requièrent des compétences spécifiques. »*[26]

Mais l'école n'est pas seule responsable de ce gâchis humain. Il faut aussi pointer du doigt les tenants de l'économie de comptoir qui soumettent la Guadeloupe à leurs seuls intérêts et la maintiennent dans la dépendance et le sous-développement. Le lobby des importateurs a transformé la Guadeloupe en une sorte de plateforme sur laquelle ils déversent une quantité impressionnante de produits de consommation en provenance des 5 continents. Le commerce de produits importés est devenu une activité de premier plan qui a généré une pluralité d'emplois et en amont des formations pour y avoir accès (BEP, Bac Pro, BTS, Masters et autres). Le Groupe Bernard Hayot, puissant lobby béké martiniquais, a passé une convention avec l'université des Antilles pour la formation et l'embauche des étudiants.

Le secteur de la vente automobile est devenu une petite industrie locale autour de laquelle gravitent des milliers d'emplois. Le trafic automobile a connu une progression exponentielle accompagnée d'un cortège de conséquences néfastes : embouteillages et bouchons sources de tension, pollution automobile, réduction des terres agricoles, augmentation du nombre d'accidents, de tués, de blessés. Dans

26 INSEE Analyses Guadeloupe, op cit p 2

les années 1990 des projets de création d'un tramway autour de l'agglomération Pointe-à-Pitre/Abymes avaient été remis aux collectivités majeures. Aucun n'a vu le jour pour le plus grand bonheur des concessionnaires automobiles. L'impéritie, l'absence totale de vision des responsables politiques ont favorisé une situation chaotique qui n'a fait qu'empirer. Le trafic automobile est si dense que le moindre incident (accident, panne, blocage) est de nature à générer des embouteillages inextricables à plus de 30km à la ronde.

Ces choix délibérés consistant à faire prévaloir les importations massives au détriment de la mise en valeur des ressources locales, d'une organisation pensée en fonction des réalités du territoire, ne permettent pas à la matière grise, à la recherche, à l'école, de donner toute leur mesure et de contribuer ainsi à une authentique politique de développement. C'est une façon de dire que l'école est limitée dans le rôle qu'elle peut jouer en matière de développement car elle est victime d'un modèle de société qui repose sur un modèle économique hérité de l'époque coloniale.

Quels changements pour une école au service du développement ?

Dans une société aussi fracassée, que peut faire l'école ?

Les plus optimistes ne voient que la petite minorité qui parvient à tirer parti du système éducatif avec les atouts de son milieu socioculturel d'origine. Et, dans le contexte de l'idéologie libérale actuelle les réussites individuelles sont mises en avant pour faire comprendre que l'école en Guadeloupe n'est pas si mauvaise que cela puisque certains atteignent l'excellence. Mais on occulte les cohortes de jeunes qui n'ont pas acquis l'essentiel des contenus scolaires, voire des diplômés qui traînent depuis le plus jeune âge des lacunes et qui se retrouvent en panne d'embauche à l'issue de leur formation.

Les pessimistes estiment qu'il ne faut rien attendre de l'école actuelle tant que cette société n'aura pas changé de fond en comble.

Nous sommes d'avis au contraire que l'école ne peut pas tout mais qu'elle peut beaucoup. Elle peut produire des avancées intéressantes, faire bouger les lignes si elle est appuyée par une volonté politique forte, et surtout par une mobilisation de la société civile. Les leviers du changement ne viendront certainement pas de l'initiative ou de la volonté des gouvernements français. Les Guadeloupéens doivent apprendre à adopter une posture verticale qui les conduise à faire preuve d'intelligence, d'imagination, d'audace et de détermination. Cela suppose une forte mobilisation de tous les acteurs : collectivités territoriales, syndicats enseignants, parents d'élèves et autres acteurs de la société civile. Il est vraiment navrant d'assister à ce spectacle peu digne de certains responsables politiques locaux qui ne cessent de se répandre en lamentations, déplorations, implorations pour réclamer des « accompagnements » de l'État.

Faut-il rappeler que ce n'est ni la bonté ni la bienveillance de l'État français qui sont venues à bout des diabolisations du créole, des préjugés tenaces y compris chez de nombreux Guadeloupéens, pour enfin faire reconnaître la place du créole à l'école ? C'est au premier chef la force de conviction, la ténacité de pionniers comme Gérard Lauriette, Hector Poullet, Sylviane Telchid, Dany Bébel-Gisler et bien d'autres qui conduisirent les autorités à changer de position.

Ce dont souffre l'école en Guadeloupe c'est de la définition d'axes stratégiques pilotés par une volonté politique forte. On peut esquisser quelques pistes de réflexion.

- Il convient d'inscrire l'enseignement et l'éducation comme objectifs prioritaires en Guadeloupe afin de ne pas hypothéquer l'avenir des nouvelles générations. Ce ne doit être ni un vœu ni un souhait mais une orientation fondamentale assortie d'une structure de pilotage capable de coordonner actions et projets, d'un observatoire en mesure d'effectuer bilan d'étapes et évaluations.
- Il faut que l'école soit en phase avec la réalité que vivent les enfants de ce pays, que leurs apprentissages tiennent compte de la situation de bilinguisme créole-français, s'imprègnent de leur milieu naturel et social, de leur environnement géographique caribéen dans un rapport de va-et-vient avec le monde et le savoir universel. Il va sans dire que les acteurs de terrain, enseignants et chefs d'établissement, doivent se mobiliser pour inscrire cette orientation dans les faits. D'autant que l'article L 401-1 du code de l'éducation a fait de l'expérimentation pédagogique une pratique institutionnellement reconnue permettant en principe aux enseignants, à titre individuel, aux équipes pédagogiques de s'affranchir de la lourdeur de certaines normes afin de mettre en place des dispositifs innovants collant à la réalité du terrain et favorisant la réussite des élèves (voir annexe II Entretien avec un enseignant ayant participé à la mise en place des classes bilingues français-créole). À ce jour, le ministère reconnaît que les résultats ne sont pas au rendez-vous. Trop d'enseignants restent prisonniers d'une certaine culture de la routine que le système lui-même favorise quoi qu'il dise. Aucune avancée ne pourra intervenir sans une volonté de s'engager des enseignants eux-mêmes. On trouve des enseignants qui innovent, font des réalisations intéressantes, créent des outils pédagogiques mais ne les rendent pas publics de crainte d'être soumis aux jugements de leurs collègues. Surmonter cette crainte permettrait d'enrichir une production pédagogique locale particulièrement indigente.
- Mais cela suppose aussi une implication sans faille des collectivités territoriales dans l'aide à la recherche et à la production de supports divers (manuels, matériel pédagogique, etc.).
- Amener l'école à changer de cap requiert une mobilisation forte de ressources humaines autour des établissements scolaires, dans les quartiers, afin d'aider les élèves en difficulté et leurs familles. On pourrait s'appuyer dans une telle perspective sur des personnels retraités enseignants et du secteur social.
- Changer les règles. Les autorités françaises font un usage intempestif de cette formule : « *L'égalité n'est pas l'uniformité.* »Chiche ! Alors mettez-la en pratique. Que les actes suivent les paroles !

Lors de la préparation des rentrées scolaires les recteurs d'académie justifient les suppressions de postes d'enseignants et autres mesures de restriction du fonctionnement de l'école par l'application de règles budgétaires ministérielles. Là c'est l'uniformité de la règle de calcul qui prévaut : tant d'élèves à « gérer » = tant de postes. Dès lors, les situations particulières, les échecs, les retards, les décrocheurs, tout cela s'évanouit au claquement de la calculette ministérielle.

Les responsables politiques, les parlementaires protestent pour la forme. Comprendra-t-on enfin que l'application de règles identiques à des situations particulières conduit à des aberrations, maintient et renforce les inégalités ?

Dans les années 2000, le Directeur de l'IUFM de Guadeloupe faisait remarquer que s'il fallait appliquer les règles d'attribution d'un poste de documentaliste à son établissement, il ne serait doté que d'un quart de poste.

Il faut jeter un regard lucide sur la réalité. Si des dispositions concrètes ne sont pas prises, si de profondes réformes n'interviennent pas rapidement, les maux risquent de s'aggraver et la Guadeloupe court vers un cataclysme social. Il ne suffit pas de vouloir développer l'économie bleue ou verte sans se donner les moyens de la formation des hommes, de vouloir développer des liens avec la Caraïbe si la très grande majorité des bacheliers ne peuvent tenir une conversation courante en anglais ou en espagnol. Qu'il est attristant de constater qu'à ce jour, aucun journaliste officiant sur les chaînes de radio et télé n'est capable de conduire une interview en anglais ou en espagnol !

Et que dire enfin de la fracture numérique qui s'est déjà installée sur le territoire. Dans un document diffusé sur le net le 17/10/2017, intitulé « *Sept Guadeloupéens sur dix sont déjà irrémédiablement dépassés par la société numérique* », l'économiste financier Jean-Marie Nol écrivait : « *Alors que l'illettrisme a été déclaré grande cause nationale pour l'outre-mer, son avatar numérique l'illectronisme toucherait 65 % de la population en Guadeloupe. La numérisation du monde laissera dans son sillage un nouveau type d'analphabètes en Guadeloupe.* »

Conclusion

Une brève esquisse de l'histoire de l'école en Guadeloupe nous a permis de comprendre comment et son statut et son sens ont changé en trois siècles et demi. Espace totalement interdit aux enfants de la population servile, l'école leur devient accessible de droit après l'abolition de l'esclavage en 1848, avec cette réserve que cet accès ne doit pas être compris comme l'entrée dans un processus d'émancipation sociale. Après leur passage à l'école primaire, ils devront aller travailler comme ouvriers sur les plantations ou dans les usines de canne à sucre. L'ère de la départementalisation ouvre le droit pour tous à l'école, ce qui ne signifie pas le droit pour tous à la réussite.

Et on en est là aujourd'hui. L'école ouvre ses portes à tous les enfants mais tous n'en profitent pas. Un très grand nombre la quitte les mains vides sans diplôme ni qualification et parmi les diplômés certains éprouvent des difficultés à poursuivre une formation, d'autres à se faire embaucher après l'obtention de leur précieux sésame. On note une tendance qui s'accentue à l'exil de la matière grise ce qui hypothèque le développement du pays.

Le constat est alors affligeant : l'école telle qu'elle fonctionne aujourd'hui n'est pas en mesure de contribuer au développement de la Guadeloupe et à l'épanouissement des Guadeloupéens.

Deux verrous ont pu être identifiés :

1) L'infrastructure administrative de l'Education nationale et sa logique bureaucratique, sa réglementation uniforme, le manque de prise en compte des réalités locales font que le système éducatif ne porte pas les réponses appropriées aux problématiques du terrain.

2) Une économie de comptoir basée sur l'importation et la consommation à outrance, ne permet pas à l'école, à la formation, à la recherche de se mettre au service de la mise en valeur des ressources du pays.

Dans ces conditions, le salut ne peut venir que d'un sursaut des Guadeloupéens. C'est d'une véritable révolution mentale dont l'école a besoin, qui consiste à appréhender la formation de la jeunesse à partir des réalités propres du pays. Il faut bien admettre que cette nouvelle posture, ce changement de cap sont très difficiles pour un peuple si longtemps enfermé dans la caverne du mimétisme et de la dépendance, mais c'est le passage obligé pour sortir de l'ornière et espérer un mieux-être.

ANNEXE 1

Évaluation des difficultés de lecture des jeunes ayant participé à la journée Défense et Citoyenneté 2016

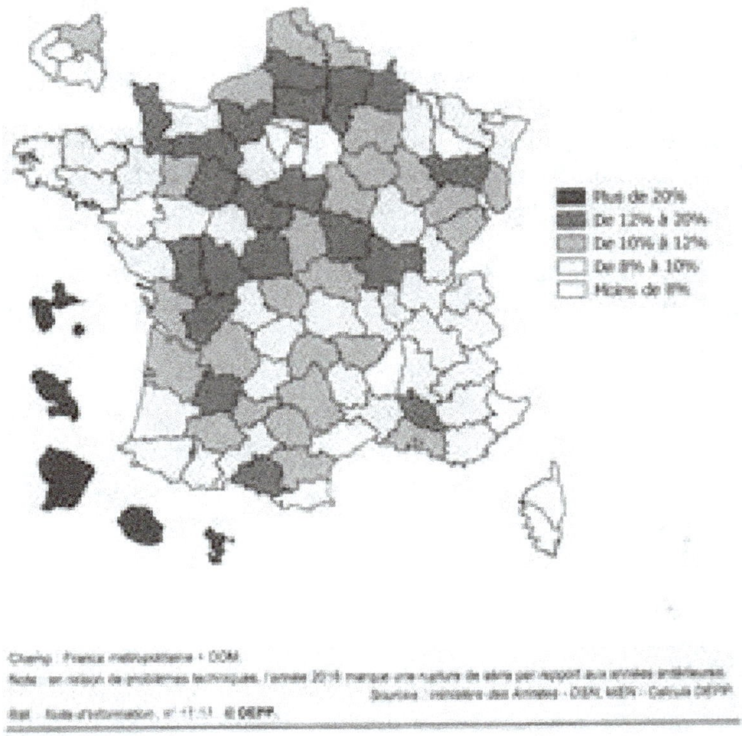

Géographie de l'École, édition 2017

Fiche 35. Les jeunes en difficulté de lecture : focus sur la génération de jeunes nés en 1992

Champ : France métropolitaine + DOM
Sources : ministère de la Défense-DSN, MENESR-DEPP

Proportion de jeunes nés en 1992 en difficulté de lecture (JDC 2009 à 2015)

Code académie	Nom académie	Jeunes en difficulté de lecture (%)
01	Paris	7,1
02	Aix-Marseille	9,0
03	Besançon	9,1
04	Bordeaux	8,9
05	Caen	10,1
06	Clermont-Ferrand	8,5
07	Dijon	9,5
08	Grenoble	7,7
09	Lille	12,3
10	Lyon	7,6
11	Montpellier	8,6
12	Nancy-Metz	9,3
13	Poitiers	10,7
14	Rennes	7,5
15	Strasbourg	9,0
16	Toulouse	8,8
17	Nantes	8,1
18	Orléans-Tours	9,7
19	Reims	12,6
20	Amiens	13,7
21	Rouen	10,6
22	Limoges	8,9
23	Nice	8,5
24	Créteil	11,0
25	Versailles	7,5
27	Corse	7,4
28	La Réunion	28,8
31	Martinique	32,2
32	Guadeloupe	32,1
33	Guyane	46,8
43	Mayotte	72,8
France métropolitaine + DOM		0,0

Code région académique	Nom région académique	Jeunes en difficulté de lecture (%)
01	Guadeloupe	32,1
02	Martinique	32,2
03	Guyane	46,8
04	La Réunion	28,8
06	Mayotte	72,8
11	Ile-de-France	8,7
24	Centre-Val de Loire	9,7
27	Bourgogne-Franche-Comte	9,4
28	Normandie	10,4
32	Hauts-de-France	12,8
44	Grand-Est	10,0
52	Pays de la Loire	8,1
53	Bretagne	7,5
75	Nouvelle Aquitaine	9,4
76	Occitanie	8,7
84	Auvergne-Rhône-Alpes	7,8
93	Provence-Alpes-Côte d'Azur	8,8
94	Corse	7,4
France métropolitaine + DOM		72,8

ANNEXE II

Une innovation intéressante : les classes bilingues français -créole

Avec l'aimable autorisation de Mme Paulette Durizot Jno-Baptiste, nous reproduisons quelques passages d'un entretien qu'elle a réalisé avec un enseignant guadeloupéen impliqué dans un dispositif innovant, les classes bilingues français-créole. Cet entretien est extrait de l'ouvrage qu'elle a publié en 2015[27] .

- **Mme Jno-Baptiste**

Qu'est-ce qui a motivé ce projet ? Comment a-t-il été accueilli ?

- **M Olivier Mirval**

L'impulsion au niveau académique s'appuie sur des constats d'échecs relatifs aux méthodes usuelles d'enseignement de la langue française en contexte bilingue. En 2011, aux évaluations en français CM2, 34 % des élèves avaient de solides acquis (43 % au niveau national) et 16 % avaient des acquis insuffisants (contre 7 % au niveau national). Il apparaît donc clairement que l'institution scolaire a du mal à gérer cette diversité des compétences réelles des élèves en réception et en production : de l'unilinguisme en créole ou en français à toutes leurs variations. Or, la langue de l'école est une langue complexe, s'appuyant sur l'utilisation d'un français soutenu et sur des pratiques de langage qui ne correspondent pas forcément aux pratiques familiales. Il est donc clair que ce qui motive ce projet est une réelle volonté d'optimiser le potentiel bilingue des élèves.

Compte tenu des rapports existants, voire de la tension réelle entre les deux langues, ce projet a été diversement accueilli. Entre rejet partiel et adhésion totale de certains parents, toutes les réactions ont été prises en compte au cours des réunions d'information au sein des écoles. Globalement les parents adhèrent aux classes bilingues. Toutefois, deux types de réactions nous ont interpellés. Celles venant de parents dont les enfants ne sont pas locuteurs de la langue régionale et celles provenant de parents maîtrisant la langue créole et concevant cette dernière comme un obstacle à l'acquisition des compétences en langue française. Ces réactions légitimes nous ont incités à faire montre de communication, de pédagogie et d'engagement : comptes rendus réguliers, invitations pour assister à des séances.

- **Mme Jno-Baptiste**

Si je comprends bien, ce dispositif est en quête de son identité ? Est-ce une innovation, une expérimentation, une méthode de pédagogie active ?

- **M Olivier Mirval**

Ces expressions sont constitutives d'une orientation que le dispositif doit assurer à des degrés très variables.

C'est une innovation en ce sens que ces orientations refondent les voies traditionnelles de l'enseignement, en particulier dans le domaine de la maîtrise de la langue (mise en œuvre de la pédagogie de la variation par exemple). Nous

---

[27] Paulette Durizot Jno-Baptiste *Bilinguisme créole-français en milieu scolaire guadeloupéen. Récit d'une expérience*, Ed L'Harmattan, 2015.

cherchons bien à créer une dynamique nouvelle dans les voies et moyens de dispenser l'enseignement de la maîtrise de la langue.

C'est aussi une expérimentation pédagogique. Les démarches et outils produits ou en cours d'élaboration ne demandent qu'à être éprouvés au plan méthodologique. Il faudra donc que l'on puisse, avec l'appui des enseignants-chercheurs, en vérifier la pertinence en croisant la réflexion scientifique, l'observation réelle de la classe, l'analyse a posteriori des productions et des résultats des élèves.

Si l'on considère que les acquisitions des élèves se construisent par tâtonnements et observations et non plus de manière descendante, il s'agit bien là d'une démarche de pédagogie active. C'est du moins ce vers quoi doivent tendre les pratiques mises en œuvre par les enseignants.

(...)

- **Mme Jno-Baptiste**

Quel bilan d'étape peut-on dresser en termes de performances des élèves ?

- **M Olivier Mirval**

Les classes impliquées depuis la rentrée dans le dispositif (dix nouvelles classes) affichent à peu d'exceptions près, des résultats semblables quantitativement et qualitativement à ceux obtenus l'an dernier à pareille période. Des résultats en lecture au cycle 2, repérage et lecture de syllabes, associations phonies/graphies, lecture de mots, assez satisfaisants : 3/4 à 4/5 d'acquis au CP au cours du premier trimestre. En langage oral, des compétences à renforcer à tous les cycles : peu ou mal évalués. Peu de lisibilité. Des scores satisfaisants en étude de la langue (de 9 à 17 % d'élèves en difficulté et 53 à 76 % d'acquis en fonction des niveaux et du champ disciplinaire). Les performances en vocabulaire (trouver des mots génériques, des synonymes) sont aux cycles 2 et 3 satisfaisantes également. En grammaire, certaines performances nous apparaissent particulièrement encourageantes, par exemple la capacité à reconnaître les classes de mots, l'étude des temps.

À ce stade de l'expérimentation, il est difficile de corréler ces performances à un effet du dispositif. L'enjeu sur le long terme sera d'éprouver les outils et démarches conçus et de les mettre en perspective par rapport aux performances des élèves.

Un nouveau cycle économique pour la guadeloupe

Rose Lee Raqui
Docteure en relations internationales

La Guadeloupe comme toutes les autres régions du monde doit faire face à une crise qui est sans commune mesure avec celles déjà traversées.

C'est un archipel qui n'est jamais entré dans une approche économique qui aurait pu construire les bases d'un réel développement.

Les différentes analyses économiques développées ne sont pas applicables à la Guadeloupe qui est une région spécifique, qui doit imaginer son développement selon des approches différentes.

Il conviendrait d'apporter une vision économique qui pourrait connaître quelques applications proches des réalités de la Guadeloupe.

Ce nouveau cycle économique s'inspirerait de la prise en compte de la pensée du développement soutenable et de l'écologie économique mais aussi des expériences de résiliences historiques, sociales et d'innovations économiques qui devraient donner à la région caraïbe un rôle fondamental comme modèle d'îles intelligentes.

La Caraïbe concentre tous les défis environnementaux, elle doit faire face aux aléas des dérèglements climatiques. Elle devra de ce fait s'inscrire dans les nouveaux schémas du développement mondial qui font de la mise en place d'une analyse sur la réduction pour la planète du réchauffement climatique, un élément clef de l'économie mondiale.

Cette évolution mondiale sur de nouvelles formes de croissance conduit la Guadeloupe à reconsidérer le modèle économique qui ne lui avait pas donné l'opportunité de faire valoir une autre vision de son développement plus proche de ses réalités géographiques et naturelles. Les notions qui inscrivent la France dans un archipel du possible, décloisonnent la pensée économique et statutaire monolithique.

Le sommet de la planète qui met en place une nouvelle diplomatie française et mondiale pourrait nous permettre de « décoloniser nos imaginaires » et envisager un nouveau cycle économique.

Forces et faiblesses de la Guadeloupe face aux mutations économiques

La poursuite de la libéralisation des échanges internationaux et l'approfondissement de la mondialisation suscitent de nombreuses interrogations. Bien que la baisse des barrières au commerce mondial favorise l'accroissement des débouchés, elle renforce en même temps la concurrence internationale. Si ces effets sont bien connus pour la structure économique globale de la France, l'impact sur la dynamique des territoires est peu appréhendé.

Pourtant, une première analyse suggère que les régions sont inégales face à la mondialisation des économies et plus particulièrement à l'élargissement de l'Union européenne.

Les territoires spécialisés dans des activités dynamiques et innovantes en tireront un avantage tandis que les territoires accueillant majoritairement des activités industrielles à technologies stables et/ou fortement utilisatrices de main d'œuvre faiblement qualifiée, risquent de connaître un certain nombre de difficultés. La question de la relation entre l'exacerbation de la concurrence internationale et les caractéristiques territoriales mérite donc une attention particulière, d'autant plus que les mécanismes en œuvre peuvent être complexes.

Des faiblesses chroniques dans la mondialisation : des échanges de biens structurellement déficitaires

Le déficit commercial atteint environ 22 % du PIB régional. Depuis les années 50, le déficit se creuse régulièrement, sous l'effet d'une demande croissante de produits manufacturés qui ne sont pas produits localement :

- les importations sont formées à 69 % de biens manufacturés ou biens d'équipement, à 20 % de biens agricoles ou alimentaires et à 10 % de produits énergétiques.
- 68 % des exportations sont agricoles (principalement des bananes) ou agro-alimentaires (Sucre et Rhum). En 2004, les exportations non agricoles ont chuté de 13,2 % et les exportations agricoles ont baissé de 23,6 %, liées aux difficultés persistantes du secteur de la banane (baisse en volume ; prix de vente relativement bas, plus faibles que la banane martiniquaise ou africaine). Ces difficultés contrastent avec la situation en Martinique où la restructuration du secteur bananier a permis aux planteurs de renforcer leur position sur les marchés avec une augmentation de 14 % des exportations.

Les biens d'équipements (réexpéditions de bateaux et de machines) représentent 17 % des exportations.

Le solde des échanges de biens est déficitaire avec toutes les zones partenaires, à l'exception d'un très léger excédent avec la Guyane. Les échanges se font essentiellement avec la métropole, les relations commerciales avec les pays environnants restant faibles. Les importations viennent à 63 % de la métropole, 14 % des 24 autres pays de l'Union européenne. Moins de 8 % des importations sont originaires de la Caraïbe (achats de pétrole à Trinidad et Tobago, achats agro-alimentaires) et 2,6 % de la Martinique (achats d'énergie).

La métropole représente près de 67 % des exportations de la Guadeloupe. Elle est suivie par la Martinique (18 %) et la Guyane (3,2 %) pour des exportations en produits agro-alimentaires et biens d'équipements. La part de l'Union européenne (5 %) et autres pays étrangers est faible.

Le déficit des biens est toutefois quelque peu compensé par l'excédent des services touristiques. En ajoutant aux exportations de biens, les recettes du tourisme, le taux de couverture reviendrait à 26 % et se rapprocherait alors de celui de la Martinique (28 %).

Quelques pistes sont identifiées pour accroître les exportations. Concernant les pays voisins de la Caraïbe, il s'agit de s'appuyer sur les points forts du tissu productif régional (fabrication de charpentes en métal, location de machines, télécoms, traitement des eaux, services à la santé...). À l'égard de la Métropole et des autres pays européens, le renforcement de la qualité des produits, la promotion d'une identité guadeloupéenne pourraient contribuer au développement des exportations.

Un tissu productif fragile

Dans un contexte d'accélération des mutations économiques, les entreprises doivent adapter leur appareil de production, ce qui conduit à des décisions de fermetures, de créations ou de transferts d'établissements. Plusieurs travaux mettent en avant que les territoires qui ont un système productif dépendant de marchés extérieurs, spécialisé, disposant d'une main d'œuvre à faible niveau de formation et un fort taux de chômage sont les moins aptes à absorber les effets des mutations économique (Benhamou et Lazzeri, 2005 ; Martinelli.

Tableau n° 1 : Comparaison d'indicateurs socio-économiques Guadeloupe/France

	Guadeloupe	Métropole
Pib par habitant	16 575 €	27 000 €
% par rapport au Pib/hab de la France	61,4 %	-
Évolution du Pib 2000-2005 (Taux annuel moyen) (1)	4,9 %	2,9 %
Densité de population (1)	258	95
Population estimée au 1er janvier 2005 (1)	447 000	62,4 millions
Évolution Population 1990-1999 (Taux annuel moyen) (1)	+0,98 %	+0,42 %
Part des moins de 25 ans dans la population (1)	38 %	29,5 %
Taux d'activité en 1999 (1)	75,5 %	43,7 %

Taux d'activité en 1990 (1)	68 %	43 %
Emploi salarié estimé n 2004 (3)	134 503	22.9 millions
Évolution de l'emploi total 1990-1999 (Taux annuel moyen) (1)	+0,88 %	0,70 %
Part des sans diplôme parmi les salariés (1)	37 %	31.6 %
Part des cadres et professions intellectuelles dans l'emploi salarié (1)	7 %	13 %
Part de l'agriculture dans l'emploi salarié, 2004 %(3)	2,5 %	3,8 %
Part de l'Industrie, 2004 (3)	7,4 %	16,6 %
Part de la Construction 2004 (3)	5,9 %	6,4 %
Part du Tertiaire 2004 (3)	84,2 %	72,8 %
Part des Etablissements avec aucun salarié (4)	81,2 %	57,6 %
Taux de création d'entreprises, 2005 (4)	11,3 %	12 %
Taux de chômage BIT 2005 (5)	26 %	9,8 %

La décroissance économique

Il faut désormais envisager une nouvelle analyse pour le développement de la Guadeloupe.

Plusieurs voies sont à analyser : Il conviendrait de considérer la notion de décroissance et de développement de l'extrême richesse de la biodiversité de la Guadeloupe en passant par l'économie bleue et le renversement de tendances, comme un des possibles à envisager.

« La **"décroissance économique"** est un concept à la fois économique, politique et social, qui se situe à l'opposé du consensus économique et politique actuel faisant de la **croissance économique**, notamment du Produit Intérieur Brut (PIB) l'objectif du développement.

Les partisans de la **"décroissance économique**" cherchent à faire prendre conscience aux individus et à la collectivité que, dans les pays riches, l'**empreinte écologique*** de l'homme a atteint un seuil où la croissance, même "durable" n'est plus possible.

Le développement humain passe donc par une **"décroissance durable"qui doit être pensée et organisée pour qu'elle soit** soutenable.

- *L'**empreinte écologique** est la surface moyenne nécessaire par habitant pour produire les ressources qu'il consomme et pour traiter ses déchets et ses pollutions.*

Le concept de **"décroissance**" est apparu dans les années 1980, notamment au travers de la thèse du Roumain **Nicholas Georgescu-Roegen**, avec la prise de conscience des conséquences de la course à la productivité de la société industrielle, quel que soit le système politique qui la sous-tend, libéral ou socialiste :

- Epuisement prévisible dans quelques décennies des ressources énergétiques : pétrole, gaz, uranium, charbon.
- Epuisement de certains minerais.
- Impact sur l'environnement : effet de serre, réduction de la biodiversité, pollutions...
- Impact sur la santé.
- Exploitation des ressources des pays du "Sud" au détriment de leur autosuffisance.

L'un des principaux arguments mis en avant pour **la décroissance économique** est que l'augmentation de la consommation des ressources entraîne une augmentation de l'empreinte écologique.

Les calculs montrent que, pour que l'ensemble de la population mondiale s'approche du niveau de vie occidental, il faudrait l'équivalent de 3 à 8 planètes Terre. Il n'y a donc pas d'autre choix pour les 20 % des populations les plus riches que de réduire leur production et leur consommation.

Cette décroissance allant inéluctablement s'imposer par la raréfaction des ressources naturelles, l'humanité a tout intérêt à **anticiper** la crise pour trouver les solutions permettant de **ne pas entraver l'épanouissement humain**.

Plutôt que de se focaliser sur le PIB, indicateur purement quantitatif et qui ne prend pas en compte la "finitude" de la Terre, les partisans de la "décroissance" proposent de privilégier d'autres indicateurs pour mesurer le bien-être des populations : l'Indicateur de développement humain, l'empreinte écologique,

Le succès rapide du mot d'ordre de **la décroissance** est dû à la coexistence de plusieurs crises majeures du système :

- une crise environnementale (dérèglement du climat),
- une crise financière
- une crise sociale (montée des inégalités),
- une crise politique (désaffection et dérive de la démocratie),
- une crise de la personne humaine (perte de sens).

Le système de développement actuel n'est pas en cohérence avec l'homme, il écrase les liens sociaux et détruit la nature.

Le mot d'ordre de **la décroissance** est donc une tentative pour amorcer une sortie à cette crise qui est systémique.

Le terme de décroissance pose certains problèmes :

- il est négatif, puisqu'il propose de contenir la progression du développement
- il ne reflète pas toutes les réalités.

La décroissance a cependant un avantage considérable sur les autres analyses : elle repense le capitalisme et la société de consommation dans leur idéologie mais aussi dans leur imaginaire sans se limiter à leurs conséquences.

Face au concept de **décroissance**, des économistes altermondialistes ont développé récemment l'idée d'une «décélération» de la croissance ».

La « décélération » se cantonne dans le domaine du quantitatif, du comptable, de l'économisme et laisse penser que la croissance est possible si elle améliore certaines conditions de ses pratiques

La décroissance, elle, pose la question du contenu des richesses, donc celle de l'utilité sociale des biens.

La décroissance n'est pas la décroissance *de tout* ni *pour tous*. Elle s'applique aux « surdéveloppés », et aux conséquences de la captation de richesses des plus faibles, en même temps qu'au processus d'autodestruction.

La question du partage, donc de la démocratie, précède celle de l'économique.

À partir de là, le mouvement en faveur de la décroissance doit travailler à l'articulation de trois niveaux de résistance :

- **le niveau de la résistance individuelle, la simplicité volontaire ;**
- **le niveau des alternatives collectives, qui permettent d'inventer d'autres façons de vivre pour les généraliser ;**
- **le niveau politique, c'est-à-dire celui des débats et des choix collectifs fondamentaux de société.**

Les conditions sont aujourd'hui mûres pour que le discours sur un autre mode économique soit entendu et fasse sens en Guadeloupe.

Il est important d'expliquer aux exclus et aux déçus de la croissance, à tous les sans-voix que la vraie alternative n'est plus entre croissance et décroissance, mais entre **récession et décroissance**.

Les tenants de la décroissance ne pensent pas souhaitable de revenir en arrière vers un paradis perdu, il s'agit plutôt **de bifurquer**. C'est peut-être là la genèse d'un « changement d'avenir ».

La décroissance peut déconcerter si on la compare au développement durable, lequel devrait répondre à tous les enjeux environnementaux, économiques et sociaux en poursuivant une nouvelle croissance.

Pour les adeptes de la notion **de décroissance**, le développement durable n'est qu'un palliatif sédatif dont l'efficacité mal affirmée et les méthodes qu'il nécessite s'inscrivent dans une logique de croissance et de perpétuation des systèmes de production marchande et matérielle.

Travailler sur **la décroissance** amène à aborder une multitude de questions **sociétales** (écologie, modes de production, échanges, emplois, transports, alimentation, habitat),

mais aussi **philosophiques** (rapport à l'altérité, quête du bonheur, sens du progrès et de la technique, finalité des échanges, réflexion sur le besoin et le désir).

C'est un thème multiforme qui sort des logiques de spécialisation en voulant proposer, ambitieusement, une autre lecture du monde qui **intègre la biosphère** dans **le paradigme économique.**

Il nous est tout à fait loisible d'ajouter une dimension créole et de trait d'union aux autres démarches.

Ce qui caractérise la Guadeloupe c'est qu'il n'y a pas encore une conscience collective, un "nous voulons", il n'y a pas de projet, pas de développement, simplement une administration selon des critères encore relativement étrangers à la communauté.

Il y a donc nécessité de constituer une identité proche, communautaire, une motivation, une mobilisation pour concevoir et construire son propre développement.

Pour cela il y a des clés qu'il faut mettre en évidence dans la société guadeloupéenne.

- **Le potentiel original de valeurs et de talents** qui existe dans toute communauté culturelle. C'est le fondement d'une identification mobilisatrice et significative pour le développement.
- **L'analyse des cohérences culturelles** est la méthode d'écoute et d'élucidation qui permet cette élucidation d'un "inconscient collectif" qui porte des faiblesses certes mais aussi des atouts singuliers. (méthode de la cohérence prospective, Roger Niffle)
- Dans le contexte actuel, **les opportunités d'une mutation sans précédent** permettent d'établir de nouvelles proximités à grande distance et donc des liens pour développer de nouvelles activités, de nouvelles économies, de nouvelles communautés d'intérêt et d'action.
- Une autre clé est celle de la conduite d'**un processus d'élaboration et de réalisation approprié** par les populations et les acteurs avec d'autres méthodes que les artifices habituels qui étouffent souvent l'imagination collective.

Cette nouvelle grille d'analyse pour un nouveau cycle économique, représente aussi un symbole essentiel pour la prise de responsabilité de la Guadeloupe, compte tenu de son statut, son histoire et des difficultés symptomatiques qui sont les siennes.

Il faut renverser les procédés et les méthodes et au fond le Sens de la pensée et de l'action de développement en élaborant des techniques se rapprochant d'un changement de paradigme accepté.

Oser prendre le risque de changer pour réussir « changer d'avenir »

En Guadeloupe, le développement ne peut pas être que l'accroissement de la consommation de biens matériels par habitant : il doit aussi être le processus même du changement.

Il conviendra d'associer les personnes concernées au processus de développement, à sa pleine maîtrise. C'est la seule façon de garantir qu'il s'appuiera sur les masses et aura un caractère approprié.

Une telle analyse implique qu'il faudra mettre en valeur les revenus non les profits, l'emploi non le capital, la qualité de la vie non la rémunération du capital privé, sans pour cela exclure un axiome pour un autre.

L'accumulation de savoir-faire et l'exploitation du **patrimoine local** devraient accroître le bien-être matériel dans des conditions proches des théories sur le concept d'économie contrôlée que nous venons d'évoquer.

Les notions fondamentales de la conception du développement local bien intégré au concept de l'économie globale européenne et mondiale, devraient inspirer une mutation totale dans les pratiques qui avaient cours précédemment.

L'étude du contexte historico-culturel montre la voie d'une politique économique novatrice. **En Guadeloupe**, le développement local doit répondre à de nombreux défis dont les principaux sont :

- l'internationalisation croissante des échanges qui doit pousser la Guadeloupe à mieux maîtriser les réalités économiques qui lui sont proches,
- la rupture de la cohésion sociale
- les responsabilités nouvelles créées par la régionalisation des économies.

Le développement local crée une dynamique durable sur un territoire en réalisant une concordance des moyens autour d'un projet précis reposant sur des potentialités réelles, des porteurs de projets appuyés par toutes les collectivités.

La crise du système capitaliste dans sa forme de démesure connaît une limite car elle montre que le système capitaliste n'était basé en grande partie que sur des à-peu-près qui peuvent ne plus s'ajuster, tel le système financier ou une industrie automobile exponentielle.

Que peut-on préconiser pour la Guadeloupe qui n'ait pas été suggéré ? Pas grand-chose ! Mais de nouvelles pratiques et une nouvelle forme d'engagement de la société civile sont les éléments de nouveauté.

Les rédacteurs du texte sur **un « Traité pour le grand dérangement », autour de personnalités comme Édouard Glissant, Patrick Chamoiseau et bien d'autres** préconisent quelques voies. Il faut les relativiser en les inscrivant dans une prise en compte de notre réel bien compris.

Ils perçoivent sept orientations qu'ils ont déclinées en principes.

Ces principes sont indissociables les uns des autres.

1 –Principe de responsabilisation

2 –Principe de haute nécessité

3 – Principe de l'économie relationnelle

4 – Principe du gratuit

5 –Principe d'une citoyenneté mondiale

6 – Principe d'un imaginaire autre

7 – Principe « d'interdépendance relationnelle »

Les auteurs du traité intègrent toute cette série de valeurs pour que le projet d'un autre développement ait des chances de succès pérennes

Pour cibler une démarche il convient souvent de la positionner sur un territoire pour que de façon réaliste, des approches nouvelles soient réalisées. **D'où cette notion de projets de territoire.**

La Guadeloupe doit penser son développement à l'aune de son territoire et de son environnement régional.

La notion de « décélération » de l'économie a été plus utilisée que celle de « décroissance ». Cependant cette dernière ne se cantonne que dans les domaines du quantitatif, du comptable, de l'économisme et laisse penser que la croissance est possible si elle améliore certaines conditions de ses pratiques

C'est en se rapportant au terme de décélération que l'on arrive à de nouveaux concepts développés autour de l'appellation économie bleue, par Günter Pauli

L'économie bleue s'inspire de la nature. De ce fait, on la compare souvent à du **bio-mimétisme**. L'économie bleue permet que tout ce qui est produit au cours d'une fabrication soit réutilisé. Elle renouvelle la notion de décroissance et est critique du modèle économique actuel qui produit beaucoup de déchets et en recycle très peu.

En Guadeloupe l'économie bleue pourrait être une synthèse des actions de développement à implémenter dans un cadre nouveau.

Le créateur de la fondation ZERI (Recherche et initiatives pour zéro pollution) Günter Pauli donne une vision plus intégrée de l'économie bleue qu'une simple approche de l'économie maritime.

Il envisage une économie s'inspirant des écosystèmes naturels pour résoudre les crises économiques, sociales et écologiques, tout d'abord pour les pays en voie de développement.

La Guadeloupe riche d'une biodiversité incomparable pourrait trouver toutes les solutions d'un modèle de développement assez similaire à celui du mode du jardin créole mais avec toutes les possibilités modernes d'une économie circulaire très innovante.et rentable, sur la base de prototypes adaptés à la taille de cette économie archipélagique et scientifiquement prouvés.

L'Indonésie, un archipel de 17 000 îles, a adopté l'économie bleue comme vecteur principal de développement.

L'innovation tient une place très importante dans les logiques d'économie bleue. L'île de l'archipel des Canaries, El Hierro, qui est une RUP (Région Ultra Périphérique) comme la Guadeloupe est souvent citée en exemple par Günter Pauli, car El Hierro est autosuffisante en énergie et en eau.

La stratégie d'économie circulaire et intelligente en a fait une des iles qui a atteint le plein-emploi.

Günter Pauli évoque la possibilité de créer 100 millions d'emplois à l'échéance d'environ dix ans mais aussi la nécessité de former à cette alternative d'économie bleue, plusieurs générations pour remplacer les théories en place aujourd'hui.

Le changement de cycle économique pour la Guadeloupe et son environnement géographique s'inscrit dans un temps long, mais dont il convient de ne pas retarder la mise en place en la faisant correspondre à un temps par trop politique ou de détermination statutaire.

Bibliographie

LAZZERI Yvette et EL MOUHOUB Mouhoub, « Perspective territoriale en terre de développement durable : une application à la région Guadeloupe » in Etudes Caribéennes, Publibook, 2010

PAULI Gunter, L'économie bleue 3.0, Les nouvelles éditions Caillade, 20177

PAULI Gunter, Plan A. The transformation of Argentina's economy, Jurriaan Kamp editor, Biblioteca Permacultura, Buenos Aires, 2017

GEORGESCU-ROEGEN Nicholas, La DECROISSANCE. Entropie-Ecologie-Economie, Editions Sang de la terre, Paris, 1995

CACOUB Sarah, « Peut-on accomplir la transition énergétique sans décroissance économique ? », Mémoire de maîtrise, Université de Montréal, 2017

BRELEUR Ernest, CHAMOISEAU Miguel, CHAMOISEAU Patrick, DELVER Gérard, DOMI Serge, GLISSANT Édouard, LAPORT Danielle, PIGEARD, DE GURBERT Guillaume, PORTECOP Olivier, PULVAR Olivier, WILLIAM Jean-Claude

Traité pour le grand dérangement, Institut du Tout-Monde, 2009

NIFLE Roger, Le sens du bien commun : pour une compréhension renouvelée des communautés humaines, Éditions du Temps Présent, 2011

Le droit des peuples à disposer d'eux-mêmes ou le droit de disposer des peuples ? Éléments pour une Guadeloupe Souveraine, condition de son développement

CYR HENRI CHELIM
Sociologue

La situation actuelle de la Guadeloupe n'apparaît pas comme la plus satisfaisante, une région monodépartementale intégrée à l'ensemble français et européen. La Guadeloupe est en effet confrontée au « mal développement », à la violence, au mal-être général, en particulier de sa composante jeune.

On observe une forme de paralysie collective et la perspective d'un changement de statut effraie même ceux qui la revendiquent.

Pourtant, chaque Guadeloupéen aspire à plus de responsabilité individuelle et/ou collective, à être davantage lui-même et veut être plus présent dans son environnement géographique, culturel, économique.

Il faut donc décloisonner les esprits, il faut désacraliser des notions comme celles de nation, d'État, et bien comprendre l'idée, le cheminement qui conduit un peuple à disposer de lui-même, une nation à vouloir se séparer d'une autre nation pour ériger ses propres règles de fonctionnement.

Ce sont les différents aspects de la souveraineté nationale et du droit du peuple guadeloupéen à disposer de lui-même que je vais d'abord tenter de présenter pour examiner dans un deuxième temps, le rôle de l'éducation –formation dans le développement pour assurer la souveraineté nationale de la Guadeloupe et se poser la question essentielle : Quel statut pour quel développement ou à l'inverse quel développement pour quel statut ?

De la Nation guadeloupéenne et de son État

C'est l'heure d'être clair, la Guadeloupe n'est pas la nation française, c'est une nation distincte de celle-ci : la France ou Francie, c'est la nation des Francs qui a donné son nom à l'ensemble des nations qu'elle a progressivement annexées à l'issue de guerres ou conquêtes internes (Occitanie, Catalogne, Pays Basque ou Euskadi, Bretagne, Alsace, Corse) et externes (l'Indochine, l'Afrique au Nord et au Sud du Sahara, les Antilles-Guyane).

Les critères qui définissent une nation s'appliquent adéquatement à la Guadeloupe : c'est une communauté de langue, de territoire, de vie économique et de formation psychique qui se traduit dans une communauté de culture.

L'ensemble des éléments constitutifs de la nation guadeloupéenne en dépit des points de rencontre d'avec ceux de la France ne sont pas historiquement constitués, ni en même temps, ni dans un même lieu, ni à partir du même apport ethnique et culturel

C'est à partir d'une espèce de perversion sociologique mue par des intérêts économiques que l'on a confondu la Nation et l'État et que l'on a décrété que la France hexagonale était une Nation, alors qu'en réalité cette France-là, constitue un État, c'est-à-dire une entité politique, juridique et administrative qui englobe un certain nombre de nations et de peuples.

La Nation conçue à l'image de l'État, la Nation des juristes, correspond à ce que certains ont convenu d'appeler l'« État-Nation » ou « Stato-Nation » ; elle est composée de la masse indifférenciée des citoyens. Et Pierre Maugé de poursuivre : « Cette conception purement juridique de la Nation, qui ne tient aucun compte des réalités humaines, est en fait, l'écran derrière lequel peut se poursuivre l'oppression des minorités nationales »[1]. Les Basques et les Catalans seront ainsi considérés comme appartenant à la Nation Française ou à la Nation Espagnole, selon qu'ils vivront sous les lois de l'État Français ou de l'État Espagnol.

Cette situation alimente un paradoxe qui ne peut éternellement durer (l'histoire nous le prouve) ; la qualité de Nation est refusée à des communautés humaines nettement différenciées, du seul fait qu'elles ne sont pas constituées en Etats. En revanche, des Etats qui regroupent les peuples les plus divers sont reconnus comme constituant une seule Nation.

Ainsi, aux Etats qui prétendent être une Nation ne peuvent répondre que des Nations qui veulent s'ériger en Etats. En effet, opprimées au sein d'Etats qui représentent des intérêts qui leur sont le plus souvent étrangers, les Nations vont vouloir conquérir leur indépendance et/ou leur autonomie pour constituer chacune un État particulier.

Ces revendications pour créer un État et/ou une instance de gouvernance ayant pour base la défense de la Nation au niveau culturel, linguistique, social et économique.

Il apparaît ainsi que dès l'instant où les Etats plurinationaux prétendront constituer une seule nation, pour assurer en fait la suprématie d'une communauté nationale, les nations minoritaires n'auront pas d'autre issue que de s'ériger elles-mêmes en Etats ou de rechercher une souveraineté optimale pour défendre leurs propres intérêts.

Dans les DOM ou COM et notamment en Guadeloupe, on a tendance à évoquer « la volonté librement exprimée » de la population de vivre et de rester attachée à l'ensemble français... cette situation bien évidemment se vérifierait à chaque élection.

Cette volonté de vivre ensemble serait en réalité bien plus une « habitude de vivre ensemble » très bien entretenue, qu'une volonté délibérée de vivre ensemble.

---

[1] MAUGE Pierre, « Nation et Etat » in *Revue d'Ethnologie des Peuples*, Septembre 1975.

C'est en fait, une justification a postériori de l'existence de l'État-Nation France et de son « emprise » sur la Guadeloupe. Car, continuer à confondre Nation (aspect sociologiquement identitaire) et État (aspect politiquement organisationnel), ce qui est le cas de la Guadeloupe et de la France, c'est donner une définition de circonstance à la Nation (française) et la faire coïncider à merveille avec les intérêts conjoncturels de l'État (français). Ce qui n'est pas sans poser la question de la violence réelle et/ou symbolique dans les relations qu'entretiennent la Guadeloupe et la France.

Lorsque des nationalistes guadeloupéens sont accusés d'atteinte à la sécurité et à l'intégrité du territoire national, il s'agit en réalité d'atteinte aux intérêts de l'État français qui étend son pouvoir sur le territoire national des Guadeloupéens.

Il ne s'agit pas ici de penser qu'une approche de Gauche pourrait mieux faire qu'une approche de Droite ; les équipes dirigeantes socialistes qui en 1981 et en 2012 ont géré l'État français à quelques détails près ne sont pas arrivées à concilier les intérêts de l'État français avec ceux du peuple guadeloupéen en poussant plus en avant la décentralisation.

Le développement socio-économique qui pourrait permettre à la Guadeloupe de sortir de l'impasse implique une autre dimension, plus large, plus profonde que celle de la nouvelle régionalisation dans l'ensemble français érigé en Etat-Nation.

Les problèmes sont à appréhender de façon plus globale en prenant en compte : les hommes, les structures, l'histoire. En effet, toute Formation Economique et Sociale (FES) et c'est le cas de la Guadeloupe, possède un projet de société implicite ou explicite qui se manifeste dans la mise en œuvre d'une stratégie de développement, c'est-à-dire, la coordination d'un ensemble d'actions, en vue d'atteindre un ou plusieurs objectifs. Si la FES de Guadeloupe n'a pas de projet pour elle-même, l'autre aura un projet pour elle.

Le concept de développement

Le concept de développement a toujours fait l'objet de nombreuses définitions plus ou moins discutables et qui changent en fait selon les domaines de spécialisation, les orientations politiques et idéologiques et même quelquefois selon les origines socio-économiques, culturelles et géographiques des penseurs.

À ce titre, le développement a souvent été assimilé à d'autres concepts aussi variés et limités tels que : modernisation, changement social, progrès, industrialisation, démocratisation, urbanisation.

Je m'en tiendrai à une approche opérationnelle du développement pour en distinguer trois dimensions :

⇨ Une dimension économique qu'il faut comprendre non seulement par l'augmentation de la production et de la productivité, mais aussi et surtout par une distribution effective et équitable des biens produits. Ce qui veut dire qu'en plus du grossissement du PNB, il faudrait une élévation de l'Index de Qualité Physique de Vie (IQPV).

⇨ Une dimension politique qui se réfère à un degré de socialisation, de participation politique, de contrôle du politique favorisant un fonctionnement démocratique des institutions.

⇨ Une dimension sociale et culturelle qui se réfère à un degré d'harmonisation existant entre les normes, les valeurs, les attitudes au sein de la société, les exigences du développement économique et politique d'une part, et la capacité d'ouverture du système socioculturel, d'autre part.

Le développement serait pour nous en définitive celui que donne le Professeur Malassis, « un processus global qui implique des changements technologiques, économiques, sociaux, culturels, idéologiques et institutionnels. Une approche par l'une ou par l'autre des disciplines scientifiques, est terriblement déformante, partielle et certainement partiale »[2].

En conséquence, le développement de la Guadeloupe ne pourra pas être assimilable à la croissance économique et à l'accroissement quantitatif de la production exprimée très doctement par des « experts » des ministères parisiens et qui résulteraient peut-être de la décentralisation que l'on utilise comme réussite de l'opération.

Il faut à la Guadeloupe le pouvoir politique et la compétence technique. Elle possède le deuxième élément mais le premier, en dépit de la décentralisation-régionalisation est insuffisant et surtout il dépend de l'extérieur.

L'éducation-formation au service du développement

L'un des points de convergence parmi les spécialistes que sont les développementalistes, les économistes, les sociologues, les éducationnistes est l'affirmation selon laquelle l'éducation et la formation sont les clefs maîtresses pour ouvrir les portes du développement d'un pays.

À cet égard, les pays développés ou en développement réservent une partie importante de leur budget à l'amélioration continue de leur système éducatif.

Il faut, cependant convenir comme le souligne Machlup, que tous les efforts en matière d'éducation ne conduisent pas nécessairement au développement territorial et national. L'impact de l'éducation dépendra de ce qui est enseigné, à qui il est enseigné, à quel niveau il est enseigné, dans quelle proportion et sous quelles conditions il est enseigné.

En clair, disons que l'éducation et la formation peuvent être facteurs de développement, tout autant qu'elles peuvent être freins au développement. Disons aussi que chaque fois que l'on parle d'éducation notamment, on n'a souvent à l'esprit que la scolarisation formelle du primaire au supérieur.

La définition de l'éducation que je retiendrai est proche de celle des deux éducationnistes américains Taylor et Lowe (1983) à savoir, « un processus par lequel les individus sont préparés à jouer un rôle effectif dans la vie de leur société.

---

[2] MALASSIS Louis : *Ruralité, Education, Développement*, Unesco, 1975, Collection Sciences économiques.

C'est la transmission d'une série d'habiletés, de capacités, d'aptitudes, de connaissances de base permettant l'auto-expression créative »[3].

L'éducation a par conséquent une définition multidimensionnelle qui nous fait retenir quatre types d'éducation :

1) L'éducation formelle (EF) qui concerne la scolarisation allant du plus bas niveau de l'enseignement primaire, élémentaire au plus haut niveau de l'enseignement supérieur. Elle est hiérarchiquement structurée et hautement institutionnalisée (cf. les travaux de Paulston et Le Roy, 1982).

2) L'éducation non formelle (ENF) introduite dans les sciences de l'éducation et du développement en 1968 par P.H Coombs. Elle décrirait toute activité éducative entreprise de façon systématique et organisée hors des cadres du système scolaire formel dans le but de donner des formations spécifiques comme l'alphabétisation fonctionnelle, les ateliers de perfectionnement.

3) L'éducation informelle (EI), c'est l'apprentissage implicite et spontané qui est réalisé dans la vie de tous les jours par le fait d'être sous l'influence de divers environnements tels que : le milieu familial, le groupe de pairs, les médias, le milieu physique, les conférences, les causeries-débats, etc.

4) L'auto-éducation (AE), il s'agit ici d'un processus par lequel des individus qui, ayant déjà particulièrement appris sous une quelconque direction, continuent à se préparer eux-mêmes en vue d'acquérir des connaissances et des habiletés nouvelles. Ce dernier type a été particulièrement cher à Florian Znaniecki (1930).

Ce qui est observé, c'est une forme de disharmonie entre l'éducation, le milieu et un développement propre aux besoins de la Guadeloupe, ce qui génère :

- ✓ Échecs scolaires,
- ✓ Retards scolaires,
- ✓ Inadaptation des contenus d'éducation aux réalités guadeloupéennes,
- ✓ Formation de cadres servant de relais à la défense consciente ou inconsciente des intérêts de l'État français en Guadeloupe,
- ✓ Nombre croissant de jeunes diplômés sans emploi.

C'est dire, en réalité, que le système éducatif appliqué en Guadeloupe est inadapté en termes de développement et dans le sens d'une Guadeloupe responsable d'elle- même et pour elle-même, donc souveraine.

Les quatre types d'éducation présentés ci-dessus sont à redimensionner, re-hiérarchiser dans la perspective d'élaborer, compte tenu des antécédents culturels, un nouveau modèle d'éducation-formation.

Dans ce cadre-là, le développement agricole et notamment la production agricole alimentaire (PAA) devient un moteur du développement global de la Guadeloupe. Ainsi, le processus éducatif s'identifierait au processus de lutte des producteurs directs, ce qui devrait permettre de remodeler « les mentalités » par l'établissement d'un nouveau système de valeurs en remplacement des concepts préétablis et retenus par l'actuelle société.

---

[3] TAYLOR Philipp and LOWE Roy (1983) "English education", in IGNAS, Edward and CORSINIS Raymond T (Eds) , Comparative Educational system, Illinois.

Il est en effet étrange de constater combien l'on est sous- informé du rôle de l'alimentation et le peu d'importance que le système d'éducation-formation attache à ce domaine. Il s'agit là, d'un véritable problème de santé publique.

Il existe un ensemble complexe de relations entre nutrition, santé, développement humain (poids, taille, espérance de vie, fécondité, rendement au travail, aptitude intellectuelle), aussi est-il important d'insister sur le rôle que doit jouer l'éducation-formation dans l'articulation de ces différents domaines et de fait dans le développement de la Guadeloupe pour améliorer la qualité de vie de la population.

Cependant, l'amélioration de la qualité de vie n'est pas assimilable à la poursuite de l'extraversion du modèle de consommation dominant. La Guadeloupe dispose des moyens pour augmenter et améliorer de façon très sensible les ressources alimentaires et énergétiques, pour subvenir aux besoins de son développement et de ses habitants (cf. les travaux du Dr Henri Joseph et autres travaux d'économistes et écologistes guadeloupéens sur ces sujets).

Enfin, il n'est pas inutile de dire que les « grands intellectuels » de Guadeloupe devront descendre de leur piédestal pour partager une partie de leurs connaissances avec ceux qui n'ont pas eu les mêmes chances qu'eux. Qu'ils acceptent de se remettre en cause et même d'accepter de ne pas avoir forcément raison face à des personnes n'ayant reçu que peu ou pas d'éducation formelle (instruction).

Quel statut pour quel développement ?
Coopération et souveraineté nationale : le choix.

Il faut reconnaître que la grande difficulté dans le cas singulier de la Guadeloupe vient du fait que le statut possible et que je souhaite, à savoir, la souveraineté nationale, est lié précisément au niveau de développement déjà atteint par notre pays au regard des agrégats classiques de l'économie et de l'idéologie dominante.

La majorité de nos élus et le citoyen guadeloupéen de base se posent des questions relatives à la conservation des acquis de toutes natures obtenus dans le statut actuel de DROM (Département Région d'outre-mer) par exemple :

- Les prestations sociales et familiales,
- Le niveau et la qualité des prestations sanitaires,
- La législation du travail,
- Le SMIC,
- Les investissements et les aides européennes,
- Les relations internationales,
- Les 40 % des fonctionnaires,
- L'abattement de 30 % sur l'impôt sur le revenu en outre-mer, etc.

Ces interrogations sont légitimes et tout à fait humaines et ne sont pas qu'alimentaires et/ou relevant d'une demande de maintien d'une forme d'assistanat.

Les réponses se trouvent dans d'autres questions à savoir : d'où l'on sort et où veut-on aller et pourquoi, avec qui et comment ?

Les points abordés plus haut : les notions de Nation, d'État, de développement, d'éducation-formation prennent tout leur sens. La Guadeloupe dispose des ressources humaines en capacité d'élaborer un plan de développement qui soit centré sur ses besoins propres. L'État français au regard des difficultés auxquelles il est actuellement confronté ne sera pas toujours en possibilité de gérer les problèmes de la Guadeloupe, même si nous observons depuis 1946 toutes sortes d'adaptations politiques et d'organisations administratives pour sauvegarder ses intérêts et ceux de ses relais locaux.

Le statut politique de la Guadeloupe est intimement lié au modèle de développement et réciproquement. Il y a largement de la place pour la réflexion, pour l'action, le dialogue et la coopération.

Il devient urgent de donner vigueur et espoir à ceux qui combattent le rapt progressif de l'identité guadeloupéenne à un moment où elle ne semble être rien d'autre qu'une entité administrative « domienne » ou qu'une représentation géographique « ultra-marine ».

À force d'être des choses aussi différentes, sans que soit reconnue son identité, le Guadeloupéen ne peut être considéré que comme peu de chose et de nulle part. Ainsi, un rattachement à un article de la Constitution française devient largement suffisant, et être disqualifié de peuple à population ne nous indigne plus.

Le Guadeloupéen dans sa recherche de lui-même, semble fuir ce qu'il est vraiment, par crainte peut-être de se retrouver seul avec lui- même.

Bien des penseurs guadeloupéens, à travers leur littérature, leurs essais et combats politiques nous ont donné des repères pour nous définir et nous construire. Cependant, nous voilà toujours piégés, toujours à endosser les habits d'une histoire et d'une sociologie qui engloutissent nos véritables héros et enterrent la saga et l'épopée de nos ancêtres amérindiens, africains, indiens au profit principalement des ascendants européens.

Si nous ne recouvrons pas *a minima* une responsabilité politique, je crains que le socle syncrétique fondateur de la culture et du peuple guadeloupéen ne soit en lente décomposition et à terme inexistant.

Les défenseurs de la loi de mars 1946 érigeant la colonie de Guadeloupe en département français voulaient répondre à une juste aspiration du peuple à l'égalité des droits. Cette aspiration à l'égalité à ce moment de notre histoire n'a jamais été la triste réduction à une assimilation- dépersonnalisation de l'homme et de la femme de Guadeloupe.

Le dialogue entre les peuples n'a jamais été :

- Une annexion culturelle,
- Une domination politique,
- Une exploitation économique,
- Une occupation militaire,
- Une lente et réelle substitution de population.

Toutes choses ayant engendré des réflexes quasi pathologiques d'auto-défense, ou encore des comportements d'imitation et de reproduction des modèles les plus ordinaires du dominant.

Il s'agit pour nous aujourd'hui d'une reconquête de nous-mêmes et en cela le développement de notre capacité à nous construire culturellement et économiquement.

Pour la Guadeloupe, la revendication de l'émancipation apparaît politiquement et juridiquement comme l'issue la plus favorable à son développement économique, à son épanouissement culturel, à sa dignité, encore qu'il faille avoir la volonté et le courage d'aller jusqu'au bout de cette revendication.

Cette revendication d'émancipation politique, c'est-à-dire, d'indépendance nationale n'est pas incompatible avec l'évolution qui conduit les nations à une interdépendance de plus en plus accentuée, notamment dans les domaines politique, économique et culturel.

Rajoutons, s'il en est besoin, que cette volonté d'émancipation du peuple guadeloupéen n'est pas réductible à un sectarisme, à un racisme, à un repliement sur soi préjudiciable à toute évolution scientifique, technique et culturelle.

Il faut cesser, nous dit Mamadou Dia, « de confondre la fidélité à l'esprit de coopération avec la fidélité à l'esprit de soumission, à la mentalité du déshérité, qui ne voit que ce qu'il reçoit et n'a pas conscience de ce qu'il donne »[4].

L'État français avec ses meilleures intentions ne pourra pas résoudre les problèmes de la communauté guadeloupéenne ; c'est l'heure du choix et du rendez-vous d'avec nous-mêmes. La décentralisation, nouvelle organisation territoriale et administrative de l'État français, ne peut être qu'un épiphénomène dans la lutte pour l'émancipation du peuple guadeloupéen.

La décentralisation-régionalisation, tout autant que l'assimilation-départementalisation, n'a répondu que partiellement à nos problèmes de développement et de dignité. La relève est à prendre. La collectivité guadeloupéenne dans les moments difficiles qu'elle vit en ce moment, et dans le monde tel qu'il est, a besoin de tous ses fils et de toutes ses filles pour créer un consensus national pour bâtir et construire son avenir.

Le peuple guadeloupéen directement et à travers ses organisations et certains de ses élus doit avoir une préférence et faire des propositions. En pareille circonstance, un État démocratique, soucieux de l'intérêt de ses différentes composantes a le devoir de garantir des choix multiples au peuple souverain.

En référence à la Constitution rénovée et aux dernières consultations sur la question institutionnelle les résultats ont été :

- ✓ Pour la Guadeloupe statu quo,
- ✓ Pour la Martinique, mise en place d'une Collectivité Territoriale Unique (CTM),
- ✓ Pour la Guyane, mise en place d'une Collectivité Territoriale Unique (CTG).

La démocratie française outre-mer, aurait eu beaucoup à gagner en proposant un choix plus ouvert.

---

[4] DIA Mamadou, *Nations africaines et solidarité mondiale*, PUF 1960.

Au lieu de cela, au prétexte que c'était la demande des élus, l'État français a choisi de nous servir :

➢ L'article 73 dans l'identité législative avec des accommodements sur son organisation administrative.

➢ L'article 74 dans la spécificité législative avec là aussi des possibilités d'arrangement à la marge.

Du point de vue de l'exercice de la démocratie et du respect des peuples, il y a problème, il y a malaise, même si, reconnaissons-le, une consultation « en soi » est toujours un acte démocratique d'importance.

Par rapport à notre affaire de responsabilité accrue et de « souveraineté optimale » pour assurer notre développement, la consultation référendaire organisée par l'État français et voulue par une partie de la classe politique locale n'a pas changé grand-chose, le pouvoir central parisien ayant pris soin de bien verrouiller la constitution. En conséquence :

✓ Que le oui l'ait emporté (Guyane et Martinique) nous demeurons des « Français entièrement à part » dans une collectivité créée pour une population française ultra-marine et qui je l'espère sera mieux gérée et sans doublons. À cet égard, les indépendantistes martiniquais dans le statut de DROM, comme dans l'actuel statut de COM (CTM) gèrent fort bien les affaires de l'État français dans leur Nation de Martinique.

✓ Que le non l'ait emporté (Guadeloupe) nous restons toujours des « Français entièrement à part » dans une région monodépartementale dans laquelle les élus, s'ils ne font pas preuve de responsabilité vont se chamailler sur les compétences de l'une ou l'autre collectivité « majeure ».

Dans un cas comme dans l'autre, le combat pour l'émancipation des peuples guadeloupéen, guyanais et martiniquais va se poursuivre pour imposer le moment venu à l'État français (géré par la droite ou la gauche) un véritable référendum d'auto-détermination pour la décolonisation des vieilles et toujours colonies d'Amériques.

Il faut bien clarifier le débat pour permettre aux peuples des « DROM et COM » librement et en toute connaissance de cause de faire leur choix.

Il ne faut pas que la tendance qui prévaut au sein de l'État Français et d'une certaine classe politique locale utilise entre autres, le vote du 7 décembre 2003 pour justifier aux yeux de nos peuples, des Européens, et de la Communauté Internationale un aboutissement de la décolonisation dans l'Outre- mer français.

Car en réalité, ce dont il est question, c'est bien d'un processus de décolonisation qui peut se faire :

- soit, dans l'intégration – assimilation... le chemin semble être pris dans le maintien du statu quo, même avec les divers aménagements (évolution institutionnelle).

- soit, dans une responsabilité politique (évolution statutaire)... le chemin est étroit et long, mais pas impossible avec une réelle autonomie pour la Nation guadeloupéenne au sein de la République française (État de droit) ou une indépendance nationale dans un contrat de coopération à avantages réciproques.

Même si cette question n'est pas formellement posée et/ou à l'ordre du jour, nous ne pouvons pas aujourd'hui en faire l'économie.

Le droit des peuples à disposer d'eux-mêmes, c'est d'abord l'émergence de la responsabilité nationale, issue d'un consensus national qui se fait reconnaître par tous les moyens sur la scène internationale.

Bibliographie

ADAMS, DON (1970) *Education and modernization in Asia,* Meuls Park, CA: Addison-Wesmlay Pub. Co.

ABOU Antoine, « La scolarisation à la Guadeloupe. Présentation d'une thèse » in *Histoire de l'éducation,* mai 1985 n°26 pp73-75.

BARRUE J.P « Guadeloupe un pour tous, tous pour un, grève des travailleurs agricoles », *revue Frères du Monde* N°70 2è Trim. 1971

BAKAYOKO M (1988) Éducation et développement : Quelle éducation pour quel type de développement ? Le cas du Mali. Ministère de la planification du Mali

BEAUDELOT C et ESTABLET R : *L'Ecole capitaliste en France,* Ed Maspero, 1971

CAPELLE J *Éducation et politique,* PUF, Paris 1974.

CESAIRE A *Discours sur le colonialisme* Présence Africaine 1960.

CHELIM C ; « L'Education et l'animation facteurs de développement du milieu rural antillais, Etude du cas de la Guadeloupe », Thèse de doctorat, EHESS, Paris, 1978.

COLLEMAN James, S (Eds) (1965) *Education and political development,* Princetown, New Jersey, Princetown University Press.

COOMBS Philipp H, (1968). *The world education crisis : a systems analysis* New York, Oxford Univ.Press.

DIA Mamadou, *Nations africaines et solidarité mondiale,* PUF 1960

DURKHEIM Emile, (1956) *Education and society* (Sherwood Fox, Trans), New York, Free Press of Glencoe.

FURTADO C, *Développement et sous-développement,* PUF Paris 1976.

HENRI Joseph : Site du Laboratoire *Phytobokaz,* « Innovation et tradition au cœur de la biodiversité »,

KLASMANN J, *Nourrir 10 millions d'hommes,* PUF, Paris, 1975.

LABELLE Thomas J, (1976) "Non formel education and social change" in *Latin America,* Los Angeles : UCLA Latin America Center;

LEIRIS M, Contacts de civilisation à la Guadeloupe et à la Martinique UNESCO 1965 ;

LOTHER H, « Les réalités techniques et économiques de l'agriculture guadeloupéenne », Thèse ISTOM, Le Havre 1974.

MACHLUP Fritz, (1975) *Education and Economic Growth,* New York, the New York University Press.

MALASSIS Louis, *Ruralité, Éducation, Développement,* Unesco, 1975, Collection Sciences économiques

MANLIUS J, « Quelques aspects de la personnalité guadeloupéenne », Mémoire de psychologie, Paris VII, 1962.

MAUGE, Pierre, « Nation et État » in *Revue d'Ethnologie des Peuples,* Septembre 1975

MARX K et ENGELS F, *Critique de l'éducation et de l'enseignement,* F.M, Petite collection Maspero, 1976

TAYLOR Philipp and LOWE Roy, (1983) "English education", in IGNAS, Edward and CORSINIS Raymond. T (Eds): Comparative Educational system; Illinois

TROGER V et RUANO-BORBALAN J-C, *Histoire du système éducatif*, Que sais-je n°3729, PUF, PARIS, 2010.

WALLON H, « Sociologie et éducation », in *Cahiers internationaux de sociologie*, 1951

ZNANIECKI Florian, (1930) "Education and Self education in modern society", in *American Journal of Sociology*.

Parlez-moi de Développement !
Parlez m'en !...

Frantz Succab
Auteur dramatique

Les nôtres, invoquant ce Pays qui nous manque... *« Penser Guadeloupe »*... *« Gwadloup douvan ! »*

Voilà une prière bien galvaudée ces temps-ci ! Elle se répète comme le riff d'un dernier tube. Elle ne coûte rien, mais console, tout en esquissant bon an mal an le brouillon d'un roman national... Elle est psalmodiée sous des airs chacun éphémère, mais tellement semblables ! Pourtant, elle est lourde de sens pour qui veut bien s'y arrêter.

Du penser colonial au sentir « Guadeloupéen »

Du début de la colonisation jusqu'à l'abolition de l'esclavage, le nom *Guadeloupe* n'est que l'indication géographique d'une conquête française. Quelque part sur le globe, au milieu de l'Arc Caribéen apparaît un lieu ainsi nommé. La cartographie occidentale du XVIIe siècle affichait ainsi son butin en une toponymie de son cru : en dehors de quelques terres, Cuba, la Jamaïque, Cariacou... laissant transparaître leur nom originel, est égrené un long chapelet théologique chrétien, auquel le nom de Guadeloupe n'échappe pas. Ainsi fut inscrit sur la carte l'acte premier d'un effacement de la présence caraïbe et de l'esprit dont ces peuples imprégnaient les lieux depuis des millénaires.

Depuis, *Guadeloupe* est devenu peu à peu le terme générique désignant un ensemble d'îles peuplé en majorité d'originaires des peuples d'Afrique déportés et réduits durant deux siècles en esclavage. Puisque la cartographie rend compte aussi du dépeçage et du partage de fruits du vol perpétré en cet endroit par les puissances européennes, l'archipel guadeloupéen est estampillé « Français ».

N'est-ce pas de là que vient la plus vieille des idées reçues ?

Ni ce territoire, ni son climat ni sa flore ni sa faune ni ses caractéristiques humaines ni leur histoire ne détermine plus ce qu'il est. Ce qui en décide désormais c'est l'intention économique occidentale et sa stratégie de partage du monde.

Durant les siècles qui suivent la conquête, dans l'isolat de chaque Habitation, le futur peuple guadeloupéen ne se représente ni la France (qui elle-même se constitue peu à peu en tant que nation une) ni, a fortiori, le Monde. Par conséquent, *Guadeloupe* en tant qu'entité, n'existe pas encore dans son esprit. Il y a pendant longtemps sur le territoire, tout au plus, un ensemble d'Habitations juxtaposées, dédiées principalement à des produits, en particulier le sucre, exclusivement exportés vers ce lieu qui jusqu'à nos jours est appelé « La Métropole ». Une production réservée à une unique puissance, au moyen d'un travail servile massif, fragmenté, toujours recommencé et sans horizon.

Regardé d'un point de vue extérieur, comme la plupart des puissances européennes regardent leurs possessions dans le monde, ce territoire n'est rien d'autre qu'un lieu d'exploitation et de transplantation de main-d'œuvre outre-mer, d'appellation contrôlée. À partir du terme de « Colonie », utilisé du XVIIe jusqu'au milieu du XXe siècle, le vocabulaire politique français en formula récemment d'autres à son endroit : *« Département »*, « *Région* », ayant tous valeur possessive. Ça ne dit plus clairement «*possession française*», mais des lois, des institutions, des formes d'organisation économique et sociale, et, partant, des mentalités et des comportements le traduisent. C'est toujours l'effacement ou l'occultation de toute autre présence en ces lieux que celle de l'Occident chrétien.

Pourquoi cette autre présence subsiste-t-elle encore, ne serait-ce que par la persistance de l'expression *« Les ou La Caraïbe(s) »* ? C'est qu'aucune force humaine, même aveuglément brutale, ne peut parvenir à raturer d'un trait de plume ou d'un coup d'épée des millénaires d'accordance entre l'homme et la terre, et l'esprit qui imprègne les lieux. La terre s'en souvient, comme le corps ressent encore pendant longtemps un membre amputé. À travers les arbres, les rivières, les montagnes et les Grands-fonds, planent encore les vocalises des peuples décimés.

Le monde imposé de *l'autre côté-là* par l'Occident et, *du côté-icitte*, celui occulté par la Conquête ne cesseront de coexister. Nous nous référons ici à la caractérisation de ces deux mondes conçue par notre ami ***Monchoachi***[1], dont ces lignes s'inspireront en grande partie : le monde de *l'habiter*, habitation, sous-tendu par la notion de l'avoir (*habere*), de la possession, traduit le modèle dominant ; il couvre l'autre monde, occulté mais jamais disparu, sans cesse *mofwazé* (métamorphosé), du *rété* ou du *kenbé* tel qu'une langue émergeant de nouveau des profondeurs des lieux, traduit sa résilience. Le signe des ignorés, une autochtonie souterraine transmise peu à peu des Caraïbes aux esclaves du fait de la conquête et de l'oppression qui l'accompagne, que l'esclavage n'aura pas abolie, mais renforcée, serrant les uns contre l'autre les hommes noirs et la terre.

En somme, ce monde ou modèle dominant traduit un penser impérialiste français traversant jusqu'à nos jours tous les régimes, y compris républicains. Il parle encore de *« statut »* politique, tout comme il parlait de *« statut »* d'esclave ou de libre, dans un système dont la norme est la propriété d'hommes par d'autres hommes ou d'un territoire par une puissance étatique extérieure.

Le *« statut »* rend compte de la position d'un type de personne ou de groupe par rapport à un système, mais pas du système lui-même. Pour ce qui est des pays de l'outre-mer français, c'est l'ensemble des dispositifs élaborés par le pouvoir politique et législatif français, qui fixe l'appartenance de ces territoires à la France. Il faut comprendre ici le terme de *« dispositif »* au sens propre, intimement lié à la

---

[1] Monchoachi, poète et essayiste martiniquais dans « *Eloge de la servilité* », Ed. Lakouzémi.

culture du contrôle : séparer pour mettre en ordre, hantise de l'appropriation, du bornage, de la mensuration, de l'aménagement, de la sécurisation, de la conservation pour une *« mise en valeur »* selon ses propres critères.

Par conséquent, pour ce qui nous concerne, réduire la question du devenir de la Guadeloupe au débat dit *« statutaire »* procède du même juridisme, captif du dispositif colonial. La France dit *Guadeloupe* en pensant *France.* Cela transpire depuis toujours des politiques publiques touchant à l'économie, l'éducation, la culture et bien d'autres domaines de la vie. Cela induit enfin une idéologie et des comportements assimilationnistes et chez les colonisateurs et parmi les colonisés. Si bien qu'aujourd'hui, tenter de *penser Guadeloupe*, associé au *« penser Caraïbes »*, devrait marquer l'émergence d'un *« sentir »* l'esprit de nos lieux, un changement de modèle, propre à conduire vers une guérison du regard colonial sur nous-mêmes.

La ligne de démarcation

Par conséquent, lorsqu'un économiste parlera de *Développement* pour la Guadeloupe, d'où parlera-t-il et de quoi ? Telle est la question. À ce stade, on peut légitimement oser ce préalable.

Parce que si *Je* parle de *Nous* en le pensant avec ma propre tête, je sors de fait de la question statutaire. Elle est à côté de mon chemin. Le tout est qu'elle ne le croise plus jamais, que je me regarde et me pense comme créature de notre histoire, une histoire parallèle ou souterraine. Non de la Loi. À son encontre et vers nos rencontres. Mais où se rencontrer ?

Certes, sorti du jargon académique, le terme de *Développement* parle à tout le monde, sinon pourquoi autant le répandre ?

En effet, à quelques idées près, il invite le commun des mortels à une même lecture, qui rencontre un idéal bien entretenu de nos jours. La possibilité pour le plus grand nombre de travailler et gagner plus pour satisfaire des désirs et des besoins conditionnés : acquérir un logement, acheter une voiture, mieux éduquer ses enfants, se nourrir et s'habiller le mieux possible, pouvoir voyager, avoir accès au plus grand nombre de chaînes de télévision pour se divertir, s'informer ou s'évader sur place, pouvoir *s'enculturer*, posséder le téléphone mobile, avoir Internet et totalement accès aux soins pour vivre le plus longtemps possible. Pouvoir aussi revendiquer ses droits et prendre part régulièrement aux élections de ses gouvernants.

C'est un package, une palette assez large pour que chacun y trouve son compte de désirs sans pour autant pouvoir les satisfaire à son goût. Il s'agit d'un idéal à atteindre, pris dans un dispositif qui le modèle et le module par un décompte de ce qui nous est dévolu, auquel on a Droit, par exemple : une médiathèque et un stade rutilant dans chaque commune, un Mémorial ACTe, monument devant lequel on se sent petit, un réseau routier à faire pâlir les pays pauvres, un aéroport international et un port en eau profonde, plus un Centre Hospitalier ultramoderne. L'égalité « réelle » des *Droits* : plus les *« droits à »* que *« les droits de »*. Voilà à quoi se résument, pour l'heure, dans l'esprit commun, le Développement et la Liberté qui va avec ! Tout cela en dépit de nous.

Où est l'Homme, dans tout cela, son natal et sa présence, la mutuelle appartenance d'un peuple et d'une terre ? Comment ne peut-il pas contempler sans frayeur ce destin calibré qu'on lui offre avec un goût de mort de quelque chose plus que de commencement d'autre chose ? Transformé en chiffon à faire briller tous les leurres, le peuple se désaccorde lentement et sans bruit de tout ce qui lui est devenu commun à force d'en être persuadé à longueur de journées et d'années par de puissants médias. Et cette *désaccordance* silencieuse, mais autant intime que profonde, ne laisse intact ni l'homme ni l'esprit de l'homme ni la terre ni la nature. Toute mesure étant perdue, ces temps annoncent des hostilités autodestructrices du peuple, contre lui et la terre même.

Et si parler de *développement* pour la Guadeloupe, de ce *côté-ici*, revenait simplement à décrire et analyser son auto-dynamisme à se frayer un possible parmi les impossibles institués et mesurés par d'autres ? On ne mettrait plus alors sur ou sous le tapis, en guise de synonyme, la notion de *rattrapage*... Rattrapage de qui ? De quels compétiteurs serions-nous sur la même piste ? Les pays dits développés, dont l'Europe et la France ? Ce serait rêver d'une impossible assimilation, comme pour justifier un *« statut »* mérité. Et se consoler à l'égard des peuples voisins qui nous ressemblent d'être au moins sur la piste des gagnants, à défaut d'être par nous-mêmes jamais gagnants.

C'est le carcan colonial constant, institué par la France, qui nous enserre le cerveau et empêche la Guadeloupe d'ÊTRE pour elle-même. Plus que le *« statut »*, qui n'en est qu'une expression juridique variable. Le débat dit *« statutaire »* en soi ne remet pas en cause le colonialisme français. Par contre, vouloir s'émanciper et s'épanouir le conteste forcément. Ces notions **d'émancipation** et **d'épanouissement**, **d'ouverture** voire de *« **déclosion** »* semblent être les points cardinaux qui devraient guider toute démarche d'avenir d'une Guadeloupe pour soi. Qu'il s'agisse d'économie, de transformation sociale ou de culture.

Construire un autre système qui procure tout autant au plus grand nombre, sur le territoire où vivent des femmes et des hommes, la possibilité pour eux de vivre du fruit de leurs efforts et de leur travail, manger à leur faim, se cultiver librement, etc.. *Au même endroit*, et en accordance avec la terre et l'esprit des lieux. Mieux connaître son monde pour mieux connaître le Monde, ce dont le Monde a besoin de notre monde, ce dont notre monde a besoin du Monde. Ce n'est pas plus compliqué à concevoir, mais cela demande une introspection et un effort collectifs inédits.

L'essentiel est certainement de savoir de quoi l'on parle au fond et d'en être d'accord : on ne parle pas de la Guadeloupe en tant que lieu géographique, mais lieu intime, communauté d'histoire humaine. La Guadeloupe est une géographie, certes, mais aussi une représentation dans les esprits de ceux qui y sont nés et y vivent, c'est une matrice, une mémoire et un imaginaire, une voie et une voix. Ce ne sont ni le soleil ni la lune ni les étoiles ni la mer ni l'eau des rivières ni la pluie ni le vent ni la flore ni la faune ni les savanes, les fonds, les mornes et les montagnes qui constitueront isolément son avenir, mais comment les Guadeloupéens les porteront en eux et avec eux.

Changer de patriotisme

Historiquement, il n'y a pas si longtemps que la majorité de la population, issue de l'esclavage, a appris à n'avoir que cette terre pour patrie. C'est-à-dire, à l'aimer comme son lieu de vie où tous les espoirs à portée d'homme sont possibles, plutôt que la haïr comme sa prison, son lieu de détention à l'issue du grand rapt de la Traite.

Après l'abolition de l'esclavage de 1848, il a fallu du temps. Plus d'un siècle encore. Déjà sortir mentalement de l'Habitation en acquérant une relative mobilité, lutter pour un salaire décent, avoir le choix de son métier et de sa fonction dans la société, se battre *ici-dans* même, sans relâche contre la discrimination raciale et pour l'égalité.

Avec la naissance, dans le cadre colonial, d'un marché intérieur, de rapports capitalistes et du phénomène urbain (Pointe-à-Pitre, Basse-Terre) vinrent aussi les progrès techniques, notamment celui des transports (bicyclette, automobile, vélomoteur, motocyclette) étendant l'aire de circulation des travailleurs et de leurs familles. La possibilité pour des femmes et des hommes d'un bout à l'autre de la Guadeloupe de se connaître, se parler, se reconnaître dans une langue intime, des croyances et des destins communs. Dès la fin du XIXème siècle, des formes variées d'économie solidaire, le syndicalisme et, en partie, l'école avec son offre égalitaire y furent pour beaucoup.

Cependant, cette quête éperdue d'égalité du côté des anciens esclaves, de leurs premiers descendants et d'autres travailleurs immigrés, notamment d'Inde, fut profondément pervertie par l'offre assimilationniste française. Être égal devenait être *« comme »*, *« imité pou détenn... »*. S'oublier. La masse populaire restait, cependant et plus que jamais, à la fois fournisseuse de main-d'œuvre bon marché pour le commerce colonial qui n'avait changé ni de nature ni de but, à la fois productrice d'alibis pour la générosité et la supériorité culturelle de la France, *« Mère-Patrie »*. Cette dernière expression atteint son apogée pendant les cinq décennies marquées par deux guerres mondiales et les guerres coloniales d'Indochine et d'Algérie (1914-1962).

Sous couvert de *patriotisme français*, donc de solidarité entre colonisateur et colonisé (même à l'encontre de la volonté d'autodétermination d'autres peuples) les forces vives des peuples sous domination française furent enrôlées. Elles devaient fournir de la chair à canon en échange de l'honneur mythique d'avoir mérité de la France. D'innombrables jeunes guadeloupéens qui n'avaient même pas encore pris à cette époque la mesure du pays-Guadeloupe s'en allèrent souffrir ou mourir en terre étrangère. Ils ont illustré de manière tragique ce qu'il en coûte d'être né Guadeloupéen, mais transfusé par l'unique intérêt de la France impérialiste. Une perte de soi poussée au paroxysme par un républicanisme nationaliste français naturellement assimilationniste à l'égard de tout l'empire colonial, nommé d'ailleurs *« la Plus Grande France »*

Une telle transfusion n'aurait pu s'accomplir sans passeurs internes, passeurs d'illusions, de déréalisation même. Mulâtres pendant l'esclavage, puis, plus tard élites « de couleur » ou nègres pour de bon, plus catholiques que le Pape, plus socialistes que Jaurès, plus gaullistes que De Gaulle. Plus républicaines que Marianne. Dans ce pays de croix ou de chapelles aux encoignures, avec des bougies sans cesse rallumées, et de drapeaux tricolores partout où se porte le regard. Christianisme et Républicanisme se sont croisés ici comme pour crucifier ou arraisonner notre désir naissant d'être Autre. Cependant que l'École, laïque ou religieuse, fabriquait toujours plus nombreux des mains pour prier et des bras pour travailler. Se fabriquaient aussi, en nombre plus petit, mais significatif, plusieurs générations d'une élite « locale » ayant bien appris, jusqu'à s'en faire un Crédo, qu'il faut savoir être *« comme »*, conforme au modèle dominant, pour bien mériter de la France.

Il loge dès lors un étranger dans l'en-dedans des crânes et des cœurs, et se crée un univers factice ou, par exemple, de simples catégories administratives comme *« Département »* ou *« Région »* (de France) ont ici force de symboles quasi religieux. C'est la LOI, ne devant jamais émaner de nous-mêmes, qui est créatrice de toute chose, à l'instar du DIEU catholique.

*

Le revers de la médaille ou l'envers de cette histoire, son *côté-ici*, est cependant la capacité chez l'Homme de ne pas se laisser complètement nier, voire tenter de se reconstruire ou **se réparer** avec le peu qui lui reste de mémoire, d'expérience, d'ancrage dans la vie. L'humanité sut toujours tirer leçon des plus grands drames, y compris les crimes contre l'Humanité, pour revivre et avancer. Une telle confrontation forcée avec les réalités du Monde nous renvoyait, à la nôtre, d'humanité, sans cesse recherchée jadis, dans la longue lutte contre l'esclavage, pour affirmer (ou garder) *présence* en nos lieux.

Survivre est forcément création, effort d'aller à la ressource : une langue où se hisse l'homme depuis son effacement pour accéder à la présence. Car la parole est le lieu premier où se manifeste la présence de l'homme. Langue créée, *kriyé* (*Kré*-yòl) chevillée au corps ; corps chevillé à la langue, mère de tous nos langages. Le *jèsdèkò* est langage, la langue ne va pas sans son geste, comme une danse exprimant sa musique. Cette ressource confère et diffère une communauté d'hommes. Et, puisque l'histoire du monde était rythmée par le réveil des nations contre les Puissances qui s'ingéniaient à les nier, le chemin d'un autre patriotisme se dessinait objectivement pour les Guadeloupéens.

Au détour de nos silences...

Ce n'est pas un hasard si celui qui résume cet aller vers soi-même est un poète, *Sony Rupaire.* En 1960, évoquant sa poésie, celui qui deviendra dix ans plus tard le chantre de la littérature de combat en langue créole dit comme ça, en français *« Au détour de mes silences/ J'ai trouvé une Éternité...* »

Entendons ici *« nos »* ou *« notre »* silence ! Non un non-dire auquel un peuple serait réduit, où il se retrancherait lui-même, mais un silence qui s'entend en collant l'oreille à notre sol. Parce que, dès lors que ce silence est mien ou nôtre, c'est une parole retenue plus qu'une absence de parole. Nous seuls pouvons la contourner, de préférence par la sublime métamorphose des Arts, davantage que par la logique d'un dispositif pseudo-scientifique, impropre à mesurer l'incommensurable : Chant, Danse, Poésie, Tragédie, Arts visuels... Du souterrain de l'histoire, ce qui survit de nos morts, le minerai de l'imaginaire, notre fonds.

Qui saura rendre compte de l'homme impensé, qui pense pourtant et nous habite ? Je veux dire encore, avec un autre de nos poètes, ***Ernest Pépin*** : *Au commencement était la dépossession ! Finies les danses rituelles ! Finies les danses liées à la chasse, à la guerre, à la récolte, aux fiançailles, à la fécondité, etc. En lieu et place de cette complicité avec les divinités, va surgir une pétition du corps arc-bouté sur la justice et l'affirmation de soi comme être humain...* [2]

La démarche ne se réduit pas au Créole et au Gwoka. La création-créolisation répond à une esthétisation généralisée de tout ce qui se voit et s'entend là-même, là où se passe désormais l'existence. Non seulement la nature, mais ce que produit la rencontre ou le choc d'êtres humains d'origines différentes. L'esthétisation est aussi résistance à la hideur et la disgrâce liées à l'esclavage. S'efforcer de donner un sens poétique à sa propre vie voire, si illusoire que cela paraisse, en faire une « belle » aventure. De la part des dépossédés de tout, à la fois un acte de réappropriation et recréation de leur humanité.

L'Artiste est celui d'entre nous qui sait coller son oreille au sol, à la pierre, à l'écorce des arbres pour recueillir les confidences du Temps et figurer *l'invu.* L'art et l'artiste définissent le face à face avec nos mystères, notre Enigme, étant ceux qui s'approchent le plus de ce qui est couvert, pour le découvrir et lui donner forme dans l'apparence.

Les arts coloniaux ou serviles nous habituaient à voir nos lieux tout comme un joli paysage et à nous contempler nous-mêmes, à partir des yeux des autres, comme un exotisme. Nos arts recouvrés ont empêché ce qui toujours nous habita d'être délogé par ce qui nous était devenu habituel à force d'Assimilation.

Étant de la génération née dans l'immédiat après-guerre, je ne suis pas le seul à pouvoir témoigner que c'est au cours de l'adolescence, au Lycée Carnot, entre 1958 et 1967, à travers la diversité de provenance de mes camarades, que je me suis représenté la Guadeloupe comme la somme de trente-quatre communes réparties sur huit îles principales. Je n'avais jamais mis les pieds dans la plupart, mais la parole

---

[2] Ernest Pépin in « *Le Gwoka fut notre première abolition* » (sur Facebook)

de ceux qui venaient de ces communes sur la vie quotidienne, les codes sociaux, les formes de ritualisation sociale, les contes et légendes m'était familière. C'était une première vision subjective et globale d'un territoire humain. Ce n'était pas encore, à proprement parler *une conscience nationale*, mais déjà ce qui la conditionnera plus tard : *un sentiment commun d'appartenance.*

Plus tard, c'est la distance géographique et le recul qui permettent une vision encore plus globale. L'éloignement dû à l'émigration massive de la jeunesse, non plus seulement à cause des guerres, mais toujours du Service Militaire Obligatoire, ensuite, de la nécessité de poursuivre certaines études, et surtout, dès le début des années 60, du BUMIDOM. Ce dernier étant le nom d'une politique délibérée consistant à vider le pays de sa jeunesse, catégorie sociale présumée dangereuse par le pouvoir gaulliste, après les soulèvements de décembre 1959 en Martinique.

La politique systémique d'assimilation, concentrée sur les départements d'Outre-mer, fonctionnait moins en France même, comme si résider là-bas pour longtemps suffisait en soi. Mais, au contraire, le fait de se retrouver ensemble, étudiants ou travailleurs, à l'étranger dans l'Hexagone, parmi d'autres émigrés issus d'autres colonies, contribuait à abolir bien des petites différences, y compris entre nous-mêmes, au profit d'une immense ressemblance. La Guadeloupe se mit enfin à exister dans notre conscience distinctement de la France, ainsi que le Monde, dans l'ambiance anti-impérialiste décrite plus haut. Cela contribuera forcément à mieux qualifier notre Cause et la nommer.

L'idée de *Penser Guadeloupe* découle de tout ce cheminement subjectif. Les créateurs artistiques, plus que les tribuns, sont venus à la rescousse procurer la ressource : *Guy Tirolien, Paul Niger, Léon-Gontran Damas, Sony Rupaire*, furent de ceux-là. Puis, il y eut le travail théâtral, des chansons, des danses, des objets d'art accompagnant cette résurgence formidable de la langue guadeloupéenne et de ses musiques. Comme un chant de corne de lambi *« profond et nostalgique »*, un *adélala*, nos bouches devenant les bouches de nos propres voix.

Non, Penser Guadeloupe... *Apa pawòl anlè*, ni lubie d'intellectuel ! Ceux qui prononcent cette parole aujourd'hui devraient tous être conscients qu'il s'agit de fait, de l'affirmation d'une filiation, si ce n'est d'un héritage. Savoir ce que parler veut dire, dès lors que nous affirmons que nul autre que nous-mêmes ne peut plus penser et parler à notre place. Reste encore, hélas, puisque la parole nous est semble-t-il donnée, à ne pas à notre tour penser et parler avec la voix des autres ou sous leur contrôle quand nous parlons de nous.

C'est moins évident qu'il n'y paraît à l'heure qu'il est. Parce que l'assimilation est toujours consubstantielle de notre situation coloniale. Toutefois, n'ayant plus les mêmes facilités pour convaincre son monde, elle va se dissimuler en des endroits inattendus, afin que certaines *« mules »* passent de bonne foi ses substances stupéfiantes. Affirmer être *chez soi* en Guadeloupe ne suffit pas, tant qu'on ne s'efforce pas de creuser en soi, là-même, *au même endroit*, pour puiser ses propres ressources.

Le temps de reprendre parole

Revenons à la question du Développement qui nous est posée et est, somme toute, à l'origine de ces lignes !

Il importe de savoir en oublier les dogmes et les idées reçues, de considérer le Pays sous tous ses aspects et se mettre en capacité de lui inventer un avenir sur mesure. Oui, comprendre définitivement d'où nous parlons et de quoi.

À ce stade, même la posture nationaliste ou l'antienne identitaire (*Mi Gwadloup an nou, chè !*) ne saurait suffire. La domination française s'en accommode tant que les perspectives qu'elle porte ne sortent pas des sentiers convenus, tant que des thèses qui ne renversent rien s'empilent dans les archives de ses Universités « exotiques » et que le carriérisme devient la dignité la mieux partagée des présumés meilleurs d'entre nous.

Lorsque la parole est retenue dans les rets du Marché et du commerce politicien, les mots sont sommés d'être économes et vendeurs. Ayant survécu grâce à la création populaire, *au détour de nos silences*, voilà notre propre langue, et la musique qui va avec, privées de leur parole, donc de l'aventure, et contraintes de déposer leurs arts aux pieds de la Communication. Déminée, désincarnée, désossée et rengorgée, cette parole nôtre !

Les économistes, les sociologues, les juristes, les psychologues, les politiques, et j'en passe... voire même les artistes, sont refondus en une même cohorte, celle des « Communicants ». Il faut avoir la gueule, la langue et le geste de l'emploi ; des mots ou des tics langagiers répétitifs qui se jugent à leur utilité immédiate, surtout pas à leur capacité de traduire un ÊTRE original. Puisque la valeur d'un événement d'actualité s'évalue par sa résonance du jour, usé et jeté aux oubliettes immédiatement, comme un kleenex ; puisqu'un spectacle ne s'estime que par son nombre d'entrées, un écrivain ou un chanteur par son chiffre de vente, un défilé protestataire par le nombre de manifestants, l'opinion publique par le sondage ; le « communicant » se légitime par son nombre de passages dans les médias.

En vérité, dans la guerre de civilisations qui nous fait signe, à l'annonce des désastres humains de demain, vendre de la matière grise à bon compte, n'est pas moins dramatique de nos jours que d'avoir fourni hier de la chair à canon pour la cause des Autres. L'activisme conférencier de ceux qui sont censés porter une offre d'avenir, singulièrement les nationalistes ou patriotes, aurait grand besoin, et plus que jamais, d'activisme militant.

Bien sûr, les termes « activisme » et « militantisme » prêtent aujourd'hui à sourire dans les mêmes milieux jadis générateurs de forces militantes : les enseignants, les étudiants, la jeunesse en général, et une partie du monde ouvrier et paysan. Tout simplement parce qu'ils sonnent désormais comme de l'agitation stérile, une incitation inappropriée et « fier-à-bras » à la violence, le sentiment douloureux d'une défaite. Les *« Nous-avons-déjà-donné »* ou les *« À-quoi-bon ? »* ponctuent un comportement pessimiste qui se généralise. Or, nous parlons de creuser, de fouiller.

On assiste aujourd'hui à un tragique paradoxe : le sentiment commun d'appartenance est infiniment plus partagé par les Guadeloupéens qu'au temps de l'assimilationnisme triomphant. En ce temps-là, on notait pourtant un impétueux sursaut patriotique guadeloupéen, prolongé par de nombreux réseaux, quoiqu'encore encore très minoritaire. Maintenant, à toutes ces voix qui appellent à *« Penser Guadeloupe »* de manière plus diffuse et multiple que jamais, **Guadeloupe** semble ne pas répondre, sauf par la plus ténue et la plus ambiguë des réponses, celle des urnes.

Jamais on n'a autant *kriyéGwadloup*, dans les Palais, les réunions politiques, les mouvements grévistes, les colloques, les séminaires, les discussions de *kabolo*, mais jamais on ne l'a sentie aussi absente... Peut-être, précisément, est-ce le symptôme du mal de son absence. Cet appel est relayé par quelques émissions TV ou Radio dites « de proximité », des chansons de variétés, des pièces de théâtre et autres événements sous un quelconque label genre « Gwada » ou autre marqueur identitaire. Pourtant, on ne voit pas encore émerger ces poètes (et autres artistes) qui toujours sont les *« législateurs secrets du monde »* (Shelley), a fortiori du Pays qui nous manque, quand ils sont en accordance avec cette terre, sans se mettre à la botte des marchands.

Cet activisme militant que j'appelle de mes vœux, est simplement une forme d'incitation du patriotisme à mettre fin à son éloignement de ce qui lui est le plus proche et le plus essentiel : la culture profonde du pays et de son peuple, toujours imparfaite parce que mouvante et sans cesse ouverte à la création, afin de marquer plus fortement notre Présence. En cela, peut-être le nationalisme tant affiché serait-il passé à côté de cette rivière souterraine où le désir de s'appartenir étanche sans fin sa soif. Peut-être, dans sa rage d'exister dans l'apparence, aurait-t-il perdu en chemin ce qu'il faut de distance avec l'autre pour ÊTRE soi-même. Parce qu'un conformisme inconscient a laissé enfermer la Culture dans un wagon plombé, en route vers un ethnocide sournois, mais implacable, à la traîne d'autres où sont ligotés isolément, l'économie, le social, le politique ou que-sais-je, qui devraient relever ensemble, interactivement, de toute l'activité et la vie humaine.

Conformisme, en effet, figé dans le discours, à côté de notre vie même, de notre parole vivante. Au fil du temps, nous nous sommes laissé à être constitués de discours. Je veux dire en cela que ce n'est plus nous qui parlons, *« c'est la parole qui parle et qui nous parle »*, sans que nous l'entendions nous-mêmes. Parce qu'il faudrait pour l'entendre que chacun sorte de son quant à soi, de son histoire personnelle, de ses blessures ou prouesses anciennes, de sa petite légende, de l'individuation. Sorte en quelque sorte du discours qui nous constitue et de sa « Communication », nous faisant *menmbiten*, tout en nous laissant croire qu'ils nous différencient.

Puisse la parole se reprendre, se redéployer, apaiser les soifs, comme cette rivière souterraine et vive d'où nous sommes nés ! Il faut, de nouveau, mais plus haut qu'hier, ces ateliers ou fabriques de futurs.

Il y a 60 ans, en dénonçant l'Assimilation, de jeunes précurseurs posaient l'affirmation d'une *« Personnalité guadeloupéenne »*. Cet acte tirait sa force politique du fait qu'il s'agissait avant tout d'un acte de différenciation culturelle, pour dire le monde à notre manière au lieu de nous en effacer. De même, *« Penser Guadeloupe »* aujourd'hui pose au fond la Culture comme matrice de toute construction d'un devenir propre, dans le monde.

Eh bien, puisque Guadeloupe n'est ni visible ni audible, c'est qu'il s'agit encore d'un pays souterrain auquel on accède en fouillant davantage, *au même endroit*, afin de faire jaillir des sources d'énergie ; afin qu'elle livre enfin le fond de son cœur et nous transmette son désir de PRESENCE... *« C'est le fonds qui manque le moins »*

Parlez-moi de Développement ! Parlez m'en... Mais avant, laissez-moi vous parler de Guadeloupe et d'avenir !

Le cinéma caribéen et amazonien d'identité francophone et créole : nouvelle économie en développement et révolution numérique

PAUL ROSELE CHIM*[1] *HDR

Paris 1-Panthéon Sorbonne Sciences Économiques, Sciences de Gestion

MINEA[2] *EA 7485 – et CREDDI-LEAD*[3] *EA 4541*

Université de Guyane et Université des Antilles

Résumé

Dans ce papier, notre objet d'étude est le film caribéen francophone et créole. Nous cherchons à effectuer une analyse de l'objet dans le cadre d'une économie en développement recevant les contrecoups de l'industrie cinématographique française et la télévision en temps de crise et sa transformation par la révolution des NTIC. Nos propos se déroulent en quatre temps : quelques rappels sur la vieille économie du cinéma de Guadeloupe, de Martinique et de Guyane, la configuration monopolistique de l'activité autour du film et la nouvelle donne avec la révolution numérique.

Nous concluons en mettant en évidence les avancées et les limites des éléments examinés.

Introduction

L'histoire économique et technique du cinéma et de la télévision aux Antilles et en Guyane est jalonnée d'événements qui marquent des changements profonds tant du point de vue des équipements que des pratiques de production. Ainsi, n'est-il pas possible de traiter de modèles filmiques, car une expérience est née dans ce domaine. Cette dernière révèle des cinéastes et des téléastes qui font évoluer le film de ces régions d'identité francophone et créole à travers un cheminement marqué par la crise et la révolution technique et technologique. Celle de la période contemporaine est relative au numérique.

---

[1] *Directeur d'études doctorales, les travaux de recherches de l'auteur portent sur les dynamiques industrielles internationales de développement, l'intelligence économique et l'industrie culturelle. Il est qualifié Professeur des universités par le CNU sous le n° 1510 50 85047.*

[2] *Migrations Interculturalités et Education en Amazonie.*

[3] *Centre de Recherches en Economie, Droit du Développement Insulaire –Laboratoire d'Economie Appliquée au Développement*

Quelques rappels sur la vieille économie du cinéma et de la télévision de Guadeloupe, Martinique et Guyane

Du point de vue de la recherche économique appliquée à l'industrie culturelle, les données qui suivent aident à traduire la configuration du cinéma et de la télévision entre 1960 et 1980, période de forts mouvements sociaux. (ROSELE CHIM)(2003)(2006)(2008).

La période ainsi soulignée est marquée par une forte fréquentation du cinéma en salles dans la quasi-totalité des communes disposant de plus d'une salle en moyenne.

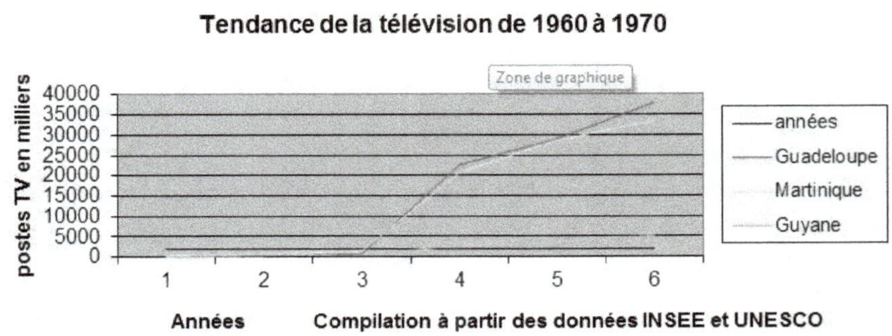

La structure du marché de la télévision entre 1960 et 1970 rend compte du retentissement des événements sociaux sur l'opinion. Bien que ne couvrant pas toutes les populations, la télévision a été le média massif. La petitesse des marchés a joué un rôle inverse sur la sélectivité. Entre 1970 et 1975, la croissance s'amplifie. Le téléspectateur citoyen-électeur fait de la télévision le média roi aux Antilles et en Guyane.

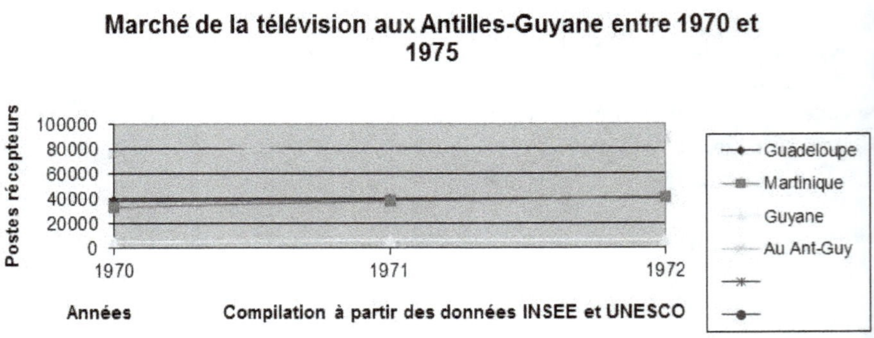

Concernant le cinéma, entre 1960 et 1975, la Guadeloupe et la Martinique sont des pays relativement bien équipés en salles de cinéma. En 1967, plus précisément, et jusqu'à 1974, la population totale reste respectivement autour de 328400 habitants, 328566 habitants. 67 % des habitants de la Guadeloupe vivent dans des agglomérations. 13 communes sur 34 sont équipées en salles de cinéma. La population cinématographique couvre 194063 habitants. Le taux de fréquentation est de 3,8. Par comparaison, la France Métropolitaine présente un taux de 3,5. Un double déséquilibre marque la structure de l'exploitation cinématographique. D'un côté, l'attraction de Pointe-à-Pitre et Basse-Terre active un déséquilibre territorial. L'offre agglomérée en termes de salles correspond à un ratio de 5,7 en termes de fréquentation. De l'autre, les salles des communes sont mal équipées pour la plupart, et certaines ont une activité sporadique. Toutefois, ce taux de fréquentation reste significatif, c'est-à-dire 9,2.

Ce qui est important à travers ces données, ce n'est pas tant le niveau des indicateurs pour exposer la configuration du cinéma en salles de la période étudiée, mais c'est plutôt d'attirer l'attention sur le fait que la population s'intéresse au modèle de vie de la modernité des pays industrialisés, les événements sociaux étant considérés comme secondaires.

Si l'on jette un regard sur la Martinique et la Guyane durant la même période, des événements assez similaires d'importance comme les grèves ouvrières réprimées sont mis au second plan de manière médiatique. Les indicateurs sont significatifs. 57 % de la population de la Martinique vit dans les agglomérations. 17 communes sur 34 sont équipées en salles de cinéma. La couverture cinématographique touche 271743 habitants. Le ratio de fréquentation est de 8,8. La situation de la Guyane est similaire. Bien que ce pays soit plutôt forestier, 66 % de la population habite en ville. Les salles sont concentrées à Cayenne et à Saint-Laurent-du-Maroni.

Taille du marché du cinéma aux Antilles et en Guyane avant 1975

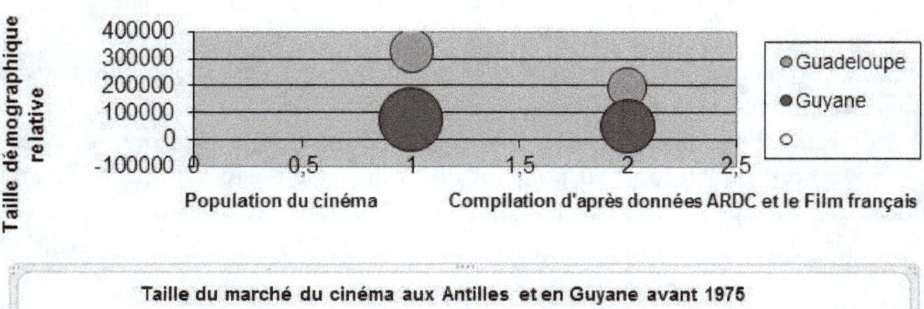

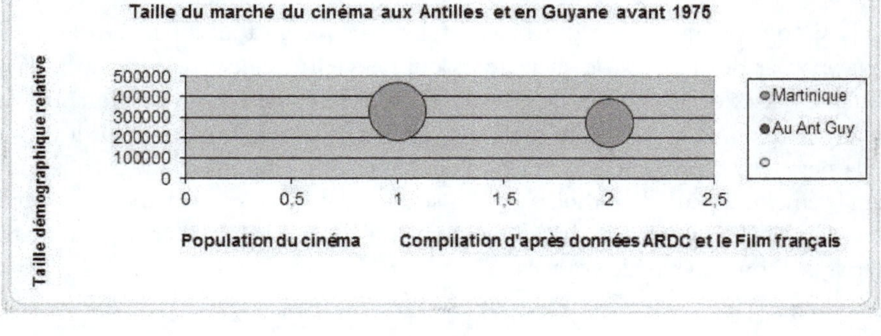

La nouvelle économie antillo-guyanaise du cinéma et de la télévision et la révolution des NTIC

Le ressenti des images et du son des Antilles et de la Guyane à l'origine du redéploiement de l'attractivité du cinéma et de la télévision

Dans les années 2010, la révolution numérique a bouleversé l'ordre ancien. La Guyane, la Guadeloupe et la Martinique constituant communément « l'espace francophone et créolophone de la Caraïbe », connaissaient un développement paradoxalement difficile du film alors que ce sont des pays intégrés à un ensemble internationalement dominant au niveau de l'industrie cinématographique. Au stade du balbutiement dans le domaine du cinéma à la fin des années 1970, ces territoires connaissent actuellement un essor que l'on pourrait qualifier d'éveil avancé, avec le retour des techniciens et réalisateurs confirmés, ainsi que des jeunes producteurs qui ont pris conscience des enjeux, et qui acceptent de prendre des risques, malgré les difficultés multiples qu'ils rencontrent.

Le cinéma ne se fait plus sans bruit. On entend beaucoup plus souvent « *silence, on tourne* », la phrase magique qui a toujours fait de l'effet sur l'équipe, les badauds, ainsi que les touristes.

La population commence à s'intéresser à cette nouvelle actualité qui peut changer la donne.

En effet, les sites des Antilles et de la Guyane se prêtent tout à fait à des plateaux naturels et patrimoniaux, car ils sont réputés pour leur beauté à couper le souffle selon certains réalisateurs étrangers, et font partie des lieux où s'arrête le temps. La population n'en est que trop ravie et essaie autant que faire se peut d'adapter ses conceptions aux nouvelles donnes structurelles.

Les producteurs et les touristes ont besoin de sites enchanteurs, jardins fleuris, maisons avec vues imprenables. Ces lieux et accessoires peuvent être loués, d'où de nouvelles possibilités de revenus pour la population qui s'associe aux équipes en qualité de figurants ou autres.

L'objectif de la caméra comme l'œil charmé du touriste s'en réjouit. Les lieux, les décors sont transformés au bonheur des touristes en lieux d'intrigues en tous genres, en champs de bataille. L'exportation des films réalisés avec des acteurs confirmés verrait un flux important de touristes désireux de connaître les territoires filmés.

Les longs métrages bien distribués, et à succès jouent tout à fait ce rôle, car ils sont vus par des milliers de spectateurs qui peuvent décider par la suite de venir visiter les lieux de réalisation de ces films. Les acteurs de renom ont toujours fait rêver plus d'un, et le fanatisme pousse, on le sait, à imiter, à marcher sur les traces de la personne convoitée. Partout où l'on a assisté aux tournages de grands films, parallèlement, le taux de remplissage des structures hôtelières a augmenté de façon considérable. Le discours cinématographique est construit pour les marchés urbains grands consommateurs de voyages.

L'équipe extérieure de tournage en parle à son retour, et contribue aussi à ces éventuelles venues de touristes qui sont directement liées au cinéma et à la télévision.

La Guadeloupe et la Martinique n'ont pas encore reçu d'équipes réalisant de grands films d'acteurs américains sauf Saint-Martin pour « *Speed 2* ». L'île de la Dominique a eu l'opportunité de recevoir le tournage du blockbuster de « *Pirate des Caraïbes 2 et 3* » avec Johnny Deep. Cependant, la Guyane reçoit de plus en plus des équipes de tournage d'une certaine taille comme celle du film « *L'orpailleur* » ou « *500 kilos d'or* », l'un marqué par le genre néoréaliste tiers-mondiste, l'autre influencé par le style des marchés du film hollywoodien de catégorie B.

Les retombées sont énormes du point de vue de la connaissance des lieux, et du point de vue économique en termes d'attractivité touristique. Celle de la Dominique a doublé sur 3 ans. Celle des territoires francophones de la Caraïbe et de l'Amazonie a augmenté de manière significative. Un nouveau complexe de 6 salles à Cayenne dénommé « Agora » active la consommation cinématographique. Ce dispositif renforce l'exploitation cinématographique des Antilles et de la Guyane composée désormais du Rex (Guadeloupe), Madiana (Martinique), Agora(Guyane), auquel s'ajoute le sous-système (les villes moyennes comme Basse-Terre, Saint-Laurent et les Centres Culturels). Et, l'innovation marquante est la construction et l'ouverture en 2017 de la cité Cinéstar en Guadeloupe sur le territoire de la ville des Abymes, gigantesque complexe de salles de cinéma, une usine de la distribution-exploitation mondiale du film.

Dans le domaine de la formation, l'espace des Antilles et de la Guyane connaît des initiatives ou des expériences à risques menées certes difficilement, mais qui témoignent d'un essai de construction de branches d'activités. Sur une décennie, le développement de formations au cinéma et à l'audiovisuel dans les écoles et les lycées a été significatif. L'exemple illustratif est le développement du BTS Audiovisuel au Lycée de Pointe-Noire avec 5 options. En effet 5 métiers sont en apprentissage sur un ensemble d'équipements professionnels. En février 2017, le label de Campus des métiers du Cinéma et de l'Audiovisuel y est délivré. Les universités de Guyane comme des Antilles sont aux prises avec le développement de formations techniques de l'image et du son. Il s'agit de la mise en place de véritables formations de cinéma, d'audiovisuel[4] et de projets d'industrie culturelle pour répondre aux besoins d'une économie du secteur culturel prometteuse en matière d'emplois. Qui plus est, après de longues périodes de discussion dans les disciplines, des chercheurs se lancent dans des programmes d'études et de recherches en Économie de la Culture, particulièrement « *Les études d'économie et de techniques cinématographiques et audiovisuelles* » (Roselé-Chim)(2003), « *La culture et le tourisme* » (Raboteur et Roselé-Chim). On observera que des tentatives d'analyse sont lancées sur le thème du « *développement et de la musique* » (Maurin). La *première*

[4] *Des enseignements libres d'études cinématographiques et audiovisuelles sont dispensés sur les campus de Guyane et de Martinique.*

école[5] *de cinéma* a été créée en 1989 en Guadeloupe (Roselé-Chim et Saint-Ville)(2010). Elle précède l'apparition des festivals du film tels « *Aux Arts Citoyens* » (René Corail Lydia)(1994), « *Femi* » (Fély Sédecias)(1997).

Cependant, toutes ces expériences sont confrontées au manque de soutien face à un marché contraignant, car il s'agit plutôt d'activités d'industrie culturelle que de politique sociale. La faiblesse de la politique culturelle en la matière conduit à l'avortement de celles-ci, à titre d'exemples l'arrêt du festival « *Aux Arts Citoyens* » ou la mise en stand by de *l'ISFCA (Institut Supérieur de Formation Cinématographique et Audiovisuelle)*, une école privée.

Au niveau institutionnel, force est de souligner le développement de manifestations autour du cinéma documentaire « *Le mois du film documentaire* » et les émissions de présentations télévisuelles de plus en plus régulières sur les cinéastes régionaux. Cela démontre une montée en puissance de l'image des territoires qui rendent plus dynamiques les déplacements des visiteurs. Un bureau régional des tournages du film a été mis en place à la Région Guadeloupe depuis le milieu des années 2000. Sa dynamique est conduite par des réalisateurs comme Tony Coco-Viloin ou des administrateurs de la culture comme Nina Gelabale, Nora Dumont. Ce bureau pourrait être un outil de politique volontariste pour le cinéma et l'audiovisuel, c'est-à-dire un soutien logistique et financier aux productions cinématographiques et audiovisuelles.

De même en Guyane, la tendance est similaire. À la collectivité territoriale, un service avec Elisabeth LAMA active les formations sur le cinéma, l'audiovisuel, les projets culturels et le patrimoine.

Toutefois, nous pouvons souligner que de nombreux courts métrages sont réalisés dans les territoires concernés, mais ceux-ci ne sont pas diffusés dans des salles de cinéma où l'on rencontre un public plus large. Ces films ne sont projetés que pendant les festivals d'importance c'est-à-dire au *FEMI*, au « *film de court Antilles-Guyane* » ou moindres comme « *le mois du documentaire* », « *terra festival* », le « *Fesfieco, festival de films d'écoles* ».

La télévision (« *le Réseau 1ère, la Une, Canal 10* ») diffuse peu les courts métrages souvent pour des raisons de qualité technique. Le marché de la diffusion de l'Outre-mer français et francophone présente une demande très élevée qui reste loin d'être satisfaite par les producteurs et les distributeurs des régions. Les retombées en termes d'images et d'attractivité touristique ne sont pas suffisamment exploitées.

La problématique vient toujours du fait que la diffusion du film s'adresse à un public vaste. Pour les courts ou les longs métrages, c'est le réseau de territoires qui leur permet d'exister. Le marché du film existe bel et bien.

[5] *ISFCA Institut Supérieure de Formation Cinématographique et Audiovisuelle, fondateur Paul Roselé-Chim et Marie Félix Saint-Ville.*

Quelques exemples d'activités

L'une des premières actions spectaculaires en ce sens, est l'opération « *One short, one movie* » qui s'est déroulée du 12 janvier au 8 février 2009 en Guadeloupe.

8 réalisateurs dont 2 de la Guadeloupe, 2 de la Réunion, 2 de la Nouvelle-Calédonie, 2 de Marseille ont participé à l'écriture de 8 scénarios et réalisé 8 courts métrages « *tournés montés* » avec la participation de 3 producteurs : 2 de la Guadeloupe, « *Sky prod* » et « *Kontras pro* » et « *Tita production* » de Marseille.

Ces films réalisés dans des conditions très difficiles durant les mouvements sociaux du LKP (*Lyannaj Kont Pwofitasyon*) ont été diffusés aux festivals suivants : « *Clermont-Ferrand, Fémi en Guadeloupe, Cannes, Fespaco en Afrique, à Ouagadougou, Fesfieco en Guadeloupe* ». D'autres propositions ont suivi, ce qui a joué en faveur de l'image du « *Pays Guadeloupe* » en termes médiatique et touristique. En effet, les films et les téléfilms tournés sur un territoire constituent pour celui-ci, un puissant vecteur de promotion touristique.

L'analyse statistique et les enquêtes effectuées sur une longue période, en l'occurrence de 1996 à 2016 sur cet objet d'étude dans le cadre du CREDDI-LEAD EA 4541 confortent l'idée que l'impact du cinéma caribéen francophone et créole à l'étranger, à l'exemple de Montréal est de l'ordre de 2/3 sur les visiteurs étrangers. Cela signifie que ces visiteurs qui viennent en Guadeloupe, Martinique et Guyane ont été influencés par les images de ces territoires dans les 3 ans précédant leur déplacement. C'est la raison pour laquelle, nous pouvons affirmer à l'intention des autorités locales, qu'il y a une impérieuse nécessité d'investir activement et d'inciter à la production de « *movie-maps* » ou à l'organisation d'éductours pour l'exportation de belles images. Cette approche met en évidence les synergies possibles dans les 2 domaines que sont le cinéma et le tourisme.

En Guadeloupe, Guyane et Martinique, des efforts sont nécessaires dans plusieurs domaines pour réaliser une telle synergie. Ils devront passer par :

1) La formation des jeunes
2) Le financement des films
3) L'accompagnement pendant les tournages
4) La prise en compte de l'image filmée sous toutes ses formes dans les projets touristiques

La formation

Le cinéma et l'audiovisuel forment une discipline qui requiert un certain nombre de qualités et de savoir-faire. Ils sont nécessaires pour que tous les corps de métiers qui concourent à l'élaboration d'un film soient connus et maîtrisés. Toujours une histoire à raconter, toujours un film comme l'affirme la devise de l'ISFCA- l'école du film, cela laisse à penser que l'écriture occupe une place importante dans l'élaboration du film. Cette écriture retranscrite sous forme de scénario puis en découpage technique permettra au réalisateur de transformer de façon artistique, et, avec des moyens techniques l'histoire en film.

Le financement des films

L'activité de production est tributaire du financement, de la distribution et de la diffusion des films sur tous les marchés. La législation de l'industrie cinématographique française devrait faciliter et renforcer la relance du développement du film des Outre-mer, singulièrement l'espace Amérique Francophone. Pour bénéficier des avantages du cinéma français, il faut assouplir les dispositifs concernant les sociétés de production des régions des Antilles et de la Guyane pour le registre du commerce en France Métropolitaine. Cette situation pourrait corriger et placer la Guyane, la Martinique et la Guadeloupe dans un meilleur champ de l'industrie nationale du film. Sur ce plan, les parlementaires de ces régions devraient soumettre un programme de travail au gouvernement pour que soit élaboré un plan de relance visant au développement de l'industrie cinématographique dans ces contrées.

Depuis le 1er janvier 2017, la résolution de l'application de la TSA (taxe spéciale additionnelle) aux Antilles et en Guyane serait susceptible de déclencher de meilleures motivations pour les cinéastes. Celle-ci annonce aussi de nouvelles négociations quant à la distribution des films d'identité antillaise ou guyanaise dans le marché régional. Leurs auteurs considèrent que compte tenu de leur taille, les longs métrages devraient être renégociés. Cependant, nous rappellerons que l'équilibre économique des structures de l'exploitation régionale est une pierre de touche de l'industrie mondiale. Faute de trop fortes exigences peu compétitives, les activités de production de films en développement risqueraient de ne pas être durables.

L'accompagnement pendant les tournages

Toute production cinématographique constitue un chantier où se déroulent des métiers et des activités annexes. Les éléments constituant celui-ci font l'objet de visites et d'animations. Les lieux de tournage développent la curiosité, le mythe, la valeur ajoutée liée à la mise en scène des valeurs des créatifs. L'attractivité touristique y prend sa source et fait du territoire concerné, une destination à visiter : le touriste vient découvrir les lieux où on tourne les films.

Un projet touristique autour du film

En fait, les films de fiction reflètent avec beaucoup de simplicité la vie quotidienne et les rêves des peuples. En ce sens, les pensées et les pratiques développées conduisent à une certaine reconnaissance extérieure d'une aire culturelle. La concentration spatiale des activités d'industrie culturelle et touristique se retrouve dans tous les pays. Les raisons explicatives sont nombreuses :

- La première, c'est l'existence d'une tradition qui montre qu'un produit est né. Le film antillais ou guyanais existe bel et bien. C'est un film francophone et créole. Le marché de la francophonie est international.

- La seconde, c'est la politique économique culturelle. Certains pays de la Caraïbe ont appliqué des politiques dont le but était de faire émerger une production culturelle nationale face à Hollywood. Ainsi, n'ont-ils pas mis en place les infrastructures et les équipements nécessaires. De même, un cadre administratif de mesures incitatives à la production n'a-t-il pas été conçu.

- La troisième tient à l'opportunité. Elle s'explique par la prise de conscience de l'intérêt économique que représente un choix de développement. Ainsi, on pourra observer que l'orientation touristique relève la nécessité d'activités performantes d'industrie culturelle. L'identité culturelle suscite la curiosité. Elle intervient dans les facteurs psychosociologiques de la demande touristique. Les forts contingents de touristes viennent des grosses agglomérations urbaines. Le langage cinématographique est conçu pour le plus grand nombre en référence à l'urbanité des grandes métropoles internationales.

- La quatrième raison met en évidence les ressources tant sur le plan culturel, naturel, humain que sur le plan financier. Ce sont des dotations factorielles exploitables. Elles demandent une observation minutieuse pour effectuer un choix rationnel : l'importance des sites naturels, la possibilité d'installer des infrastructures et des équipements, l'absence d'obstacles aux relations d'échange et de réseau pour une bonne localisation des activités.

Néanmoins, l'élément déterminant de la dynamique d'industrie culturelle et de l'attractivité touristique reste la volonté politique locale, la persévérance et la détermination d'hommes d'action (élus politiques, membres de gouvernement, universitaires, etc.). La création, et donc, l'existence de « *Bureaux de tournages ou de services axés sur le cinéma et l'audiovisuel* » dans les collectivités locales des Antilles et de la Guyane peut être interprétée comme la manifestation de l'éveil d'une volonté politique en la matière.

L'expérience d'une école du film en Guadeloupe : l'ISFCA

L'ISFCA « *Institut Supérieur de Formation Cinématographique et Audiovisuelle* » est une école de cinéma résultant de la transformation d'une école de publicité et de communication. Créée en 1989, elle a dispensé la formation dans le domaine des métiers de l'industrie du film afin de contribuer à la création et au développement de la production filmique endogène aux Antilles et en Guyane. Elle met ses activités en « *stand by* » suite aux mouvements sociaux de 2009[6]

L'ISFCA a formé des "*vagues de jeunes cinéastes et téléastes*" des Antilles et de la Guyane. Le domaine des pratiques recouvre celui du film : film de communication, film de cinéma, film de télévision, film de publicité.

[6] *Les mouvements sociaux du LKP de 2009 ont concerné toute la Guadeloupe.*

La 1re période 1989-1999 a marqué la montée en puissance de la formation en publicité et communication. Les images de publicité ont produit deux effets dans la construction de la valeur ajoutée-image des territoires des Antilles et de la Guyane :

- Le premier effet met en évidence une création publicitaire portant l'accent sur la créativité cinématographique purement tropicale. Les films sont longs, souvent excédant 35 secondes. Les effets artistiques sont de grande qualité. Ils rendent les territoires très attrayants. A titre d'exemple, il est important d'attirer l'attention sur les films de publicité mettant en valeur les yaourts Yoplait et Danone, le fromage Camembert Roitelet, Jarry Cash, Canada Dry. L'identité couleur locale est exploitée par les agences publicitaires Publicis, Papaye BDDP et autres pour rendre les produits attrayants et les rapprocher du marché.

- Le second effet est relatif à une création publicitaire courte, où les films publicitaires n'excédaient pas 22 secondes. Les films furent réduits de moitié pour baisser les coûts de production et faire de l'efficacité de très court terme correspondant à l'impact du produit sur les segments de consommateurs. Il est important d'observer que ce changement d'orientation a réduit l'activité de production de films publicitaires. Tout en ne portant pas atteinte à la qualité de la valeur artistique en termes de mise en scène esthétique, la valeur ajoutée sera réduite à cause de la baisse du volume d'activités.

Toutefois, il est important de souligner, la croissance de la production de films institutionnels à cause d'une demande locale pour la communication sur les problèmes de société : accidents de la route, la lutte contre l'alcoolisme, la drogue, la délinquance, la violence conjugale et l'environnement. En fait, ces films de communication mettent en évidence des aspects négatifs de la société. Ils ne produisent pas un effet systématique vers l'attractivité des territoires.

L'ISFCA a connu d'intenses activités dans le domaine de la production de films de publicité durant cette période qui ont fait l'objet d'organisation de festivals tel le «*festipub*», sorte de nuit de la publicité au cours de laquelle l'on pouvait projeter les films de pub réalisés par toutes les agences de Guadeloupe, de Martinique et de Guyane. La valorisation a été souvent relayée en France par le CNAP (Centre National des Archives de la Publicité) devenu Maison de la Pub aujourd'hui. Ce réseau a permis de porter à l'étranger la création publicitaire de la Guadeloupe.

La 2e période 1999-2009 est une période de développement, de spécialisation dans la formation et la production de films cinématographiques et audiovisuels purs et de recherches et d'études de l'objet cinéma-télévision. L'objectif a été non seulement de répondre au besoin de formation et de production, mais d'études et de pensées en la matière. Car, à notre connaissance, les travaux de recherches filmiques dans le champ culturel sont restés jusqu'à présent rares. Les réalisations des cinéastes de Guadeloupe, Martinique et Guyane, souvent méconnues couraient le risque de tomber dans l'oubli. La nécessité de développer des travaux sur l'histoire, la sociologie et l'économie du cinéma pour satisfaire le besoin d'enseignement a montré qu'il était question d'un enjeu dans le cheminement de la valorisation et de la mise en scène de la valeur ajoutée-image pour l'attractivité de ces territoires.

En termes de classification dans l'histoire du cinéma antillais et guyanais, force est de mettre en évidence les approches filmiques qui constituent des modèles d'inspiration à la créativité :

- La Guadeloupe présente une attractivité d'image de quatre ordres à savoir, les films décors, les films maldororiens, les films développementistes et les films de fiction.

Les films décors proviennent des photographes qui investissent le patrimoine naturel et culturel. Il s'agit de vrais films touristiques. Les films maldororiens affichent un discours tiers-mondiste et s'insèrent dans le champ international. Les films développementistes sont d'inspiration néo-réaliste. Les films de fiction ou cinéma commercial correspondent à un cinéma populaire qui forme des vitrines suscitant la reconnaissance internationale de l'attractivité des territoires.

- La Martinique avance une attractivité d'image de deux ordres : l'approche tiers-mondiste et le film de fiction ou cinéma populaire. La première approche est fondamentalement axée sur les problèmes socioculturels du développement. La seconde provient des littéraires et montre les relations que les créateurs entretiennent avec leur territoire.

- La Guyane a fait son apparition dans le cinéma à travers les films décors pour mettre en scène les valeurs patrimoniales. Ces dernières et le tourisme se sont développés à partir des ressources naturelles et environnementales. Par nécessité, en s'intéressant aux problèmes de développement, les auteurs ont affirmé deux orientations filmiques : les films historiques et les films critiques militants.

Relativement aux différents courants ou modèles filmiques qui apparaissent dans le cinéma antillais et guyanais, l'ISFCA a produit de nombreux films de courts métrages et moyens métrages. Entre 2000 et 2009, le nombre de réalisations a été de 27 films courts métrages et 3 moyens métrages. 37 collaborations d'entreprises variées du domaine cinématographique et audiovisuel ont concouru à son activité. L'on pourra souligner que les plus grands films tournés aux Antilles-Guyane ont accueilli les stagiaires de l'ISFCA à savoir « *Tèt gréné* » de Christian Grandman du groupe *Athénaïse Production (Montreuil)*, « *Nèg mawon* » du groupe *Mat Films* de Mathieu Kassovitz et surtout « *1802 l'épopée guadeloupéenne* » de Caraïbe Production de Christian Lara.

Tableau n°1 : Nombre d'élèves formés de 1997 à 2009

Formations	Quantité
BTS	35
Cycle d'études cinématographiques	16
Réalisation vidéos	5
Écriture de scénarios	5
Photoshop (retouches images)	7
Maquillage	2
Total	70

Sources : archives ISFCA

Tableau n° 2 : Résultat net simplifié d'activité de 1997 à 2009

Poste de résultats	résultats
Chiffre d'affaires	201 050,00 €
Réinvestissement	7155,00
Pertes	60 000,00 €
Résultat d'exercice net cumulé	133 895,00 €

Sources : archives ISFCA

Tableau n° 3 Réalisations de 1997 à 2009

Elèves présentés au BTS Audiovisuel en France Métropolitaine	12
Elèves ayant obtenu le BTS après leur 2e présentation à l'examen en France Métropolitaine	5
Elèves formés et travaillant dans l'audiovisuel et le secteur culturel	28
Festivals réalisés	Festipub (films de publicité), Fesfieco (Films d'école)
Participation festivals antérieurs	Festival Images Caraïbe (Martinique) Festival Aux Arts Citoyens (Guadeloupe)
Participation festival (annuel)	Festival International du film de la Guadeloupe (FEMI)

Sources : archives ISFCA

La grande transformation entre 1980 et 2017

La région Caraïbe aborde une nouvelle phase de son développement dans laquelle les NTIC jouent un rôle comme celui des chemins de fer qui accentuaient au 19e siècle l'arrivée des produits pour l'exportation. On observe qu'internet constitue le cœur et le carrefour de la mutation en cours. Les effets bénéfiques des NTIC en termes de « *renouveau du cinéma et de la télévision régionale* » interviennent dans un contexte plutôt favorable.

Le cinéma et la télévision constituent une industrie de prototypes. Il s'agit comme pour le logiciel, de produits dont le coût marginal de reproduction ou de rediffusion est négligeable par rapport au coût de production. La production est donc « *à coût fixe* ». L'équilibre du marché obéit aux lois de la concurrence monopolistique. Le renouveau du cinéma et de la télévision régionale est d'ordre technique et économique car l'offre est structurante. D'où quatre orientations ordonnant le nouveau développement :

- La différenciation de l'offre de programme et l'amélioration qualitative de l'image et du son grâce aux techniques numériques.
- La programmation individualisée, l'interactivité et la diversification de l'offre.
- L'offre de vidéo-services, l'hybridation des images et des sources d'information, l'association son-images.

-Le développement quantitatif des programmes et des chaînes, la segmentation du marché.

De 1980 à 2004, trois générations sont visibles : la génération télé (*les installés*), la génération jeu vidéo (*les joueurs*) et la génération internet multimédia (*les communicateurs*). Le téléviseur numérique se présente comme un terminal d'accès à des services divers par connexion à des banques d'images ou à des sources documentaires. Le péage s'est développé avec l'abonnement, le cryptage par voie hertzienne, le satellite ou le réseau câblé. L'audiovisuel correspond à une « *économie de compteurs* » avec paiement à la consommation comme pour l'électricité, l'eau ou le téléphone. En qualité d'industrie à coût fixe, son développement est lié à l'extension de sa distribution. Cette industrie peut multiplier les marchés de diffusion des films, car elle détient la clé d'entrée dans le foyer, l'observation des choix du consommateur de films qui est le client final.

La nouvelle économie antillo-guyanaise du cinéma et de la télévision

Le nouveau modèle télévisuel est généré par la révolution numérique terrestre qui met à disposition des ménages dans la région française de l'Amérique 9 chaînes de télévision. Ce modèle présente cinq caractéristiques :

- Il est ouvert, accessible pour le télévisionnaire. La surface télévisuelle est plus vaste que celui du vieux modèle.
- La fiscalité télévisuelle est assise sur les foyers installés.
- Le marché présente un nombre croissant, voire illimité de chaînes TV en accession libre.
- Le marché TV est segmenté de façon illimitée.
- L'offre technique conduit à l'optimisation de la consommation TV.

De manière comparative, force est d'observer que le vieux modèle TV de la région française de l'Amérique est restreint tant sur le plan qualitatif que quantitatif. Trois chaînes de télévision couvrent 3 pays pour un volume de 3285 films. La surface télévisuelle avoisine 265432 consommateurs, ce qui correspond à 0,53 point télévision.

Concernant le vieux modèle cinéma de la dite région, le nombre de films est 2132 pour un volume de 42 salles et une surface de cinéphiles correspondant à 3 449 267, ce qui correspond à un indicateur de fréquentation de 13,7. D'où une télévision moins accessible par le fait que le modèle d'accumulation intensive en capital tarde à accomplir ses effets en termes d'équipement des ménages en machines culturelles. Le cinéma demeure la distraction la plus accessible au plus grand nombre.

Tableau n°4 Simulation du vieux modèle TV Région France Amazonie-Caraïbe

Pays	TV vieille économie	Surface TV	Films
Guyane	1	19672	1095
Guadeloupe	1	122944	1095
Martinique	1	122816	1095
Synthèse TV France Amazonie-Caraïbe	3	265432	3285

***Sources** : calculs, enquêtes et données récoltées CREDDI-LEAD EA 4541 Guyane 2017*

Tableau n°5 Simulation du vieux modèle Cinéma Région France Amazonie-Caraïbe

Pays	Cinéma vieille économie	Surface cinéma	Films
Guyane	9	5420000	156
Guadeloupe	18	1200267	936
Martinique	20	1707000	1040
Synthèse Cinéma France Amazonie-Caraïbe	47	3449267	2132

***Sources** : calculs, enquêtes et données récoltées CREDDI-LEAD EA 4541 Guyane 2017*

La nouvelle économie révèle la montée en puissance de la norme de la télévision numérique terrestre (TNT). Le nombre de chaînes est nettement plus élevé. De surcroît, la surface télévisuelle évolue de même que le nombre de films diffusés. Ce nouveau modèle confirme le renouveau de l'industrie française du film par le dépassement de la crise et la transformation au sens de l'industrie des images et du son. En moyenne, la surface télévisuelle calculée correspond à 1,07 point télévision. Le nombre de films atteint 27664. Par rapport au modèle cinéma, le rapport est inversé relativement à la vieille économie. La surface cinématographique calculée est de l'ordre de 8,7, car le nombre de cinéphiles a diminué atteignant 2190000. De même les films diffusés sont moindres, un montant de 1560, suite à la fermeture de salles.

Tableau n°6 Simulation du nouveau modèle
TV Région France Amazonie-Caraïbe

Pays	TV nouvelle économie	Surface TV	Films
Guyane	3 19 (9)	110000	4368 27664
Guadeloupe	5 19 (9)	225000	7280 27664
Martinique	4 19 (9)	200000	5824 27664
Synthèse TV France Amazonie-Caraïbe	12 19 (9)	535000	17472 27664

***Sources** : calculs, enquêtes et données récoltées CREDD-LEAD EA 4541 Guyane, 2017*

Tableau n°7 Simulation du vieux modèle
Cinéma Région France Amazonie-Caraïbe

Pays	Cinéma nouvelle économie	Surface cinéma	Films
Guyane	5	365000	260
Guadeloupe	10	730000	520
Martinique	15	1095000	780
Synthèse Cinéma France Amazonie-Caraïbe	30	2190000	1560

***Sources** : calculs, enquêtes et données récoltées CREDDI-LEAD EA 4541 Guyane, 2017*

Il est important d'observer que les effets de la transformation industrielle sont très significatifs en termes de productivité. Dans la révolution numérique, la production et la diffusion de films sont plus intenses dans l'espace français Amazonie-Caraïbe. L'on peut compter en moyenne 19032 films de France métropolitaine de grande accessibilité par an. Ce contexte invite à examiner la nouvelle donne financière de la production de films et l'insertion internationale des Antilles et de la Guyane.

Tableau n°8 Donne financière de la production de films et insertion des Antilles et de la Guyane pour la période 2014-2020

Revenus en millions d'€	Genre du film	Nombre d'entrées en salles
3 à 4,4 **Segment 1**	Blockbusters (1) (Hollywood, Bollywood)	4,7 millions (USA, UE, CHINE, INDE, AUSTRALIE)
2,1 à 2,9 **Segment 2**	Comédie aventure (2) Coproduction internationale	3 – 8,3 – 5,6 – 1,5 270.000 USA UE AFRIQUE Burkina Faso, Afrique du Sud, Chine, Inde, Cuba, Venezuela, Brésil
1 à 1,2 **Segment 3**	Comédie dramatique (3) Coproduction nationale	780.000- 95.000 (Antilles et Guyane) 730.000 (Antilles et Guyane) – 1.050.000 (France)
2000.000€ à 950.000€ **Segment 4**	Intimiste, auteur (4) Monographie (4) Documentaire (4)	148.000 - 203.000 (Antilles et Guyane 320.000 – 873.000 (Antilles et Guyane) (Outre-mer Français)

***Sources** : calculs, enquêtes et données récoltées de Paul Roselé- Chim*
CREDDI-LEAD EA 4541 Guyane d'après CNC 2017

Relativement aux données des tableaux 6, 7 et 8, nous pouvons observer l'émergence de l'espace des Antilles et de la Guyane du cinéma en qualité d'un marché régional ayant atteint une taille critique permettant de développer un cinéma d'identité francophone et créole soutenable dans les deux derniers segments du marché mondial.

Conclusion

Nous avons voulu par cette étude, mener une lecture de l'économie du cinéma et de la télévision en très longue période de manière à traduire la dynamique d'évolution des activités d'industrie culturelle dans l'espace français d'Amérique. Il s'avère toutefois impossible de faire abstraction des aspects relatifs aux identités de la zone Amazonie-Caraïbe aux périodes qui sont charnières dans le développement du film de ces contrées.

Trois éléments fondamentaux pourraient être déduits :

- D'abord, le cinéma et la télévision ont apporté un mode de diffusion d'un modèle de vie élevé dans une région en quête de développement. Cette industrie a changé radicalement la société qui a observé en longue période une forte croissance et un développement.

- Ensuite, le cinéma et la télévision ont inséré les sociétés antillaises et guyanaises dans une conjoncture de système-éponge relayant un mode de développement consumériste. En qualité d'instrument industriel de diffusion massive des images, peu productiviste, sur le plan idéologique, une certaine vision du monde est générée. Face à une industrie idéologique, il est nécessaire pour l'humain de savoir se mettre à distance par une vision critique et analytique des images.

- Durant la période de 1960 à 1980 pendant laquelle les luttes sociales ont été intenses, les tendances mises en évidence ont annoncé l'inflation des signes, l'indifférenciation des contenus et l'impérialisme de la médiatique. L'effet boulimique de la consommation aurait influencé le regard des ménages au point de l'anesthésier durant la période contemporaine.

- Enfin, la révolution numérique permet l'affirmation d'une nouvelle économie du film dans le contexte d'une industrie d'imbrication. Les années 2010 marquent une profusion de la production de films de Guadeloupe, Martinique et Guyane à un coût relativement accessible comme *«Le bonheur d'Elza (2011)» de* Mariette Monpierre, correspondant à l'insertion internationale de ces territoires dans le marché mondial. Car, des initiatives ont été développées pour contourner le vide réglementaire de l'industrie cinématographique française dans les régions d'Outremer. Les restrictions pour les films audiovisuels n'existent plus. La TSA est en passe d'être résolue pour ces territoires. Les producteurs locaux du peuvent travailler localement. Les théoriciens universitaires ont pris place. Les élèves sont déjà en formation. La production régionale de films pour le cinéma augmente, car c'est la fin des monopoles et le passage au marché de concurrence oligopolistique, d'où la montée en puissance de la TNT[7]. Seules la volonté politique locale, la persévérance et la détermination d'hommes d'action (élus politiques, membres de gouvernement, universitaires, etc.) restent à accomplir.

Références Bibliographiques

ARDC (1982) « Données statistiques sur le cinéma aux Antilles-Guyane »

BENHAMOU F. (2008) « L'économie de la culture », Éditions la Découverte, Paris.

CRETON L. (2008) « l'économie du cinéma », Éditions Armand Colin, Paris.

INSEE(1983) « Données statistiques »

GOUDINEAU Y., LEFRANC J. WALLON D. (1991) « L'audiovisuel aux Antilles-Guyane », Document de travail, Table ronde sur l'audiovisuel aux Antilles Guyane, Hôtel Méridien, Trois Ilets, Martinique.

FILM (1983) « Revue Le Film Français », Données statistiques sur le cinéma aux Antilles et en Guyane.

ROSELE CHIM P. (1999) « Strategic alliances on technological network activities : the case of European multimedia », International Conference, TEAM-CNRS, CESSEFI, Central Planing Agency, SESSI, Ministère de l'Économie des Finances et de l'Industrie, novembre, Paris.

ROSELE CHIM P. (2000) « Régulation et équilibre de l'économie du cinéma, des médias audiovisuels et de la publicité dans les DFA : la longue période 1946-1996 », Revue Études Guadeloupéennes, n° spécial hors série, les vérités difficiles, Éditions Jasor, Guadeloupe.

ROSELE CHIM P. (2001) « Renouveau économique et nouvelles technologies de l'information et de la communication dans les pays de l'OCDE », Revue Vie et Sciences Economiques, n°157-158, spécial Nouvelle Économie, Printemps, Paris.

ROSELE CHIM P. (2003) « Économie du cinéma de l'audiovisuel et de la communication », le monde caribéen et Hollywood, Éditions Publibook Université Paris.

ROSELE CHIM P. (2006) « La dynamique régionale d'industrie culturelle à travers le drôle de drame du cinéma eurocaribéen francophone et créole : Guadeloupe, Martinique, Guyane », Revue Études Guadeloupéennes, n°6, Éditions Alizés.

ROSELE CHIM P. (2008) « L'économie guyanaise : développement et déséquilibre », in « Comprendre la Guyane d'aujourd'hui », études coordonnées, Éditions Ibis Rouge, Paris.

ROSELE CHIM P. (2008) « Le cinéma et la télévision exploités : des industries en développement dans une période tourmentée : Mai 1967 », Revue Études Guadeloupéennes n°10, mai, Pointe-à-Pitre, Guadeloupe.

ROSELE CHIM P. (2008) « Pleins feux sur le cinéma caribéen », édition du FEMI 2008, Revue du 15ème Festival International du Cinéma de Guadeloupe, thème « La Grande Caraïbe ».

ROSELE CHIM P. (2009) « Le cinéma et le tourisme caribéens », Colloque CREDDI-LEAD, Beauport, décembre, Port-Louis.

ROSELE CHIM P. (2009) « Notes de cours Enseignements Libres : Etudes Cinématographiques, IES-Guyane LS2 et LS4 », Campus de Saint Denis, Cayenne, Guyane Française.

---

[7] *Télévision Numérique Terrestre.*

ROSELE CHIM P., SAINT-VILLE M.-F. (2010) « Expérience conjointe du développement de l'ISFCA Guadeloupe-France », Document Interne ISFCA, Paris.

ROSELE CHIM P. (2011) « Essai d'analyse multi-variée de la dynamique de la culture en Guyane française », Éditions Ibis Rouge, Paris

ROSELE CHIM P., SAINT-VILLE M.-F. (2014) « Le cinéma et le tourisme caribéens : attractivité et valeur ajoutée dans le développement des territoires », in « Les défis du développement du tourisme et l'intelligence économique des territoires », Edition EPU, Paris, France.

ROSELE CHIM P. (2016) « Le film caribéen francophone et créole : nouvelle économie en développement et révolution numérique », Working papers, Colloque CESE, 17 novembre 2016, Macte, Pointe-à-Pitre, Guadeloupe.

ROSELE CHIM P. (2017) « Données cinématographique et télévision », Working papers, CREDDI-LEAD EA 4541 Guyane, Université de Guyane.

SEDECIAS F. (1997) « Festival FEMI », femme et cinéma, Pointe-à-Pitre, Guadeloupe.

SERVA R. (2000), « Quel avenir pour notre passé ? », Revue Études Guadeloupéennes, n° Hors Série, décembre, Pointe-à-Pitre, Guadeloupe.

UNESCO (1982), « Yearbook statistical »

Développement et compétitivité des entreprises par l'usage des Nouvelles Technologies de l'Information et de la Communication : le cas des très petites entreprises (TPE) en Guyane française

MAMADOU DIALLO[1]
Doctorant Economie-Gestion
BETA EMADD BIO MINEA 7485
et CREDDI-LEAD[2] *EA 4541*
Université de Guyane et Université des Antilles
PAUL ROSELE CHIM[3] ***HDR***
Paris 1-Panthéon Sorbonne
Sciences Economiques et Sciences de Gestion
BETA EMADD BIO MINEA
7485 et CREDDI-LEAD EA 4541
Université de Guyane et Université des Antilles

Introduction

Depuis plus d'une trentaine d'années, la recherche sur les TPE, les PME-PMI n'a cessé d'attirer un certain nombre d'analystes. Les colloques, la création d'associations de TPE, de PME-PMI, l'apparition d'associations de recherche, la publication de nombreux articles scientifiques sur ce type d'organisation justifient de la vitalité de leur dynamique. Pourquoi alors s'intéresser réellement aux entreprises en tenant compte de l'effet de taille ?

L'impact de la révolution des NTIC a souvent été mis en évidence dans les travaux des auteurs contemporains (ROSELE CHIM) (2001) (2007) (2009) en insistant sur les effets en termes de croissance industrielle. La dynamique des entreprises s'est sans cesse modifiée en activant des différences à cause de la taille.

---

1 *L'auteur est Doctorant en Sciences de Gestion. Ses travaux portent sur un programme d'étude des TPE dans le cadre de la Guyane française. Les investigations recouvrent des enquêtes et des expertises de terrain menées dans le cadre du CREDDI-LEAD EA 4541 GUYANE. Celles-ci sont renforcées par les entretiens menés auprès des institutions INSEE, Chambre de Commerce et d'Industrie de la Guyane, l'UTPEG, Chambre des Métiers et de l'Artisanat, GDI (Guyane Développement Innovation et AFD (Agence Française de Développement).*

2 *Centre de Recherches en Economie Droit du Développement Insulaire-Laboratoire d'Economie Appliquée au développement.*

3 *Directeur d'études doctorales, les travaux de recherches de l'auteur portent sur les dynamiques industrielles internationales de développement, l'intelligence économique et l'industrie culturelle. Il est qualifié Professeur des universités par le CNU sous le n° 1510 50 85047.*

De même ROSELE CHIM (2012) polarise ses analyses sur la gestion du développement des territoires en mettant en exergue l'approche *« competitive intelligence, business intelligence »* pour faire référence à l'intelligence économique et la dynamique des PME-PMI.

De nos jours, les TPE et les PME-PMI occupent une place très importante dans les économies en développement. Nous sommes conscients de leur importance dans les pays développés. « *Le monde de la petite et surtout de la très petite entreprise reste largement un mystère* » selon JULIEN et MARCHESNAY (1992). Pour MEIER et PACITTO (2007), « *la gestion de la TPE est une énigme* ». MARCHESNAY (2003) affirme « *il faut sortir de l'ignorance* ». Les enjeux politiques et économiques liés à la connaissance de ces entreprises sont importants, particulièrement en ces temps de crise, par leur capacité à générer de l'emploi et à renouveler le parc des entreprises. Les emplois générés semblent être pérennes, si l'on s'en tient aux chiffres des dix dernières années : les 505 000 emplois directement induits par les créations de 2007 sont passés à 520 000 à l'horizon 2010, les « survivants » ayant besoin d'embaucher (TORRES, 2010).

Ainsi, bien que le tissu économique français soit composé à plus de 90 % d'entreprises de moins de 10 salariés, plusieurs auteurs soulignent l'ignorance générale qui prévaut s'agissant de la TPE ainsi que le manque d'attention qui lui est porté en tant qu'objet de recherche (PACITTO, JULIEN et MEIER) (2002), MARCHESNAY(2003), (JAOUEN et TORRES)(2008).

Notre étude se propose d'examiner le développement et la compétitivité en prenant comme objet la Très Petite Entreprise (TPE). Nous réservons trois temps forts à la réflexion : la relation entre les NTIC et la dynamique de l'entreprise, les effets de celles-ci et l'analyse dans le cadre du territoire de la Guyane.

La conclusion entend mettre en évidence les avancées et les limites de l'étude.

NTIC et compétitivité

L'impact des NTIC sur la compétitivité des entreprises industrielles a été présenté à la CPCI par GMV conseil, un cabinet spécialisé dans le conseil et les études marketing qualitatives et quantitatives, B to B et B to C, en France et à l'international. Un bilan des études économiques, des entretiens avec des universitaires, utilisateurs et offreurs de services a été fait, mais aussi un audit des projets NTIC dans des entreprises industrielles françaises et américaines. Le point de vue des études, des experts et des entreprises industrielles sert de base à nos réflexions.

La littérature insiste sur « *La focalisation sur les PME à forte croissance, les fameuses gazelles* de BIRCH (1987), leurs effets pervers redoutables : celui de penser que l'essentiel de la croissance de l'emploi était assuré par un pourcentage réduit de PME et que ces PME étaient pour l'essentiel des moyennes entreprises. La conséquence a été une marginalisation des « *souris* » (les petites entreprises) et encore plus des très petites entreprises ou bien un intérêt porté aux seules petites entreprises technologiquement innovantes nouvellement créées » (ARLOTTO et al., 2011).

Dans le champ de la PME, les résultats sont fréquemment contradictoires et les recherches fragmentées (WIKLUND, PATZELT, SHEPHERD) (2009). Plus on descend dans la taille des entreprises, plus les études se raréfient (KANGASHARJU) (2000), (MARCHESNAY) (2003).

Selon l'INSEE, en 2012, en France, 2,1 millions de très petites entreprises (TPE) emploient 2,3 millions de salariés. Elles représentent 168 milliards d'euros de valeur ajoutée, soit 17 % de celle des secteurs principalement marchands non agricoles et non financiers. Les 55 % de TPE sans salariés génèrent de faibles chiffres d'affaires. Les TPE se trouvent principalement dans le commerce, la construction et les services aux entreprises. La majorité d'entre elles ont opté pour le statut juridique de société à responsabilité limitée.

Une interrogation des concepts TPE, PME et une discussion sur l'innovation

L'une des grandes difficultés que rencontrent tous les chercheurs sur un objet de recherche est de trouver la vraie définition du concept ou de l'objet recherché. Dans la plupart des cas, un objet de recherche peut avoir plusieurs définitions. Les TPE présentent des définitions différentes comme celle de l'UE et celle de l'INSEE (France). Nous sommes alors confrontés au même cas où le choix d'une définition s'impose. Or, il y a en général de nombreuses définitions qui varient en fonction du caractère qualitatif ou quantitatif des critères, de leur nombre... Il y a plusieurs manières de justifier les choix.

Les TPE « Très Petites Entreprises », également appelées micro-entreprises, occupent moins de 10 salariés (ou 20 salariés, selon les définitions), réalisent un chiffre d'affaires annuel de moins de deux millions d'euros, et ne font pas partie d'un groupe (INSEE). Ce critère de l'effectif salarié est important car il détermine certaines obligations légales de l'entreprise comme celle d'avoir un comité d'entreprise à partir de cinquante salariés. Cependant, il ne permet pas de comparer toutes les entreprises. En effet, certaines entreprises n'ont pas beaucoup de salariés, mais ont néanmoins une activité économique importante (ex. la sous-traitance, la vente à distance).

Le chiffre d'affaires est également un critère de classification des entreprises. Il s'agit de tenir compte du montant des ventes effectuées [par l'entreprise] pendant un an. Les entreprises ayant un chiffre d'affaires inférieur à vingt millions d'euros sont considérées comme des Petites et Moyennes Entreprises (PME). Cependant, ce critère est insuffisant pour rendre compte de la situation réelle d'une entreprise. En effet, celle-ci peut avoir un chiffre d'affaires élevé mais un taux d'endettement important empêchant son développement. La valeur ajoutée permet de mesurer la richesse créée par une entreprise au cours d'une période. Elle est donc plus précise que le chiffre d'affaires. Cependant, elle présente également un inconvénient car elle n'est pas forcément facile à obtenir lors d'une étude statistique. À partir de la définition de l'entreprise et des difficultés de classification que l'on rencontre, on constate que l'entreprise est au final un système complexe difficile à gérer.

Une entreprise vise à être la plus rentable possible, c'est-à-dire à faire le plus de bénéfices possible en cherchant par exemple à être plus productive. La productivité mesure l'efficacité. C'est une information sur la vitesse, la qualité de l'organisation de l'entreprise. Cette dernière peut être plus productive tout en produisant moins. Nous pouvons la mesurer avec le travail comme le capital. Si nous prenons le travail, les deux mesures principales sont les suivantes :

$$\text{Productivité par salarié} = \frac{Production}{Nombre\ de\ salariés}$$

$$\text{Productivité horaire} = \frac{Production}{Nombre\ d'heures\ travaillées}$$

Nous pouvons remplacer le nombre de salariés par le nombre d'unités de capital. Ainsi, l'on calcule le même ratio en prenant le chiffre d'affaires au lieu de la production.

Exemple : soit une entreprise qui produit 1000 biens par jour avec 20 salariés qui travaillent 8 heures chacun. La productivité sera donc par salarié : $\frac{1000}{20} = 50$, alors chaque salarié produit 50 biens par jour. Par horaire : $\frac{50}{8} = 6{,}25$

La productivité du travail mesure la quantité de biens obtenus par le travail. On calcule la productivité par heure de travail ou par tête.

Soit (PT) la productivité du travail, (QBP) la quantité de biens produits et (QTU) la quantité de travaux utilisés. Avec ces paramètres nous pouvons établir l'équation suivante :

$$\text{Productivité du travail} = \frac{Quantité\ de\ bien\ produits}{Quantité\ de\ travaux\ utilisés}.$$

En matière d'innovations numériques, la valeur n'a pas attendu le nombre d'années : travailleurs comme consommateurs savent déjà tout de ce que les outils digitaux peuvent leur apporter. Aux entreprises d'embrayer, maintenant, pour que les promesses du numérique irriguent leur croissance. Avec des équipements adaptés à chaque cœur de métier, il y a tout à gagner : mobilité, rapidité, efficacité et bien-être des salariés etc. Tout ce qui nous surprend au quotidien, c'est que les consommateurs sont devenus beaucoup plus exigeants qu'avant. Autrefois, faire la queue en magasin ou attendre une livraison sans savoir où elle en était n'était pas tant un problème. Mais avec le numérique, tout va beaucoup plus vite : le client peut aller sur son ordinateur, trouver, acheter en un clic et avoir son produit chez lui un jour plus tard, si ce n'est dans la journée.

Quand certains dirigeants des entreprises ont commencé à travailler sur des *process* plus mobiles, plus informatisés, il fallait expliquer à leurs clients qu'ils pouvaient utiliser ces technologies au travail car ils pensaient que c'était impossible. Mais avec la démocratisation des smartphones, tablettes et l'étendue des services que proposent ces terminaux numériques, les consommateurs ont désormais plein d'idées et de nouvelles solutions de métiers.

L'enjeu est là : aligner les pratiques des entreprises sur ce que nous, individus, vivons tous les jours. Dans la sphère privée, un nombre croissant d'utilisateurs bénéficient d'outils performants qui révolutionnent leur façon de faire les tâches quotidiennes. 40 % d'entre eux sont ainsi dotés de smartphones qu'ils utilisent à 80 % pour une recherche sur Internet en vue d'un achat. (INSEE, 2016).

Cependant, pourquoi ces technologies si utiles en privé seraient impossibles à mettre en place au travail, plus particulièrement dans les TPE ?

Les entreprises de petite taille sont désormais au cœur des politiques de restructuration et de transitions vers l'économie du marché (TORRES, 1999). C'est pour cette raison que KALIKA (1984) considère que « dans la très petite entreprise, la centralisation des décisions autour du seul responsable qu'est le chef d'entreprise, apparaît naturelle ». S'il est généralement admis que le niveau de centralisation est fonction de la taille de l'entreprise, du caractère du dirigeant et de la valeur de ses subordonnés, il est aussi dépendant des conditions de l'entreprise. Comme il est peu fréquent que la petite entreprise compte plusieurs établissements dispersés géographiquement, le patron a la possibilité de connaître presque chaque salarié individuellement et d'apprécier leurs qualités. Plus encore, il est connu personnellement de tous (BARREYRE, 1967). La faible dimension des PME facilite donc la multiplication des contacts directs et personnels ainsi qu'un style de commandement orienté souvent vers les tâches et les personnes (TORRES, 2000). Cette intégration meilleure conduit à une valorisation personnelle pour l'individu et, dans l'hypothèse où le chef apparaît comme l'élément moteur d'une telle valorisation, la centralisation sera plus qu'acceptée : elle sera souhaitée (GERVAIS) (1978). Une organisation se définit en première analyse par son niveau de spécialisation du travail et les modes de coordination (TORRES, 2000).

De toutes les définitions retenues, la remarque reste unanime : la TPE est une petite organisation à caractère individuel ou familial. Nous pouvons également évoquer le concept "*d'assise locale*" de MICHUN (1994) qui montre à partir d'une étude empirique que les petites entreprises sont souvent amenées à prendre appui sur les potentialités de leur environnement local afin d'améliorer la résolution de nombreux problèmes d'information, d'innovation, d'organisation du travail.

Dans les petites entreprises, la division du travail est peu poussée (CAPET, CAUSSE et MEUNIER) (1986). Il n'y a que quelques services ou fonctions. Un grand nombre de tâches sont faites par le patron qui non seulement dirige, mais encore joue le rôle de chef de service, voire exécute des tâches. Par conséquent, dans les PME, si la division horizontale du travail est moins poussée que dans les grandes entreprises, il semble que la dissociation conception-exécution du travail (spécialisation verticale) soit également peu fréquente puisqu'il n'est pas rare de voir le dirigeant participer lui-même à la réalisation des tâches les plus élémentaires au sein de son entreprise (TORRES, 2000). Le regroupement d'activités par secteurs ou fonctions ou encore services spécialisés est presque inexistant dans la TPE.

La décomposition des tâches permet une plus grande dispersion géographique des activités et induit à son tour une plus grande décentralisation (TORRES, 2000). Le patron de la TPE est polyvalent, cela peut-être en raison de toutes les difficultés qu'il rencontre pendant la phase de création et de démarrage de son entreprise, de problèmes qu'il a connus durant sa recherche d'emploi, car les dirigeants de TPE sont le plus souvent des demandeurs d'emploi de longue durée. Un projet de création d'une TPE résulte d'un projet familial ou individuel. La TPE n'a pas d'employés d'où la polyvalence du dirigeant pour un meilleur management. Si certains domaines ne sont pas familiers aux dirigeants des TPE, notamment la gestion et la finance, faire leur Business Plan (BP) devrait les aider. Au minimum, l'exercice leur fera peut-être réaliser qu'ils ont des lacunes à combler avant de se lancer ou qu'il leur faudra absolument pouvoir déléguer telle ou telle partie de leur activité future en toute confiance.

L'omniprésence du dirigeant à tous les niveaux de la gestion de la TPE, les risques inhérents à ces entreprises et l'impact du territoire d'activité conduisent l'entrepreneur à privilégier une proximité issue de signaux forts, ce qui va différencier la TPE de la PME utilisant davantage de signaux faibles pour développer ou renouveler son volume d'activité (FOLIARD, 2010).

Normalement, en déroulant le Business Plan (BP), le futur dirigeant de la TPE devrait pouvoir bâtir son plan d'action non seulement jusqu'au lancement, mais également pour les premiers mois d'activité et dégager clairement ses priorités.

L'exercice BP est une démarche construite qui va obliger le dirigeant à passer systématiquement en revue tous les aspects de son projet et à identifier les facteurs-clés de succès, les contraintes, les menaces et les opportunités qui peuvent peser sur lui, la sensibilité de son résultat d'exploitation.

Nous pouvons dire que créer une entreprise est une belle aventure. Néanmoins, il faut savoir qu'il y a peu d'aventures réussies qui ne soient minutieusement préparées. Dans cette aventure, on découvre des terres inconnues. Elles représentent une masse d'informations que l'on peut également élucider. Si un projet de création ou de gestion peut clarifier les idées, rappeler les fondamentaux de la création et de la gestion d'entreprise et, ainsi permettre de se concentrer sur l'essentiel, notamment le produit, l'offre, les factures de différenciation et les moyens de les faire connaître, alors l'objectif est atteint.

La communication, la prise de décision et la taille de l'entreprise

Les petites entreprises fonctionnent par dialogue ou par contact direct. À l'inverse, les grandes entreprises doivent mettre sur pied tout un mécanisme formel (et écrit) permettant le transfert d'informations tout en minimisant le bruit et en favorisant le contrôle. Les très grandes entreprises vont même produire un

« *journal* » de la compagnie pour diffuser l'information générale et empêcher que les rumeurs nuisent à l'efficacité de l'entreprise. La préférence des chefs d'entreprise pour la communication orale se traduit par le recours à des processus mentaux de mémorisation et de traitement des informations de développement. Il est dès lors inévitable que la personnalité et les structures qu'ils mettent en place exercent des influences majeures sur les démarches de recherche et d'information (PHILIPPE) (1990). La manière dont passe l'information externe d'une TPE reste très simple. Cela s'explique par le fait que la TPE est considérée comme un marché très proche des clients voire même des fournisseurs.

Dans les petites entreprises, le dirigeant fonctionne par dialogue et par contact direct tant avec les membres du personnel que les clients et fournisseurs avec lesquels il peut discuter directement aussi bien pour connaître leurs besoins et leurs goûts qu'expliquer les différents aspects de ses produits. Les systèmes d'information sont simples parce que fondés sur une forte proximité physique entre le dirigeant et les principaux acteurs de l'univers de la TPE. Ainsi, en décortiquant le fonctionnement d'une toute petite entreprise innovatrice en voie de création, on observe que le vecteur d'obtention de l'information est un ensemble de relations interpersonnelles informelles, non institutionnalisées et non structurées. La localisation des « *nœuds* » du réseau, étant donné le type de communication utilisé, est principalement limitée à la région dans laquelle l'innovateur potentiel est susceptible de se déplacer aisément. Ce type de comportement est directement lié aux spécificités des petites organisations. La dimension relationnelle est plus importante que la dimension organisationnelle. D'une manière générale, le marché de la TPE est plutôt local.

Lorsque l'étendue géographique du marché s'élargit, il devient alors plus difficile pour le dirigeant de maintenir des contacts étroits et directs avec ses clients. Bien entendu, cela se complique lorsque l'entreprise importe et délocalise également une partie de sa production à l'étranger. L'éloignement des principaux partenaires de l'entreprise (clients, fournisseurs, employés et/ou collaborateurs dans le cadre d'un accord de coopération international) conduit le dirigeant à mettre en place un système de collecte d'informations beaucoup plus sophistiqué.

Le besoin de coordination est renforcé lorsque les structures organisationnelles se démultiplient, qu'elles passent d'une structure unique, sans distinction de fonction à une forme en M distinguant des secteurs géographiques ou des zones de produits fonctionnant de façon autonome. Ce problème de coordination ne touche pas seulement tel ou tel groupe multinational, mais se généralise pour se poser à tous les acteurs industriels. La principale caractéristique qui définit le système d'information interne de la TPE est sa simplicité et sa faible structuration.

La transmission de l'information devient alors plus formalisée (TORRES, 2000). L'éloignement géographique constitue précisément un facteur qui pousse à la formalisation, la distance nécessitant un recours plus important à l'écrit. La dispersion géographique des activités suscite un besoin naturel de contrôle surtout dans un contexte d'essor des investissements internationaux. D'une manière générale, on saisit là comment les configurations spatiales rejaillissent directement sur la capacité informationnelle de la firme. En somme, nous pouvons dire que les systèmes d'information en contexte de TPE semblent sous dimensionnés.

Ce sous dimensionnement est souvent interprété comme la conséquence du faible intérêt généralement porté par certains dirigeants à la valeur stratégique de l'information (CHAPELLIER)(1995). Mais ce sous dimensionnement peut également être appréhendé comme la résultante d'une configuration spatiale concentrée favorable à la mise en place de systèmes d'information informels, souples et directs. La proximité des acteurs facilite la communication directe et verbale. Cela explique la correspondance, maintes fois observée, entre proximité et politique minimaliste de gestion de l'information (TORRES, 2000).

La décision stratégique de la TPE est le plus souvent à court terme, étant concentrée sur la réaction plutôt que l'anticipation. De plus, les très petites entreprises emploient peu de méthodes et de techniques de gestion telles que la prévision, l'analyse financière et la gestion de projet. Le processus décisionnel des dirigeants de TPE est d'ailleurs vu comme étant plus intuitif, moins dépendant d'informations et de modèles formels de prise de décision.

Les chefs de PME auraient, pour prendre leurs décisions, le plus souvent exclusivement recours à leurs seuls jugements, intuitions et expériences et auraient pour la plupart une propension naturelle à penser qu'ils sont capables de gérer leur affaire seuls, sans autre système d'information de gestion que celui constitué par quelques données comptables qu'ils jugent essentielles (CHAPELLIER) (1995).

Selon JULIEN, (1994), les caractères informels et intuitifs qui spécifient la stratégie de la PME trouvent explicitement leurs fondements dans la proximité. Alors que les grandes entreprises doivent préparer des «*plans*» relativement précis des actions à venir pour que toute la direction puisse s'y référer, dans les petites entreprises, le propriétaire-dirigeant est suffisamment proche de ses employés clés pour leur expliquer au besoin tout changement de direction.

En clair, il faut convenir de la quasi-absence de planification dans les PME (AMBOISE) (1994). L'existence de programmes de recherche ou de plans de financement (DESROCHERS in GREPME) (1994), de formation (FABI and GARAND in GREPME) (1994) (PARADAS and TORRES) (1996), de commercialisation-marketing (PERREAULT and DUSSAULT in GREPME) (1994), d'approvisionnement ou de production est extrêmement rare en PME.

Enfin, si l'on reprend la notion de «*petite entreprise industrielle très performante*» définie par (COURAULT et RERAT) (1993), il apparaît que « ces entreprises ont ceci de spécifique qu'elles ont su précisément tirer leur efficience de l'aptitude à savoir profiter de toutes les opportunités et ressources locales pour tirer parti des transformations du marché. C'est en cela que la flexibilité productive qui est la marque des entreprises de tout système local est intrinsèquement une affaire de flexibilité locale. La flexibilité organisationnelle est donc selon COURAULT(1993) "*d'essence locale*" puisque les différentes formes de flexibilité tiennent beaucoup plus du bricolage que d'un savoir-faire codifié et légitimé.

Sur l'effet des Nouvelles Technologies de l'Information et de la Communication dans les entreprises

La Productivité via l'informatique et l'internet dans les entreprises

L'informatique et les NTIC se sont vraiment démocratisées au sein des entreprises françaises au cours des cinq dernières années. En 2007, quasiment toutes les sociétés comptant au moins dix salariés étaient reliées à Internet, dont 90 % grâce à une connexion haut débit. Ce sont notamment les entreprises de dix à vingt salariés qui ont comblé leur retard. En 2003, 77 % d'entre elles avaient un accès Internet ; aujourd'hui elles sont 95 % ! » (ELIE, 2008).

Les technologies de l'Internet sont censées supporter le processus de « dé-intégration » et de diversification des activités, contribuant au développement des PME comme facteur de compétitivité. (AMABILE, 2006).

Rares sont maintenant les métiers qui n'ont pas de rapport avec l'ordinateur : entre les robots de l'industrie qui suppriment des tâches très pénibles comme dans la construction des voitures, et les micros ou mini-ordinateurs véritables « *bonnes-à-tout-faire* » des administrations (archivage, secrétariat, comptabilité...), les employés se retrouvent souvent derrière un terminal.

La rapidité de la mutation a exclu de nombreux travailleurs qui avaient le sentiment d'avoir passé l'âge de s'adapter à la nouvelle technique. Cela était d'autant plus vrai, qu'au début, la manipulation informatique nécessitait plus de techniques que maintenant : en effet, plus les systèmes informatiques deviennent puissants et donc compliqués, plus leur usage est simple. En général, l'informatisation ou la robotisation d'une entreprise accroît la qualité des conditions du travail puisqu'elle supprime les tâches répétitives et donc peu épanouissantes.

Disposer d'un site internet pour une entreprise est maintenant indispensable. La démarche de création d'un site s'effectue en plusieurs étapes (conception, hébergement, exploitation, maintenance) nécessitant chacune la signature d'un contrat spécifique avec un interlocuteur particulier, dont le contenu doit être rédigé par un professionnel du droit.

Le système d'information et l'informatique

« Gérer une entreprise au quotidien n'est pas une tâche aisée : formalités administratives obligatoires, recherche de financement, gestion courante du personnel... Heureusement, le Net et l'informatique se révèlent d'une aide précieuse ! » (ELIE, 2008).

Dans les années 1960, l'analyse des données stockées relève d'un procédé simple de « *reporting* » selon des critères définis dans la phase de développement. Bâtis sur les systèmes de traitement des opérations quotidiennes (systèmes transactionnels), ces systèmes d'aide à la gestion courante permettent aux gestionnaires de synthétiser les informations sous forme de rapports périodiques. Ces rapports doivent faciliter le contrôle du fonctionnement opérationnel de l'entreprise, c'est-à-dire du respect des contraintes de ressources dans l'accomplissement des tâches.

Apparaissent ensuite des outils d'analyse, de planification et d'aide à la décision dont la mise en œuvre passe par un dialogue entre l'homme et la machine. Destinés au personnel d'encadrement, ces systèmes interactifs d'aide à la décision (SIAD) permettent de produire des informations moyennement synthétiques couvrant le court terme. Dès lors, une entreprise a souvent plusieurs SIAD, spécialisés par fonction, dont le but est de permettre le contrôle tactique.

Dans les années quatre-vingt, les premiers systèmes d'information de direction (*executive information system*) peuvent fusionner plusieurs sources de données (comptables, commerciales, financières, etc.) internes et externes. Destinés à la direction de l'entreprise, ils permettent de produire des informations agrégées couvrant le court terme et le long terme. Ils servent à la présentation individualisée et synthétique d'informations passées, la création de tableaux de bord, la prévision ou la recherche de scénarios alternatifs.

En 1989, les décisions Support System sont rebaptisées Business Intelligence System après la création du terme de Business Intelligence pour désigner l'ensemble des concepts et méthodes utilisant des systèmes d'aide fondés sur des faits pour améliorer la prise de décision (ROSELE CHIM)(2012).

Aujourd'hui, les outils de forage de données (*data mining*) viennent compléter la palette des moyens déjà disponibles. Ils ont pour vocation de fournir, au-delà des données, des éléments d'appréciation sur les relations entre les données et leur évolution.

Ils peuvent être classés en deux grandes catégories :

- Les outils orientés « vérification ». L'utilisateur formule une hypothèse et renvoie les éléments d'évaluation de la vraisemblance de l'hypothèse. Entrent dans cette catégorie les techniques de classification et les techniques d'association.
- Les outils orientés « découverte ». Ils cherchent des tendances fortes dans la masse des informations traitées. Il peut s'agir de trouver des classifications à partir des événements historiques observés dans les données ou de prévoir des comportements futurs à partir des tendances observées dans le passé. Entrent dans cette catégorie les techniques de modélisation séquentielle ou temporelle et les techniques de regroupement et de segmentation.

Le forage de données n'est pas nécessairement lié aux entrepôts de données. Le *data mining* peut en effet s'appuyer sur une base d'informations autre que le *data wharehouse* (une simple base de données par exemple), mais cela exige alors le développement de processus complémentaires d'extraction et d'analyse de données[4](PICARD) (2011).

Nous disons alors, que l'importance de l'informatique dans l'entreprise permet de déterminer le niveau de dépendance de l'entreprise vis-à-vis de son système d'information.

---

[4] Source : « manager » 110 questions de management. Ouvrage collectif rédigé sous la direction d'A. Henriette, Ed. Foucher, 2006

L'Internet

Internet, réseau de réseaux, s'est développé à partir de 1985 et a subi un essor extraordinaire à partir de 1990 (suite à la mise en service des premiers serveurs WWW). « *Il constitue actuellement le moyen de communication le plus performant et le plus populaire. Internet est un outil performant pour l'administration des entreprises. On peut aujourd'hui réaliser en ligne un grand nombre de démarches administratives. Cela permet de gagner du temps, mais aussi de réaliser des économies, notamment en frais postaux et déplacement.* » (ELIE, 2008).

L'usage principal est la communication de la voix, mais grâce à la modulation des signaux numériques avec des modems il est possible d'utiliser le réseau téléphonique aussi pour envoyer des fax ou pour accéder à l'Internet à partir de son ordinateur personnel.

Internet est constitué d'ordinateurs serveurs qui fournissent un ensemble de services (information, messagerie, etc.) et d'ordinateurs clients dont les utilisateurs font usage pour accéder aux services. Ces ordinateurs sont interconnectés par des ordinateurs spécialisés dans l'acheminement des données appelés routeurs.

Nous passons en revue, dans ce travail quelques aperçus sur les technologies employées, sans vouloir prétendre à l'exhaustivité sur le sujet, d'ailleurs en perpétuelle évolution.

L'objectif d'Internet est de relier tous les objets qui peuvent avoir une adresse Internet et qui savent utiliser le protocole IP (Internet Protocol). Aujourd'hui il s'agit essentiellement des ordinateurs, mais demain les téléphones portables, les téléviseurs et même les appareils électroménagers pourraient avoir une adresse Internet (par exemple pour appeler automatiquement le service après-vente en cas de panne).

Le principe de fonctionnement de l'Internet est la commutation de paquets. L'information échangée entre ordinateurs est découpée en paquets de quelques dizaines jusqu'à quelques milliers d'octets qui sont acheminés grâce à l'adresse de destination (et l'adresse de la source pour pouvoir envoyer les réponses) écrite dans l'en-tête de chaque paquet.

Les serveurs, les clients et les routeurs constituent les nœuds du réseau. Le protocole IP (Internet Protocol) utilise un plan de numérotation mondial (adresse IP sur 32 bits pour le protocole IP version 4 actuellement utilisé et adresse IP sur 128 bits pour le protocole IP version 6 qui sera déployé dans les années à venir).

Les nœuds sont interconnectés par des artères en fibres optiques ou faisceaux hertziens ou encore liaisons satellitaires à haut débit dans la partie centrale du réseau où les trafics sont agrégés, par des liaisons téléphoniques pour les ordinateurs isolés et par des câbles téléphoniques ou coaxiaux ou liaisons sans fil dans le cadre des réseaux locaux de campus et d'entreprise qui relient un ensemble d'ordinateurs dans les mêmes locaux. L'équivalence intervient dans le coût au temps passé ou forfait pour l'accès via le réseau téléphonique. Le coût est indépendant de la distance entre l'ordinateur doté de navigateur et l'ordinateur serveur d'informations (ou autre application).

Le réseau de gestion comporte une série de serveurs qui sont utilisés par l'opérateur pour gérer le service de télécommunication sur le plan technique (configuration, surveillance, gestion des pannes, gestion des services) et sur le plan administratif (gestion des clients, facturation, marketing). Dans l'espace économique anglophone, ces systèmes sont souvent appelés OSS pour Operations Support Systems, alors que les systèmes utilisés pour la gestion des services dits intelligents sont appelés des SCP pour Service Control Points et enfin les ordinateurs utilisés pour l'administration technique du réseau sont globalement désignés comme appartenant au TMN pour Telecommunications Management Network.

Le réseau de signalisation est constitué de commutateurs de paquets, basés sur un protocole international défini par l'Union Internationale des Télécommunications (UIT, ou ITU en anglais) appelé SS7 pour Signaling System n°7. Ce protocole sert à transférer les données de l'appel, par exemple le numéro appelé mais aussi le numéro de l'appelant, de la centrale téléphonique de l'appelant jusqu'à la centrale téléphonique de l'appelé pour déterminer si le numéro appelé est libre ou occupé.

Ce même protocole sert aussi à transférer les données de l'appel aux serveurs de gestion des services comme les numéros verts pour obtenir la traduction du numéro logique appelé (les numéros 800) en numéro réel en fonction d'un script qui aura été défini par l'opérateur pour chaque client. En anglais les commutateurs de paquets du réseau de signalisation sont appelés STP pour Signaling Transfer Points.

Les réseaux téléphoniques modernes sont un bel exemple de réseau d'ordinateurs avec l'intelligence du réseau, pour fournir les nouveaux services. Des terminaux qui restent très simples (postes téléphoniques, fax, répondeurs, et modems) sont utilisés pour accéder aux services.

Le réseau Internet est par contre un exemple de réseau d'ordinateurs avec l'intelligence située à la périphérie du réseau dans des serveurs gérés par les très nombreux fournisseurs de services Internet et dans les ordinateurs des utilisateurs qui peuvent ultérieurement traiter localement l'information reçue.

Le cœur du réseau par contre est essentiellement constitué de routeurs dont le rôle essentiel est d'acheminer le plus rapidement possible les paquets de données, donc avec un minimum de traitement toutes les fois que cela est possible.

Il est important de bien comprendre les deux points de vue différents des *« télécommunicants »* (opérateurs et ingénieurs de télécommunications) et des « informaticiens » (fournisseurs de services Internet et ingénieurs informaticiens) pour comprendre la dynamique de l'évolution des réseaux.

Les *« télécommunicants »* auront toujours tendance à ajouter des services au cœur du réseau pour garder la gestion des services et facturer les appels plus cher alors que les *« informaticiens »* auront toujours tendance à demander des débits élevés mais les services les plus simples possibles (la simple connectivité sans rien d'autre) pour réduire les dépenses de télécommunications sachant que l'intelligence des services peut mieux être fournie par une multitude de fournisseurs à l'extérieur du réseau.

Les réseaux d'ordinateurs se sont développés à partir des années 1970. Pendant vingt ans les architectures propres à chaque constructeur ont dominé le paysage des réseaux.

Dans le domaine des réseaux locaux d'entreprise l'architecture de Novell a dominé pendant une dizaine d'années. Avec l'arrivée d'Internet en début des années 1990 (bien que sa conception remonte à l'année 1969 dans les laboratoires des universités américaines) toutes les architectures se sont ouvertes sur Internet soit en intégrant ses protocoles, soit en créant au moins des passerelles qui permettent aux données de passer d'un réseau qui utilise une architecture propriétaire aux réseaux qui utilisent l'architecture Internet.

Analyse des TPE du territoire de la Guyane

Notre analyse est focalisée sur des entretiens différents, ainsi que sur la collecte de questionnaires, et de données disponibles. Ces éléments permettent d'éclairer la problématique liée à la nécessité ou non, d'utiliser l'informatique et l'internet dans les TPE, pour améliorer leur productivité.

Une méthodologie d'enquêtes

La recherche a donc débuté par des enquêtes auprès des chefs des TPE, des entretiens avec des universitaires, des utilisateurs et des offreurs de services. Le but est de recueillir des informations et données fiables sur l'utilisation de l'informatique et d'internet par ces TPE. Des experts, des dirigeants des TPE, des universitaires et des offreurs de services ont été contactés, souvent des personnes les plus au fait de la réalité du terrain, puisqu'elles sont concernées par le fonctionnement et le développement des très petites organisations.

Dans un premier temps, les entretiens menés et les données disponibles récoltées ont permis de constater l'absence d'utilisation des matériels informatiques et d'internet dans la plus grande partie des TPE guyanaises. La première explication est tirée des déclarations des dirigeants que nous avons synthétisées. En effet, 65 % des dirigeants interrogés déclarent : *« Dans notre cas, nous pouvons travailler sans ordinateur ou l'internet. Tous nos clients sont d'ailleurs des voisins. Nous vivons ici ensemble, ils sont tous dans notre quartier. À part quelques personnes de passage qui rentrent nous visiter occasionnellement. Donc, c'est une très petite organisation familiale. C'est pour nourrir la famille. Nous ne pouvons pas nous engager dans des dépenses qui vont dépasser notre recette voire même notre chiffre d'affaires en créant de nouvelles factures. Nos fournisseurs sont à côté de nous, ils nous livrent nos produits facilement. Un coup de fil avec notre téléphone portable suffit pour passer une commande. Déjà nous avons beaucoup de taxes et d'impôts à payer, nous ne voulons pas augmenter les factures.*

D'autre part, nous ne sommes pas formés pour manipuler l'ordinateur et faire des achats sur l'internet (e-commerce). Nous n'avons aucune compétence en informatique (aucune maîtrise de logiciels). Pour nous il est difficile de s'engager dans des dépenses inutiles, qui, enfin, vont nous conduire à fermer notre TPE. Beaucoup de TPE disparaissent à cause des nombreuses factures qui se multiplient (impôts et taxes à payer) ». (**Source :** Données d'enquête réalisée par Mamadou DIALLO, 2017).

Ainsi, partant du constat que les compétences développées en informatique sont quasiment nulles pour la majorité des dirigeants de ces TPE et, cela dans tous les types de TPE, qu'elles soient commerciales ou artisanales, la maitrise de l'informatique par ces dirigeants est très nécessaire avant de parler de l'amélioration de la productivité des TPE par les TIC. Nous pouvons comprendre que pour un dirigeant d'une toute nouvelle TPE, il faut éviter d'augmenter ses factures de fin de mois, car la phase post-création est sensible. Néanmoins, nous savons que l'apport de ces TIC peut bien rendre le solde des avoirs et sorties positif.

De plus, nous considérons que l'utilisation des NTIC peut aider l'entreprise à mieux développer sa productivité afin de favoriser sa compétitivité car beaucoup d'entreprises qui disparaissent sont celles qui veulent rester forcément traditionnelles. Nous pouvons conclure que puisque les dirigeants éprouvent autant de difficultés face à l'utilisation de l'informatique, il est donc nécessaire de mettre en place des dispositifs particuliers destinés à l'apprentissage de l'informatique et d'internet pour les futurs et nouveaux dirigeants des TPE guyanaises.

Les entreprises concernées recouvrent des secteurs variés avec une forte représentation du secteur du commerce. Toutes les structures interrogées sont essentiellement de très petites organisations. Nous avons mené une enquête par distribution de questionnaires. Une méthode de recherche quantitative a été utilisée pour cette première partie de l'étude. Un échantillon de 250 questionnaires a été distribué et nous avons obtenu 180 retours positifs. Nous avons distribué des questionnaires lors des différentes réunions organisées par la chambre de commerce et d'industrie de la Guyane (CCIG), la chambre des métiers et de l'artisanat de la Guyane (CMAG) et « Guyane Développement et Innovation » entre janvier 2016 et juin 2016. Cet échantillonnage nous a permis de comparer les pratiques en fonction des secteurs d'activités.

Les résultats et leurs interprétations

Les nouveaux entrepreneurs guyanais sont plus diplômés que ne l'est l'ensemble de la population. 16 % ont le bac et 32 % possèdent un diplôme d'études supérieures contre respectivement 11 % et 13 % dans la population. À l'inverse, un quart n'a pas de diplôme contre plus de la moitié parmi l'ensemble des actifs.

Figure 1 : Niveau d'études des entrepreneurs Guyanais

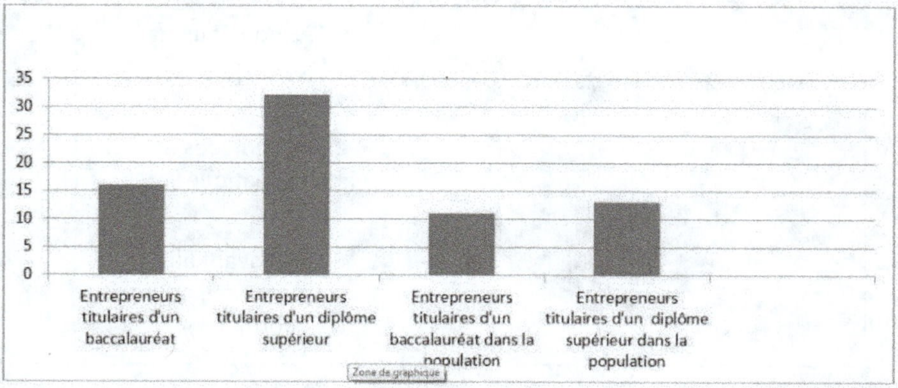

Source : Données d'enquête réalisée par Mamadou DIALLO *CREDDI-LEAD EA 4541 Guyane (2016-2017)*

En termes d'impact sur la compétitivité, les experts estiment que les effets des NTIC sur la productivité et la compétitivité des prix des entreprises restent limités. C'est dans l'amélioration de la compétitivité hors prix que les NTIC jouent un rôle majeur. La mesure des effets des investissements dans ces technologies est difficile du fait de la multiplicité des impacts.

Les résultats obtenus nous montrent que 45 % des très petites entreprises guyanaises ne sont pas équipées en informatique et, donc n'utilisent pas l'internet dans leurs activités. Parmi les TPE interrogées, 30 % n'ont pas l'intention d'introduire l'informatique dans leurs services. 25 % de nos sondés nous confient qu'ils ne peuvent plus travailler sans l'informatique et l'internet dans leurs entreprises. Cet échantillon des dirigeants ne cherche pas à faire une formation ou à solliciter des aides dans l'avenir. Selon eux, il n'est pas nécessaire qu'ils soient visibles sur la toile pour une bonne gestion de leur TPE.

Figure 2 : Utilisation de l'informatique par les TPE guyanaises

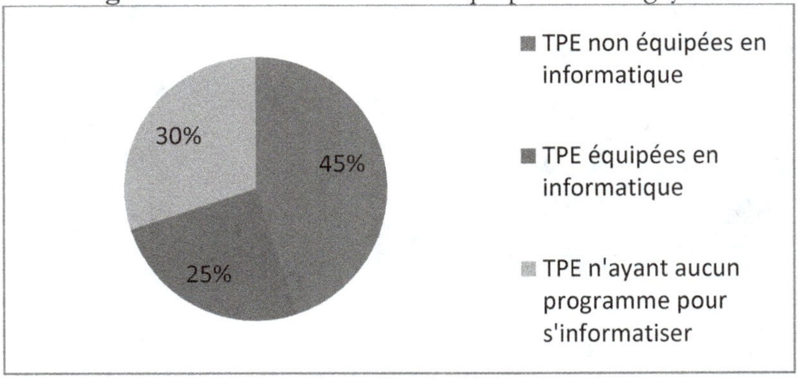

***Source :** Données d'enquête réalisée par Mamadou DIALLO CREDDI-LEAD EA 4541 Guyane (2016-2017)*

À titre de comparaison, en France « Seuls 59 % des dirigeants de TPE-PME estiment que la transition numérique est importante pour leur propre entreprise. Etat des lieux des usages du digital dans les entreprises de moins de 500 salariés » (DAUVERGNE, 2015).

En Guyane, malgré la nécessité de ces TIC pour mieux gérer l'entreprise, force est d'observer que certains chefs des TPE ne veulent pas se soumettre. Le refus ou la négligence d'utiliser l'informatique dans une entreprise par le dirigeant signifie tout simplement qu'il ne maîtrise pas cette technologie et donc ignore l'intérêt qu'elle peut apporter à son entreprise. Cette catégorie de personnes n'a aucune vision pour informatiser sa TPE dans l'avenir. Pourtant, avec la mondialisation chaque entreprise doit avoir une période d'apprentissage des TIC. Il est souhaitable d'établir un délai entre le temps où l'investissement est réalisé et celui où les outils sont intégrés et maîtrisés.

Selon les résultats de cette recherche, 27 % des personnes interrogées ont une intention positive (12 % d'ici la fin de l'année 2016), 8 % d'indécis et 65 % qui ne voient aucun intérêt d'investir dans les TIC (30 % ne vont pas informatiser leur TPE). Les effets des TIC sur la productivité sont difficilement quantifiables selon les méthodes traditionnelles de l'évaluation économétrique, notamment parce que les données s'avèrent incomplètes, que ce soit en termes d'existence et surtout d'homogénéité. Avec le développement et l'utilisation des NTIC, des gains de productivité très considérables sont obtenus ailleurs comme dans l'industrie américaine. Les mêmes résultats sont observables dans les secteurs traditionnels comme le textile ou encore la mécanique.

De notre enquête il ressort que les opinions de la majorité des dirigeants de TPE interrogés sont unanimes sur l'efficacité des TIC. Elles sont des coefficients de vision défavorable de productivité pour leur compétitivité surtout en ce qui concerne la concurrence. D'où, un examen de leur orientation dans le futur.

Figure 3 : Programme d'utilisation de l'informatique par les TPE guyanaises dans l'avenir

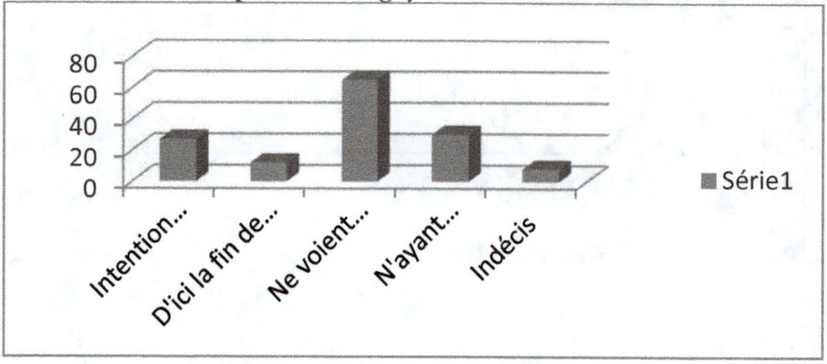

Source : *Données d'enquête réalisée par Mamadou DIALLO CREDDI-LEAD EA 4541 Guyane (2016-2017)*

Selon l'INSEE, le Répertoire des entreprises et des établissements (Sirene), en 2015, 1 609 entreprises ont été créées en Guyane. La ventilation en pourcentage était la suivante : 7,9 % pour l'industrie, 18,0 % la construction, 33,4 % les secteurs commerce, transport, hébergement et restauration, 25,9 % les services aux entreprises et enfin, 14,9 % les services aux particuliers. Les statistiques sur les demandes d'immatriculation des auto-entrepreneurs, requalifiés micro-entrepreneurs depuis le 19 décembre 2014, proviennent du répertoire des entreprises et des établissements (REE-Sirène) géré par l'Insee.

Le caractère « *micro-entrepreneur* » est non diffusable au niveau individuel car il est enregistré comme une caractéristique statistique de l'entreprise. Seuls des comptages agrégés sont disponibles. Le nombre de demandes d'immatriculation de micro-entrepreneurs intègre toutes les nouvelles entreprises enregistrées sous ce régime, qu'elles aient ou non effectivement démarré leur activité, y compris celles à qui ce régime a été refusé après la déclaration de création.

Huit entreprises sur dix sont implantées dans l'Ile-de-Cayenne. La répartition en termes de secteurs est donnée par la construction, commerce, transport, hébergement et restauration, les services aux entreprises et enfin les services aux particuliers.

- 55 % des entreprises interrogées n'ont aucun salarié, 23 % ont entre 1 et 3 salariés et 22 % comptent 5 salariés et plus. Parmi les TPE interrogées, 33 % de ces organisations existent depuis deux ans et demi. 25 % datent de 3 à 10 ans et 32 % ont vu le jour depuis 10 ans et plus et, enfin, 10 % d'entre elles existent depuis moins d'un an.

Figure 4 : Nombre de salariés dans les TPE interrogées

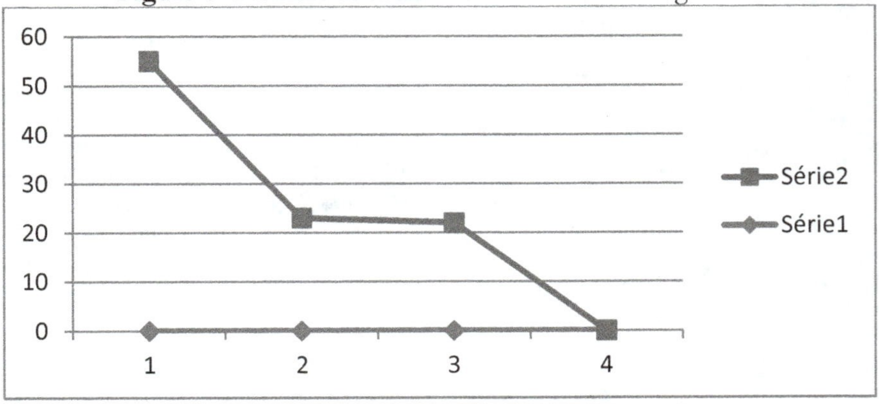

***Source :** Données d'enquête réalisée par Mamadou DIALLO CREDDI-LEAD EA 4541 Guyane (2016-2017)*

Figure 5 : La durée d'existence des entreprises interviewées

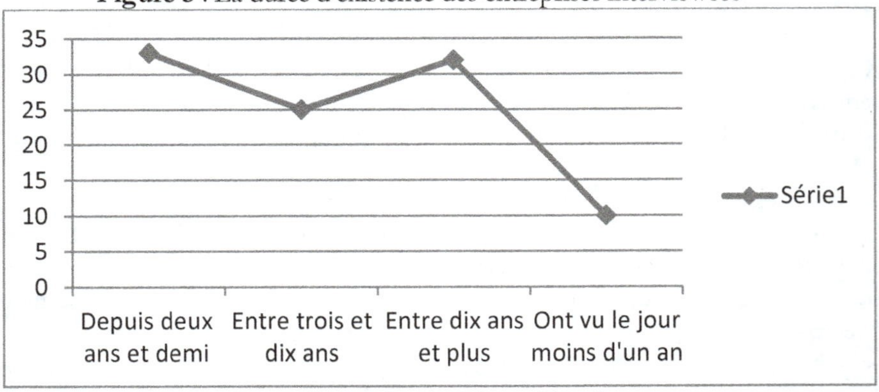

***Source :** Données d'enquête réalisée par Mamadou DIALLO CREDDI-LEAD EA 4541 Guyane (2016-2017)*

Créations d'entreprises et comportements TPEistes

La direction « *le chef d'entreprise* » est toujours assurée par un homme, six sur huit des dirigeants interrogés sont des hommes qui sont les managers. Néanmoins, n'oublions pas que les TPE sont avant tout un projet familial (*par le couple*). Cela signifie que la TPE peut se définir comme une organisation fondée le plus souvent par un couple dans le but de satisfaire les besoins de la famille, elle est donc cogérée au final. Un créateur d'entreprise sur trois en Guyane monte son projet seul. Les autres bénéficient d'une aide. Ils sont un sur cinq à être accompagnés par leur conjoint. Trois sur cinq ont un entourage entrepreneurial. Les trois quarts n'ont jamais créé d'entreprise auparavant. La majorité de ceux qui s'étaient déjà lancés dans ce type de projet déclare avoir cessé l'activité de leur précédente entreprise.

Concernant les tranches d'âge des dirigeants interrogés, une majorité de créateurs a entre 30 et 39 ans. 45 % des dirigeants ont entre 30 à 39 ans, ce qui confirme que la population de ce département est très jeune. 15 % d'entre eux sont âgés de 40 à 55 ans, 22 % ont entre 55 à 60 ans et enfin 18 % sont âgés de 60 ans et plus.

Figure 6 : La tranche d'âge des dirigeants des TPE guyanaises interrogés

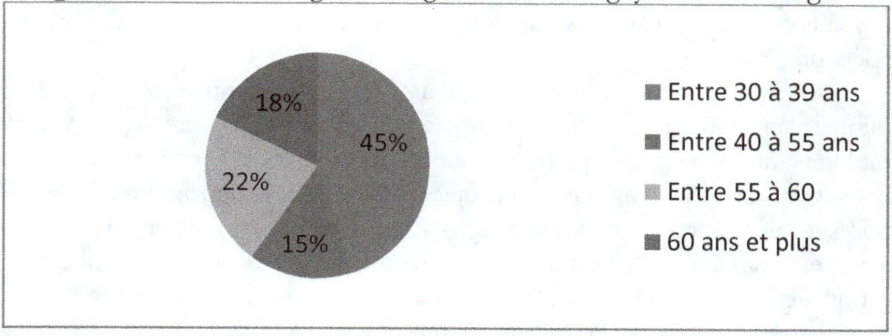

Source : *Données d'enquête réalisée par Mamadou DIALLO CREDDI-LEAD EA 4541 Guyane (2016-2017)*

Selon les chiffres de l'INSEE (2016), « *en Guyane, 30 % des créateurs d'entreprises sont des femmes* ». Ceci est proche de la moyenne nationale. Par rapport aux autres Départements Français d'Amérique, ce taux est un peu plus faible (31 % en Martinique et 37 % en Guadeloupe). Sur les 26 régions françaises, la Guyane arrive au 8ème rang pour la part des femmes parmi les créateurs. Les créatrices guyanaises sont 32 % à mettre seules en place leurs projets. Cette part est un peu plus faible en Guadeloupe et en Martinique : respectivement 28 % et 26 %. Néanmoins, elles restent nombreuses à s'aider de leur conjoint : 27 % contre 15 % des hommes. 88 % des entreprises créées par des femmes appartiennent au secteur tertiaire contre 63 % pour les hommes. Les créations par les femmes sont souvent des commerces (36 % contre 24 % pour les hommes), des services aux particuliers (18 % contre 7 % pour les hommes) et des activités d'éducation, santé, action sociale (13 % contre 3 % pour les hommes). Par opposition, elles sont moins nombreuses dans les services aux entreprises (17 % contre 23 % pour les hommes), et dans la construction (3 % contre 26 % pour les hommes) ».

Le nouveau chef d'entreprise guyanais est âgé en moyenne de 39 ans, proche des 38 ans et demi de la moyenne nationale. C'est dans la tranche des 30-39 ans qu'ils sont les plus nombreux (quel que soit le sexe) avec 34 % des créateurs, suivent les 40-49 ans avec 27 % des créateurs. Le profil d'âge des créateurs d'entreprises en Guyane est assez proche de celui de la France alors que la population en âge de travailler est nettement plus jeune.

Il n'en reste pas moins qu'il y a plus de nouveaux entrepreneurs sans diplôme qu'en France métropolitaine, en Martinique et en Guadeloupe. Les diplômés du supérieur sont un peu moins présents parmi les créateurs qu'en France métropolitaine. Les créateurs ayant un diplôme bac+5 ou plus sont rares :

seulement 9 % sont dans ce cas, soit cinq points de moins que la moyenne nationale. La répartition des créateurs par niveau d'études est comparable pour les hommes et pour les femmes. Cependant, les femmes ont plus souvent un diplôme d'études supérieures, tandis que les hommes possèdent plus fréquemment un CAP, BEP ou un bac technique. C'est dans l'industrie et la construction que l'on retrouve la part la plus importante de non diplômés : respectivement 34 % et 36 %. Par contre, 24 % des créateurs dans l'industrie ont un diplôme du supérieur contre 8 % dans la construction. Dans les services, les créateurs sont 39 % avec un diplôme du supérieur[5].

La situation des nouveaux entrepreneurs guyanais se rapproche de la moyenne nationale, puisque dans les deux cas, près de la moitié des créateurs avaient un emploi avant de créer leur entreprise. Les autres créateurs étaient au chômage ou sans activité avant le démarrage du projet, soit la même proportion qu'en moyenne nationale, alors que le taux de chômage est près de trois fois supérieur en Guyane. Mais il est vrai que c'est parmi ces chômeurs que se trouve le plus fort pourcentage de non diplômés, ne recourant donc pas à la création d'entreprises pour sortir de leur situation précaire. Il n'en reste pas moins que 15 % des créateurs percevaient précédemment le RMI, mais seulement 4 % l'Allocation de Solidarité Spécifique (ASS). Plus de la moitié des créateurs déclarent avoir pour objectif principal, d'assurer leur propre emploi et 21 % d'entre eux ont une véritable ambition de créer des emplois. Les créateurs citent très majoritairement des motivations positives : 62 % déclarent avoir créé par volonté d'être indépendant, 34 % par goût d'entreprendre et 27 % pour accroître leurs revenus.

Comme dans les autres départements d'Outre-mer, les créateurs guyanais pratiquent une activité proche de leur activité professionnelle antérieure. En Guyane, un tiers des créateurs appartenait à la catégorie des employés avant la création de leur entreprise, 19 % étaient ouvriers. Ce qui est comparable à la situation de l'ensemble de la population active guyanaise. 18 % étaient des agents de maîtrise et des contremaîtres ou exerçaient une profession intermédiaire, ce qui est moins fréquent que dans la population active. Par contre, ils sont plus nombreux à avoir été cadres supérieurs ou à avoir exercé une profession intellectuelle supérieure : 19 % des créateurs étaient dans ce cas.

Conclusion

Notre réflexion a voulu exposer des analyses relatives aux entreprises sur leurs relations aux NTIC (Nouvelles Technologies de l'Information et de la Communication). Nous nous sommes intéressés aux constituants élucidant l'utilisation des NTIC dans les entreprises en Guyane. Ces technologies sont maintenant au cœur des investissements des entreprises. Et pourtant, bien qu'elles

---

[5] *La comparaison entre la Guyane et la France métropolitaine est à relativiser : elle met en rapport une région périphérique à la partie du territoire national où se concentre l'essentiel de ce qui fait de la France une grande puissance. Source : INSEE 2006.*

aient apporté une puissance de calcul en progrès permanent, des difficultés à mesurer leur impact réel sur la productivité et la compétitivité sont sensibles.

Les entreprises petites, moyennes et grandes sont reconnues comme un élément incontournable de développement. Elles sont un argument de poids en faveur des politiques de promotion et d'encouragement destinées à maximiser leur contribution à la création d'emplois, à la croissance économique.

En ce qui concerne les TPE, la plupart des études démontrent que le savoir-faire du chef d'entreprise est un des éléments incontournables, autrement dit que c'est la condition principale, de la réussite. Le fait de posséder certaines compétences dans son secteur d'activité avant la création d'une TPE, n'est pas une préoccupation majeure chez les entrepreneurs en Guyane. Bon nombre des acteurs pensent que les NTIC ne sont pas indispensables pour l'évolution de leur TPE. Pour eux, ils sont à proximité de leurs clients et parfois même les fournisseurs.

L'aspect qui interpelle avec acuité est le contrôle, le management et la survie de la TPE en Guyane. Notre étude nous conduit à une nouvelle problématique qui est celle du renforcement du système d'information et l'accroissement de la logistique de développement dans un contexte de TPE pour converger vers plus de compétitivité.

Références bibliographiques

ANGERS M. (1992) « Initiation pratique à la méthodologie des sciences humaines »,Éditions de la Chenelière inc, Montréal.

ARLOTTO J., CYR A., MEIER O., PACITTO J-C (2011), « Très petite entreprise et croissance : à la découverte d'un continent inexploré », Management & Avenir (n° 43).

BARREYRE.P.Y (1967), "L'horizon économique des petites et moyennes entreprises", Thèse de Doctorat de Sciences Economiques, Université de Grenoble.

BATAILLE. L (2009), « L'essentiel sur l'entreprise. Droit - Économie Gestion », Fiches de cours et cas pratiques corrigés.

BELLETANE.B (1991), "pour une approche des spécificités financières de la PME au travers du concept de territoire financier", Revue Internationale PME, Vol 1, n°4.

CAPET.M ; CAUSSE.G et J. MEUNIER (1986) "Diagnostic, Organisation, Planification d'Entreprise", Éditions Economica-Gestion, Tome 1.

CHAPELLIER.P (1995), "Données comptables et système d'information du dirigeant de PME", communication au deuxième CIFPME, Paris.

CARRIERE J-B. (1990), « La vision stratégique en contexte de PME : cadre théorique et étude empirique », Revue Internationale PME, vol. 3, n°3.

COURAULT.B.A (1993), "Les PMI choletaises et l'export. Une étude de cas", communication au colloque d'Aix-en-Provence "PME-PMI, développement international".

CREVOISIER.O et I.WERMEILLE (1996), "structures spatiales différenciées de financement des grandes entreprises et des PME régionales", communication au troisième CIFPME, Trois-Rivières, Canada.

DESROCHERS. J (1994), "La gestion financière de la PME", pp206-220 dans "PME : bilan et perspectives", Éditions Economica, Paris, France.

FONROUGE C. (2002), "L'entrepreneur et son entreprise : une relation dialogique", Revue Française de Gestion, vol. 138, Paris, France.

GMV CONSEIL. L'impact des NTIC sur la compétitivité des entreprises industrielles. Etude présentée à la CPCI. ; www.industrie.gouv.fr/bilans /pdf/ Etude3.pdf.

GERVAIS.M (1978), "Pour une théorie de l'organisation-PME", Revue Française de Gestion n°15, Paris, France.

GREPME (sous la direction de P.A. JULIEN) (1994), "Les PME: bilan et perspectives, Éditions Economica, Paris, France.

JULIEN, P.A. et M. MARCHESNAY (1988) « La petite entreprise », Paris, Éditions Vuibert.

KALIKA. M (1984) « Contribution à la connaissance de la structure organisationnelle: essai d'analyse systémique », Thèse de Doctorat d'État en Sciences de Gestion, Université de Bordeaux 1, France.

MINTZBERG.H (1982), "Structure et dynamique des organisations", Éditions d'organisation. Paris, France.

MICHUN.S (1994), "Phénomènes de proximité et petite entreprise", Actes de la 39e Conférence Mondiale de l'ICSB, "Les PME/PMI et leur contribution au développement régional et international", 27-29 juin, Strasbourg, France..

MYERS S.C (1984), "The capital structure puzzle", Journal of finance, Vol 39, n°3, England.

Marchesnay, M (2003) La petite entreprise sortir de l'ignorance, *Revue Française de Gestion*, vol. 29, n° 144,Paris, France.

NWAMEN F. (2000)« Impact des technologies de l'information et de la communication sur la performance commerciale des entreprises », La Revue des Sciences de Gestion n°218, Paris, France.

PERREAULT.J et DUSSAULT.L (1994), "Le marketing de la PME", dans "PME : bilan et perspectives", Éditions Economica, Paris, France.

PHILIPPE.J (1990), "Information et milieu économique, des ressources à mobiliser." dans "Stratégies internationales des PME" sous la direction de LEO.P.Y, MONNOYERLONGE. M.C, PHILIPPE.J, Editions Economica, Paris, France.

JAOUEN A. et TORRES O. (2008), « Les très petites entreprises : un management de proximité », Editions Hermès Lavoisier, Paris, France.

KANGASHARJU A (2000) Growth of the smallest: determinants of small from growth during strong macroeconomic fluctuation, *International Small Business Journal*, vol. 19, n°1.

JULLIEN N., TREMENBERT J. (2010) « Les TIC dans les TPE : un investissement sous contraintes socio-économiques et surtout individuelles ». Éditions l'Harmattan, 2010, Paris France.

PACITTO J-C., JULIEN P-A. et MEIER O. (2002), « Les TPE sont-elles spécifiques ? », Piccola Impresa /Small Business, vol. 2.

PLANQUE.B (1987), "La PME innovatrice : quel est le rôle du milieu local ?", Revue Internationale PME.

PARADAS A. et O. TORRES (1996), "Les politiques de formation de PME françaises de classe mondiale", Revue Internationale PME, vol. 9, n°2.

ROSELE CHIM P. (2001) « Renouveau économique et nouvelles technologies de l'information et de la communication « Revue Vie et Sciences Economiques, n° 157-158, spécial Nouvelle Économie, Printemps, Paris, France.

ROSELE CHIM P. (2007) « Développement, déséquilibre, durabilité », Contexte des pays en développement d'Amérique, Éditions EPU, Paris, France.

ROSELE CHIM P. (2009) « Les Nouvelles Technologies de l'Information et de la Communication et le développement touristique des territoires », in le développement du tourisme de santé de remise en forme et de bien être, Éditions EPU, Paris France.

ROSELE CHIM P. (2012) « La gestion du développement des territoires et l'intelligence économique », Prism-Iso, Université de Paris 1-Panthéon Sorbonne, Paris, France.
URBAN.S (1993) « Management international », Les essentiels de la gestion, Editions Litec, Paris, France.
SOLIGNAC LECOMPTE H.B. (1993), « La combinaison des facteurs de production dans les PME en Afrique, is small beautiful ? », Réseau Politiques Economiques, ODESRIA, n° 10, janvier.
TORRES O. (2008) « L'ambivalence du management de proximité des TPE », in JAOUEN A. et TORRES O.(2008) « Les très petites entreprises, un management de proximité », Hermès Lavoisier, Paris, France.
TORRES O (1999) « Les PME », Éditions Flammarion, Paris, France.
WIKLUND J., PATZELT H. et SHEPHERD A. (2009) "Building an integrative model of small firm growth", *Small Business Economics*, Vol. 32.

L'écotourisme au Suriname : une approche benchmarking de l'offre

AMENDA BRON[1]

Doctorante Economie-Gestion MINEA[2] *EA 7485*

Université de Guyane et Université des Antilles

PAUL ROSELE CHIM[3] ***HDR***

Paris 1-Panthéon Sorbonne

Sciences Economiques, Sciences de Gestion

MINEA EA 7485 et CREDDI-LEAD[4] *EA 4541*

Université de Guyane et Université des Antilles

Résumé

Le Suriname situé en Amérique du sud est une ancienne colonie néerlandaise. Habité par des Amérindiens en premier, puis par des esclaves venus d'Afrique appelés aujourd'hui les Marrons, des Chinois, des Indonésiens, des Indiens et bien d'autres, la cohabitation des populations citées a donné naissance à un pays multiculturel, multiethnique, plurilinguiste et multi-religieux.

Le Suriname reste le pays où une mosquée jouxte avec une synagogue dans la zone de Keizerstraat. Dans le cadre de ce vivre-ensemble, le pays est doté d'une biodiversité remarquable avec des espèces variées d'animaux, de plantes et d'arbres. Les ressources naturelles (forêt vierge, jungle, rapides, montagnes, criques, etc.) offrent un grand potentiel au secteur du tourisme devenu un enjeu stratégique de développement économique, car source de devises se traduisant en revenus et en emplois.

D'ailleurs depuis la création du STS (Stichting Toerism Suriname) qui est la fondation du Tourisme du Suriname en 1996, l'accent est mis sur le renforcement de l'offre touristique. En effet, STS travaille en collaboration avec le ministère du Transport, de la Communication et du Tourisme et la Chambre de Commerce afin de consolider l'offre pour un développement et une promotion de la destination Suriname : participation à différents salons de tourisme dans le monde et promotion de l'offre.

Nous nous proposons de porter une analyse sur l'offre écotouristique du pays. L'objet de cet article est d'effectuer une approche simplifiée de benchmarking pour appréhender l'offre écotouristique au Suriname.

Mots-clés : *Tourisme, Ecotourisme, Offre touristique, Touristes, Emplois, Benchmarking.*

[1] *Les travaux de l'auteur portent sur une approche comparative du développement touristique sur le plateau des Guyanes. Dans le cadre de ses études doctorales, elle est centrée sur l'écotourisme et les stratégies de développement qui se dessinent en Colombie, au Suriname en Guyane Française et dans le Nord-Est du Brésil.*

[2] *Migrations Interculturalités et Education en Amazonie, Equipe d'Accueil 7485.*

[3] *Directeur d'études doctorales, les travaux de recherches de l'auteur portent sur les dynamiques industrielles internationales de développement, l'intelligence économique et l'industrie culturelle. Il est qualifié Professeur des universités par le CNU sous le n° 1510 50 85047.*

[4] *Centre de Recherche en Economie Droit et Développement Insulaire-Laboratoire d'Economie Appliquée au développement.*

Introduction

Le Suriname enregistre environ 160000 arrivées de touristes par an qui proviennent essentiellement de la Hollande et de la Guyane française, le reste, du Guyana, du Brésil, de Curaçao et de la Belgique. Le choix de la destination n'est pas un hasard. Il existe des liens et des rapports forts entre le Suriname et les pays de provenance des touristes majoritaires. Les Guyanais passent en moyenne un week-end au Suriname pour le tourisme d'affaires. Cela pourrait être justifié par la proximité des lieux. Ce temps serait dévolu au shopping. Les Guyanais se tournent actuellement vers les sites écotouristiques de leurs voisins pour une durée plus longue.

Les Néerlandais séjournent au Suriname en moyenne trois semaines et font surtout de l'écotourisme. Ici l'éloignement et le désir des Hollandais de découvrir la nature et les vertus de la forêt d'Amazonie en sont les raisons.

Quant aux Brésiliens, ils sont environ 30000 en situation irrégulière au Suriname. Ils viennent majoritairement pour le trafic, l'orpaillage et ne contribuent que très peu à l'activité écotouristique du Suriname. Cela n'est pas étonnant lorsqu'on connait les méfaits de l'activité aurifère sur l'environnement et sur les sites naturels.

S'il n'existe pas de plan directeur explicite du tourisme national, les objectifs généraux du plan de développement pluriannuel du Suriname (2005-2010) concernent le secteur écotouristique. Ce plan prévoit une augmentation globale de 50 % des touristes au cours de la période mentionnée. Les prévisions ont été atteintes. Le nombre de touristes a atteint 204 519 en 2010.

Toutefois le pays connait quelques éléments qui freinent le développement de son activité touristique. On pourrait citer, le manque d'accessibilité, la stricte réglementation des visas, l'insuffisance d'infrastructures aéroportuaires et des liaisons aériennes et celle du réseau routier. Par ailleurs, l'organisation de la gestion des déchets devrait être améliorée pour le développement durable.

Concernant le problème des visas, une augmentation brutale de 20 euros à 90 euros a été un fait marquant qui a provoqué une vague de protestations du côté français et quelques remous au parlement surinamais en 2016. Le président de la CTG[5] s'est déplacé au Suriname à la rencontre du président de la République Surinamaise afin d'établir une concertation et un accord. Des mesures favorables ont été prises.

Afin d'appréhender l'offre, nous nous proposons, à travers cette étude, de procéder à l'examen de trois points : la place du tourisme dans le plan de développement, la destination et ses déterminants, et les contraintes.

[5] Collectivité Territoriale de Guyane

L'écotourisme comme priorité de développement

Dans le plan de développement pluriannuel (MOP) 2006-2010, le gouvernement du Suriname a identifié quatre types de tourisme au Suriname : le tourisme naturel, le tourisme culturel, le tourisme d'aventure et le tourisme lié à la famille et aux relations amicales. Le gouvernement reconnaît les efforts déployés par le Ministère du Tourisme, de la Fondation du Tourisme et le secteur privé qui ont conduit à une croissance exponentielle de l'industrie du tourisme dans les dernières années. En raison des effets positifs à court terme et à long terme du tourisme sur l'économie du Suriname, l'industrie du tourisme est identifiée comme l'une des priorités du plan de développement.

Certaines faiblesses s'avèrent incontournables à éliminer, afin de permettre le développement du secteur : une législation jugée inadéquate, l'absence de normes de qualité uniforme en ce qui concerne le logement et les infrastructures, l'accès limité au Suriname, un manque de personnel qualifié et formé et l'inflation. Comme il est indiqué dans le plan MOP, des mesures doivent être prises par le gouvernement pour soutenir le secteur touristique :

-Fournir un cadre législatif adéquat

- Renforcement institutionnel par la transformation de la Fondation du tourisme en un conseil du tourisme
- Aider le secteur privé dans le développement de produits touristiques uniques
- Aider au développement du marché
- Travailler sur l'accessibilité du Suriname en tant que destination touristique.

Les touristes au Suriname

Le Suriname reçoit des touristes du monde entier dont une grande partie provient des Pays-Bas en raison des liens historiques et de la Guyane pour cause de proximité. Environ six visiteurs sur dix viennent au Suriname parce qu'ils ont de la famille et des amis. Une bonne partie est attirée par les affaires. Force est de constater que l'arrivée de quatre visiteurs sur dix est exclusivement déterminée par les loisirs.

Les profils des visiteurs

Le tourisme au Suriname est dominé par les touristes qui viennent visiter des parents et des amis (VFA[6]), ce qui représente plus de la moitié (50,2 %) des touristes. Environ un quart des touristes (24,5 %) est venu à des fins commerciales. Un peu plus d'un cinquième (22,5 %) des touristes ont visité le Suriname à des fins de plaisance. De même, le tourisme au Suriname est dominé par le marché des Pays-Bas qui représente plus de 75 % des touristes.

[6] *VisitesFamillesAmis, Visites Familles Référents.*

Près de 8 sur 10 des touristes d'agrément viennent des Pays-Bas. Il y avait près de 3 touristes masculins pour un touriste féminin. L'âge moyen des touristes masculins et féminins était de 44 ans.

La majorité des touristes appartenait à la tranche d'âge 35-54 ans. Près des deux tiers (63 %) des touristes du Suriname sont des visiteurs assidus.

Un ratio exceptionnel pour n'importe quelle destination touristique est lié à la forte proportion de voyages VFR. Parmi les touristes d'agrément, un tiers seulement était débutant. Plus de deux tiers (68 %) des touristes ont un lien avec le Suriname reflétant la forte proportion de personnes qui viennent rendre visite à leurs amis et parents. En fait, un tiers (32 %) des touristes sont nés au Suriname.

La destination et ses déterminants

Le modèle qui suit est relatif au fonctionnement des flux touristiques. De manière très simplifiée, il vise à montrer les raisons du choix de la destination.

Modèle circulaire du tourisme du Suriname
Visiter leur famille et amis
Faire des affaires
profiter de leurs vacances

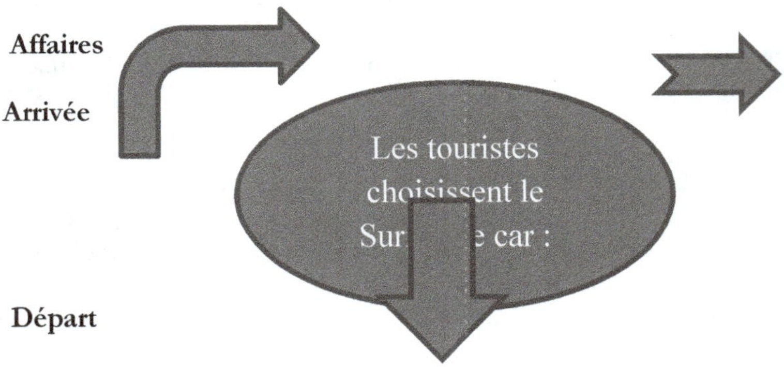

Croquis : Paul Roselé Chim, Amenda Bron (2016)

Le tourisme au Suriname est dominé par le marché néerlandais, il a été nécessaire d'utiliser la méthode des quotas de 100 entretiens minimaux acceptables pour les autres secteurs du marché. L'échantillonnage systématique (un voyageur sur six) a été utilisé pour la sélection des visiteurs néerlandais en procédant à une interview. Sur cette base, les secteurs de marché suivants peuvent être analysés avec confiance : Pays-Bas, autres pays de l'Europe, Antilles Néerlandaises, autres pays de la Caraïbe, Nord Amérique, Amérique Centrale et du Sud et le reste du monde.

Pour revenir aux motifs de visite du pays observons ce tableau. Nous voyons bien que la part des visites chez la famille et les visites pour les vacances sont plus importantes.

Visit by purpose

Doel van het bezoek/Purpose of visit	2008	2009	2010	2011	2012
Zaken/Business	14341	13211	17366	20707	20411
Vakantie/Leisure	44155	45698	86041	104996	117570
Studie/Study	1892	1593	2026	2087	2278
Familiebezoek/Family visit	75270	73771	70987	55447	59673
Overige/Other	10101	10372	16409	19075	38089
Onbekend/Not stated	4952	5983	11690	18163	2020
Totaal aantal toeristen	150711	150628	204519	220475	240041

Source STS: rev-statistics breakdown all type of visitors over the period of 5 years

L'originalité touristique, « du bouche à oreille » comme vecteur de publicité

Les touristes peuvent être de toutes les nationalités. Parfois, les voyageurs qui arrivent au pays sont enregistrés comme des visiteurs, parce qu'ils paient pour les services et ils sont perçus comme des clients potentiels. Contrairement à la situation qui prévalait il y a quelques années où le coût des voyages était extrêmement élevé, la plupart des touristes d'aujourd'hui ne sont pas toujours des personnes ayant un revenu élevé. Traités avec respect et hospitalité, l'incitation à la visite devient croissante.

Les touristes voyagent souvent en famille ou avec des amis. Ceux qui voyagent seuls ne recherchent pas généralement un partenaire. Ce n'est pas parce qu'ils voyagent en même temps qu'ils se connaissent. Ils ont pour la plupart du temps juste fait leur tournée avec le même tour-opérateur et sont placés dans un groupe.

Ils ne sont pas originaires du même pays et ne parlent pas la même langue. Par conséquent, si la communication ne passe pas entre eux, il se pourrait qu'ils refusent de partager les mêmes lieux d'hébergement.

Tous les touristes ne sont pas des étrangers. De plus en plus de Surinamiens visitent leur propre pays pour approfondir la connaissance de leur identité, de leur histoire et découvrir les différentes cultures existantes. Ces Surinamiens pourront être enregistrés comme des touristes si leur épargne atteint un montant tel qu'ils peuvent faire des dépenses en visitant les différentes parties du Suriname. Ils sont dénommés« *national toeristen* » par différence avec les autres « *international toeristen* ».

Les arrivées de touristes entre 2008 et 2012

Données de touristes au Suriname

ALL VISITORS OVER 5 YEAR PERIOD

	2008	2009	2010	2011	2012
Overnight visitors	**150711**	**150628**	**204519**	**220475**	**240041**
Same day visitors	**266**	**300**	**482**	**289**	**298**
Residents	**41267**	**53125**	**67208**	**71978**	**83601**

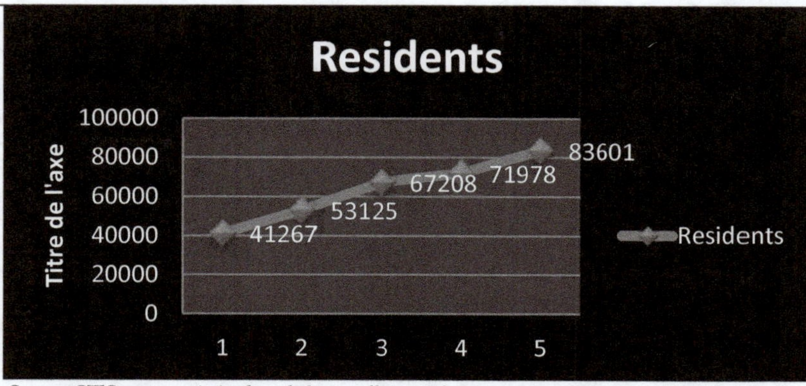

Source STS: rev-statistics breakdown all type of visitors over the period of 5 years

Nous pouvons observer qu'entre 2008 et 2012, le nombre de touristes est croissant. Toutefois en 2010 le nombre de touristes de passage était plus significatif que les autres années. Par contre pour les résidents et les visiteurs de plus d'une journée la tendance est croissante d'une année à l'autre.

Le nombre de touristes par aéroport

Arrivals by port

Een overall lichte toename van 8.87 %
In 2012 t.o.v 2011

AirportAirAairport/Border	2008	2009	2010	2011	2012
Zanderij	**118245**	**111780**	**143130**	**147486**	**151203**
Nickerie	**9923**	**17267**	**29491**	**33195**	**48485**
Albina	**21322**	**20354**	**29159**	**36796**	**37015**
Zorg & hoop	**1221**	**1227**	**2739**	**2998**	**3338**
Totaal aantal toeristen	**150711**	**150628**	**204519**	**220475**	**240041**

Source STS: rev-statistics breakdown all type of visitors over the period of 5 years

Durant ces cinq ans le nombre de touristes passant par l'aéroport Zanderij est supérieur aux autres ports ou aéroports. Il est croissant. Une fois sur place, les touristes peuvent pratiquer les activités suivantes:

Activités pratiquées

Faire du shopping	Visiter Commewijne	Visiter les zones de loisirs	Visiter Fort Zeelandia
Regarder les oiseaux	La pêche	Visiter les plantations	Visiter les casinos
Aller en randonnée en rivière	Effectuer les parcours en forêt	Découvrir les peuples autochtones	Séjourner dans les lodges

Tableau élaboré par Amenda BRON (2016)

Les différentes structures d'hébergement

Ces dernières années, le produit touristique du Suriname a considérablement été élargi. Actuellement, le pays enregistre 327 grands et petits hôtels, maisons d'hôtes et des appartements, 62 agences de voyages actives et 73 tour-opérateurs. Le pays est de plus en plus connu par les voyageurs internationaux. Les entreprises publiques et privées de tourisme développent constamment de nouveaux marchés. Cette dynamique inclut l'Allemagne et le Royaume-Uni.

Du 9 au 12 mai 2009, les agences de voyages et les autres acteurs de ces pays ont été invités à se familiariser avec le produit touristique du Suriname. Au cours des cinq dernières années, le nombre de touristes en provenance de ces deux marchés a augmenté.

L'objectif est d'augmenter le nombre de touristes de ces deux marchés avec au moins une augmentation annuelle de 10 %. Il est aussi prévu que le nombre de touristes croisse dans d'autres marchés. Les autorités surinamiennes restent optimistes.

Dans le cadre de cette étude, des visites de terrain ont été effectuées en ce qui concerne les structures. Les rencontres avec les managers ont permis d'examiner les établissements suivants : ROYAL TORARICA, PALACIO, Tran Elite, UN PIED A TERRE, ALBERGA, Guesthouse AMICE, Guesthouse TWENTY4, YWCA, FELISA Appartement, KAIKOESI Appartement, Bed and Breakfast FAMIRI et Bed and Breakfast FLORES.

Dans la branche de l'écotourisme, il existe plus de 100 établissements. Cependant seulement 32 sont recensées et donc travaillent en collaboration avec STS. Dans le cadre de cette étude, 10 devront être visités : (Paradise Island, Araphu, Anaula Nature Resort, Danpaati, Bakka Boto, Kabalebo Nature Resort, Raleigh Falls, Awarradam, District Tour Bigi Pan / New Nickerie et Bergendal Resort). Les informations significatives de différenciation proviennent des établissements ou des organismes à l'exemple de la Cathédrale, du Musée Fort Zelandia, du Bureau Access Travel et deOrange Travel, du Centre d'Information Touristique (TIC). Les autres établissements comme Palmentuin, le Ministère du Tourisme, le Tourisme photoshop, le marché de Paramaribo, le Sunrisen Store, le Readytex, la Gare Routière, le Mets, le Centre Culturel activent la différenciation qui installe une concurrence des circuits de visites.

En jugeant certains critères d'évaluation des établissements écotouristiques, l'analyse se focalise sur l'accessibilité, le prix, le lit/ hamac, les équipements de la chambre, la climatisation ou le brasseur d'air, l'électricité ou un groupe électrogène, les attractivités, le bar-restaurant, la propreté, la sécurité, la piscine, la télévision, la dimension des chambres, le téléphone, le balcon et finalement une salle de bain privée. Ces éléments semblent de grande importance à évaluer faute de normes. Voyons quelques images qui confortent l'attractivité touristique.

Raleigh

valen

Photos : Paul Roselé Chim, Amenda Bron (2018)

Stoon island

Baka boto

Photos : Paul Roselé Chim, Amenda Bron (2018)

Anaula

Photos : Paul Roselé Chim, Amenda Bron (2018)

Bergendal

Photos : Paul Roselé Chim, Amenda Bron (2018)

Les contraintes du développement touristique

La formation

La scolarité débute au Suriname à l'âge de six ans et devient obligatoire à partir de la septième année jusqu'à 12 ans. Le *Ministerie van Onderwijs en Volksontwikkeling* (Ministre de l'Éducation) est chargé des questions relatives à la formation jusqu'à l'université. Avec un taux de scolarisation en hausse entre 2004 et 2011, les objectifs ont été atteints. Il est important de souligner que dans ce pays le taux de réussite chez les femmes est supérieur à celui des hommes. En 2010, la part de la population surinamaise ayant terminé l'enseignement supérieur n'était que de 5,4 %. À cette même période ceux qui avaient une formation représentaient environ 60 % de la population. Même si les femmes affichent un taux de réussite supérieur à celui des hommes, elles sont plus exposées au chômage. Cela s'explique en partie par les inégalités structurelles entre les sexes dans le monde surinamais du travail.

Le pays fait face à des obstacles dans le domaine de l'éducation en raison de la diversité de sa population et des contraintes géographiques. Il n'est pas étonnant que ceux qui habitent la capitale et les villes environnantes aient plus de facilité d'accès à la formation que ceux qui habitent à l'intérieur du pays ou sur la zone du haut Maroni. À cette dispersion, à l'éloignement viennent s'ajouter les traditions et les coutumes. Certains adultes ou adolescents, par exemple chez les Djukas ne maitrisent pas le néerlandais. L'offre éducative est souvent insuffisante tant sur le plan qualitatif que quantitatif.

Depuis déjà 36 ans, les capacités du système éducatif du Suriname restent faibles en raison des crises. Cette insuffisance de l'offre éducative est le fruit semble-t-il d'une immigration d'une partie de la population de la région d'Albina qui traverse le Maroni pour se scolariser en Guyane française, là où la scolarité est gratuite contrairement au Suriname.

Avec une part importante de la scolarité, le degré de formation reste faible. Ce domaine n'a pas beaucoup progressé depuis l'indépendance. Il enregistre des difficultés quant à la qualification de son capital humain. L'accès à l'enseignement supérieur reste limité, cela est dû en partie à des redoublements.

Environ 30 à 35 % des étudiants sortent du système sans l'obtention d'un diplôme. Cela peut parfois s'expliquer par le niveau élevé qui est exigé. Un étudiant de l'université au Suriname doit être capable de s'exprimer correctement en anglais ou être polyglotte.

En effet, l'anglais a été le choix prioritaire du pays tout d'abord car c'est la langue internationale des échanges et aussi parce que le Suriname est membre du CARICOM. Ensuite, viennent l'espagnol et le portugais du fait de son positionnement sur le continent sud-américain.

Récemment, un système de diplômes comparable au système européen a été mis en place avec pour finalité de coopérer avec les pays et les universités européennes notamment la Guyane Française. En termes d'effectifs, le Suriname compte 9 établissements d'enseignement supérieur.

Parmi ces établissements, l'Université Anton de Kom compte 11 centres de recherche ayant en commun l'identification et l'étude des problématiques de développement. Ces centres sont le Centre pour la recherche agricole au Suriname (CELOS), l'Institut pour les technologies appliquées (INTEC), l'Institut de recherche biomédicale (MWI), l'Institut pour la recherche en sciences sociales (IMWO), Herbier National, qui recense et conserve la flore du Suriname (BBS), l'Institut de gestion de la qualité et de l'information de l'Université et de l'enseignement supérieur (IKIM), l'Institut d'études sur les femmes, le genre et le développement (IWGDS), l'Institut des relations internationales (IIR), l'Institut universitaire pour les droits de l'enfant (UK), le Centre universitaire informatique (UCC), le Centre pour la recherche environnementale (CMO).

Il est possible de s'inscrire dans des formations pour apprendre un métier même après un décrochage scolaire, à des cours du soir ou des cours de langues. En 2014, une formation en langue française a été proposée à 138 fonctionnaires de l'État pour une durée d'un an, un projet mené par le Ministre des affaires étrangères du pays.

L'inflation

Au Suriname, l'industrie minière avec plus de 33 % du produit intérieur brut est le premier secteur de l'économie. Cette activité à l'export est source de variation des prix. Ces derniers, dans la plupart des grandes entreprises, sont calculés en se basant sur le cours du dollar américain. Sur le court terme, les prévisions économiques varient en fonction de la faculté du gouvernement à faire face à l'inflation et à développer la branche aurifère et minière, ou encore pétrolière.

Le pays n'a pas été épargné par les crises de ces dernières années. Sous l'ancien président Ronald VENETIAAN, il subissait des politiques d'austérité, de contrôle de sa dépense publique, l'augmentation des impôts dans le court et le moyen terme.

L'arrivée du nouveau président de la République Délano Desiré BOUTERSE, n'a pas inversé la donne. Dès sa réélection en 2014, il s'est adressé à la population en lui disant : « *Serrez-vous la ceinture car la situation ne sera pas simple* ». Très peu de temps après, les effets se sont fait ressentir : les prix à la consommation se sont envolés, l'eau et l'électricité ont augmenté, et on a vu apparaître des taxes supplémentaires. La population s'est sentie dépassée par les événements. En mai 2016, un mouvement de grève a pris de l'ampleur, des manifestants mécontents, environ trois mille, se sont rassemblés dans les rues devant le palais présidentiel.

À la suite de ce mécontentement populaire, le président a pris quelques mesures de baisse des prix qui n'ont pas eu d'effets durables. Le graphique suivant donne une idée de l'ampleur du niveau de l'inflation durant l'année 2016.

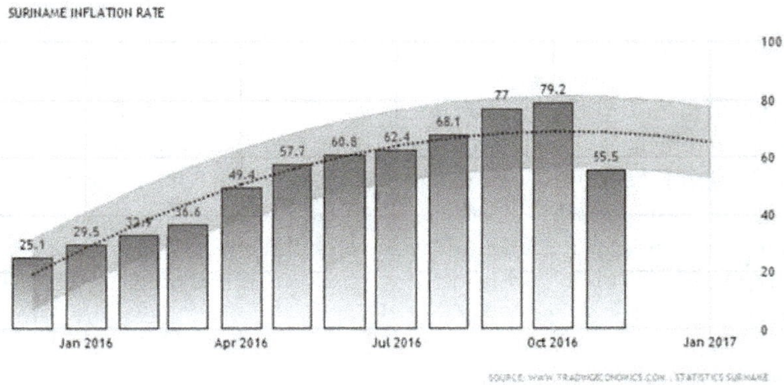

Le premier trimestre de 2017 reste inflationniste. Le dollar surinamais qui s'échangeait autour de 4 dollars pour 1 euro s'échange dans les environs de 8 dollars pour 1 euro actuellement.

Alors que le salaire des fonctionnaires comme pour tout le reste de la population demeure inchangé, les prix à la consommation croissent, entraînant ainsi la fermeture de nombreux commerces. Les plus grandes entreprises tentent tant bien que mal de faire face à cette situation. Les prix ne sont plus affichés. Toutefois, les prévisions à long terme sont en faveur d'une situation inverse prévoyant un taux d'inflation autour de 15 % pour 2020.

Le ministre des finances annonce : « *Nous voulons introduire des réformes qui amélioreront les conditions commerciales, de sorte que tous ces problèmes deviennent quelque chose du passé* ». De même, ajoute-t-il, « *Nous sommes dans une situation difficile, mais l'avenir semble brillant* ».

Il semble important de souligner que le Suriname a fait un prêt d'environ 1,7 milliard de dollars auprès de la BID (Banque Islamique de Développement) pour une durée de 5 à 10 ans. Ce prêt équivaut à 40 % du PIB. La dévaluation du dollar surinamais et l'accélération de l'inflation s'expriment par les relâchements de politiques budgétaires et monétaires depuis plusieurs années. Avec des politiques économiques plus rigoureuses l'inflation était un peu contrôlée et se trouvait sous le seuil des 10 %, mais on observe sur une période récente une résurgence de l'inflation notamment ces deux dernières années.

Toutefois, les raisons de cette inflation sont différentes de celles du passé. Si dans le passé l'inflation était due à des déséquilibres internes tels que les dérapages des finances publiques, des dévaluations non maitrisées, actuellement, elle est due à des facteurs exogènes, notamment la hausse du prix des matières premières et du pétrole dans un contexte de dévaluation inévitable.

Les normes

En 2014, au Suriname, il n'existait pas de normes en matière touristique. Les projets étaient faits par la volonté et avec les attentes uniquement des porteurs de projets sans aucune contrainte. Un porteur de projet pouvait par exemple détenir un hôtel, prétendre que c'est un hôtel de luxe sans que cela soit contrôlé.

STS mise sur l'image du tourisme au Suriname et appelle les porteurs de projets ou futurs porteurs à travailler dans l'orientation du développement. En partenariat avec SSB (Suriname Standards Bureau) créé en 2007, des projets en commun mettent l'accent sur la mise en place de normes. Le SSB assure principalement les fonctions d'Institut national de normalisation et de règlementation technique dans le pays.

Vu qu'il n'existe pas de normes surinamaises, les normes auxquelles les porteurs de projets peuvent se référer sont les mêmes que celles de la Caraïbe. Depuis peu, STS suit les règles de CROSQ pour la mise en place de normes. Basé à la Barbade, le CROSQ est le centre régional de promotion de l'efficacité et de la production compétitive en biens et services, par le biais du processus de normalisation et de vérification de la qualité.

Durant la présente période, les tour-opérateurs s'impliquent. Des programmes d'intensification stratégique de développement sont actifs pour les hôtels, les restaurants et les autres acteurs et métiers du secteur touristique et des loisirs.

Conclusion

Le tourisme durable nécessite la participation étroite de tous les acteurs concernés, une surveillance constante des impacts, une sensibilisation aux questions de développement durable et la promotion de pratiques de tourisme durable.

Lorsque nous examinons la question de la durabilité dans certains pays en développement comme le Suriname, il est important de souligner que les activités donnent le sentiment de minimiser les dommages et idéalement profitent de l'environnement d'une manière positive tout en étant aux prises avec la protection et la conservation nécessitant de lourds investissements.

Socialement et culturellement, les activités du tourisme au Suriname n'ont pas d'effets négatifs mais au contraire revitalisent les structures sociales et culturelles des communautés. Finalement, l'écotourisme vise à minimiser les impacts écologiques et socioculturels tout en offrant des avantages économiques pour les communautés locales. Ce secteur a un besoin de renommée internationale.

L'offre déclinée dans notre étude met en évidence les potentialités du Suriname. Le plan de développement du gouvernement insère ce secteur dans un cheminement visant à satisfaire la demande régionale et l'ouverture internationale.

Références bibliographiques

BOTTI L., TORRES O. (2008) "Small tourism business resistance to participation in local collective strategies: the proximity management approach contribution, Rural enterprise and Management Review.

BRON A. (2014) "Etude comparative du tourisme en Guyane française et au Suriname", Mémoire de Master 2 Management et Financement du Développement Durable, IES-Guyane, Université des Antilles et de la Guyane, Cayenne, Guyane Française.

BRON C. (2004) « A survey of profile, behavior and expenditures patterns of visitors to Suriname », Working Papers, Suriname.

COOPER C.(2002) "Sustainability and tourism vision", International Conference of the CLAD on reform of Public Administration, Lisboa, Portugal.

FABRY N., ZEGHNI S. (2010) "Tourisme et développement local : une application aux clusters de tourisme", Revue Mondes en Développement, n°157, pp. 97-110.

REINER K. and NELOM C.(2009) "Guideline for sustainable tourism final draft 1.0 ", june 2009.

ROSELE CHIM P. (2007) « Développement, déséquilibre, durabilité », Contexte des Pays en développement d'Amérique, Edition EPU, Collection Economie-Gestion, Paris, France.

ROSELE CHIM P. (2009) « Le développement du tourisme de santé, de remise en forme et de bien-être », Edition EPU, Collection Economie-Gestion, Paris, France.

ROSELE CHIM P. (2010) « Discours sur le développement, la durabilité et le progrès social », Edition EPU, Collection Droit-Sciences Politiques, Paris, France

ROSELE CHIM P.(2014) "Les défis du développement du tourisme et l'intelligence économique des territoires", Villes sur mer et en terre, Edition EPU, Collection Economie-Tourisme, Paris, France.

GUADELOUPE
AUX ÉDITIONS L'HARMATTAN

Dernières parutions

ANTHROPOLOGIE DU CONFLIT EN GUADELOUPE
Prolongements, ruptures et variations de la domincation coloniale
Rémadjie N'Garoné
Cet ouvrage explore le conflit identitaire antillais dans la Guadeloupe des années 2010. À travers les domaines économique, socioculturel et politique, l'auteure interroge les héritages présents de l'esclavage et de la colonisation malgré les ruptures et changements de contexte. Cette réflexion sur les relations qu'une société entretient avec son passé et les façons dont elle le réactualise, le transmet, l'oublie, l'instrumentalise, le réinvente pour vivre le présent et se projeter dans l'avenir, nous est proposée ici.
(Coll. Logiques sociales, 250 p., 26 euros)
ISBN : 978-2-343-14926-4, EAN EBOOK : 9782140100390

LACS AMERS
Roman
Roger Toumson
Le voyage initiatique qu'effectuent les deux personnages de ce roman établit la table des correspondances d'une tragédie collective et d'un drame personnel. Il sonde les régions obscures de l'être tant il est vrai que l'art antillais de la création romanesque est constamment la tentative de recréation d'une mémoire fragmentée. Roman historique où vibre le passé frémissant d'un pays réel, la Guadeloupe, "Lacs amers" se conjugue au présent immédiat.
(244 p., 21,5 euros)
ISBN : 978-2-343-15401-5, EAN EBOOK : 9782140099328

CHRONIQUES DES ILES DU VENT
Guadeloupe & Martinique
Nouvelles et poésies sélectionnées par Dominique Ranaivoson, en collaboration avec Jean-Marc Rosier
Douze écrivains originaires de la Guadeloupe et de la Martinique témoignent leur commun attachement à leurs îles natales ou adoptives. Leurs écritures, en français ou en créole, associées à l'image ou à la musique du slam, en prose ou en vers, témoignent de la richesse de la créativité littéraire de la région. Inspirées par leurs aînés, mais libres de toute école, leurs plumes sont tout à la fois des Caraïbes et du Monde.
(Coll. Chroniques, 202 p., 9 euros)
ISBN : 979-10-334-0141-4, EAN EBOOK : 9791033405023

L'IMPOSSIBLE PROCÈS
Théâtre
Guy Lafages
Du lundi 19 février au vendredi 1er mars 1968 va se dérouler un procès traduisant dix-huit patriotes guadeloupéens, devant la Cour de Sûreté de l'État. Qui sont ces hommes ? Que leur reproche-t-on ? Ce texte est une adaptation théâtrale proposant de larges extraits des audiences, telles que rapportées dans l'ouvrage de référence intitulé « Le procès des Guadeloupéens », au cours de laquelle un journaliste et un historien analysent et commentent les termes de la poursuite.
(302 p., 25 euros)
ISBN : 978-2-343-13894-7, EAN EBOOK : 9782140076534

L'OCTROI DE MER

L'ultime réforme

Fred Le Breton

Survivance du passé colonial, l'octroi de mer est un impôt qui touche les Régions Ultra Périphériques (RUP) de Guadeloupe, Guyane, Martinique, Mayotte et La Réunion. La Communauté européenne ne voulant pas de restriction à la libre-circulation des marchandises, beaucoup prédisent la disparition prochaine de cet impôt. Cet ouvrage présente la lente mais inéluctable évolution de cette question qui, depuis des siècles, a toujours été au centre de la vie politique et économique dont seule une réponse juridique et fiscale de taille est attendue.

(352 p., 33 euros)

ISBN : 978-2-343-13752-0, EAN EBOOK : 9782140074141

APPARTENANCE, IDENTITÉ ET FILIATION

Les liens familiaux en question aux Antilles en général et en Guadeloupe en particulier

Sous la direction de Daniel Coum / Avant-propos de Christiane Gaspard-Méride

La Guadeloupe présente l'avantage de se situer au confluent de problématiques multiples qui font d'elle une terre de contrastes, de tensions et de richesses culturelles. Parce que la famille y est, comme ailleurs, un creuset, les liens familiaux représentent à la fois le lieu de tous les dangers et celui de toutes les solidarités actuelles et à venir. Cet ouvrage, écrit à plusieurs, est le résultat de travaux de recherche et de formation, réalisés au plus près des expériences vécues par les familles.

(Coll. Colloques et rencontres, 252 p., 25 euros)

ISBN : 978-2-343-12029-4, EAN EBOOK : 9782140037528

PÒTRÉ-PÒTRÉ A...

Portraits créoles

Alain Rutil

Cet ouvrage est un recueil de 42 portraits de gens ordinaires, chargés de certains attributs de la société guadeloupéenne. Il permettra de se regarder dans le miroir non déformant de la complexité des relations, dans la riche mosaïque de la langue et de la culture du Pays Guadeloupe. Le lecteur y trouvera son compte de réalités épiques, d'une langue généreuse, expression d'une culture faite d'aliénations, d'assimilations, mais aussi de résistances créatrices. Tous ces portraits qui nous sont offerts expriment autant le plaisir que la douleur des relations humaines. (Ouvrage en créole)

(226 p., 21 euros)

ISBN : 978-2-343-11887-1, EAN EBOOK : 9782140034855

LES PROCESSUS DE RECONFIGURATION DANS L'ART CARIBÉEN

Guadeloupe, Haïti, Jamaïque

José Lewest

Cet ouvrage offre une lecture particulière de l'art caribéen au travers d'une ouverture comparative à l'ensemble de la région, en associant les pratiques des pays des Petites et Grandes Antilles : Guadeloupe, Haïti et Jamaïque, sur une temporalité élargie et dans une vision plus globale que d'habitude. Une telle approche d'harmonisation vise l'optimisation de la perception et de la compréhension de l'âme de la création caribéenne. Elle a aussi pour projet un réajustement de la position de l'art de la Guadeloupe.

(Coll. Les Arts d'ailleurs, 266 p., 26,5 euros)

ISBN : 978-2-343-11142-1, EAN EBOOK : 9782140029646

CHEVALIER DE SAINT-GEORGE

Le combat intime

Christian Paviot

Le chevalier de Saint-George (1745-1799), mulâtre, esclave, né en Guadeloupe et mort à Paris, était une figure de l'émancipation des esclaves des empires coloniaux européens. Ami des plus grands (Duc d'Orléans, chevalier d'Éon...), Saint-George était hanté par la recherche de lui-même et de la Vérité (il était franc-maçon au Grand Orient de France). Cette courte biographie nous propose sa vision du bien vivre ensemble et tente ainsi de restituer son message.

(63 p., 11 euros)

ISBN : 978-2-343-10617-5, EAN EBOOK : 9782140024467

HISTOIRE DE L'INDUSTRIE SUCRIÈRE EN GUADELOUPE AUX XIXE ET XXE SIÈCLES

Les "Vingt calamiteuses" et la fin de l'économie de plantation (1966-2000)

Christian Schnakenbourg

Ce livre retrace l'histoire d'un effondrement brutal. En deux décennies calamiteuses, la Guadeloupe passe de douze usines à deux et d'une économie de plantation reposant sur le sucre à une économie de consommation soutenue par les transferts publics. Quand la crise prend fin, on continue, certes, à y produire du sucre, mais elle n'est plus une île à sucre.

(272 p., 28 euros)

ISBN : 978-2-343-10296-2, EAN EBOOK : 9782140021800

LA MÉTHODE DPR

Dynamique/Projection/Réalisation

Joëlle Verdol

La DPR (Dynamique, Projection, Réalisation) permet à chacun d'apprendre à être soi (ou de se réconcilier avec soi), de savoir ce qu'il veut (discernement), de formuler ses préférences, de les exprimer en les projetant dans la matière de toute la force issue de l'énergie des émotions. Dans ce manuel d'apprentissage de l'Être et de son pouvoir créateur, l'auteur affirme et démontre que l'énergie de nos émotions peut être mise en Dynamique, puis Projetée en vue de la Réalisation de nos intentions. La DPR intéresse tous ceux qui sont en quête du sens de leur vie.

(Coll. Les Impliqués, 218 p., 23 euros)

ISBN : 978-2-343-08425-1, EAN EBOOK : 9782140016493

MISSIONNAIRES DOMINICAINS

Vol. 1

Édition critique de Bernard Grunberg, Benoît Roux & Josiane Grunberg

Les dominicains français ont beaucoup écrit sur les Petits Antilles, où ils se sont rendus comme missionnaires au XVIIe siècle. Chacun a eu soin d'insister sur un aspect ou l'autre de la colonisation : le père Pierre Pélican, Mathias Du Puis, Charles Houël, André Chevillard, Jean-Baptiste Du Tertre. Les témoignages des dominicains français sont ainsi un précieux outil pour saisir la civilisation caraïbe et la colonisation française des îles au XVIIe siècle.

(Coll. Corpus Antilles/Sciences sur les Indiens de la Caraïbe, 236 p., 25 euros)

ISBN : 978-2-343-09627-8, EAN EBOOK : 9782140015694

LA VOIE DE LA FUSION

Magnétisme, spiritualité et altermondialisme

Joëlle Verdol, Philippe Verdol

Magnétiser, c'est écouter avec compassion. Une telle qualité d'écoute ouvre des horizons surprenants en ce qu'elle peut abolir l'espace et le temps, ainsi que, corrélativement, la conscience d'être séparé du reste de la création. Cette conscience ne peut que modifier la vision du monde de son bénéficiaire et le conduire à affirmer qu'un autre monde est effectivement possible ? L'ouvrage constitue par ailleurs un véritable manuel d'action magnétique, à l'usage de tous les chercheurs en quête de l'Action Juste.

(Coll. Les Impliqués, 162 p., 18,5 euros)

ISBN : 978-2-343-08426-8, EAN EBOOK : 9782140016202

LES CULTURES URBAINES DANS LA CARAÏBE

Sous la direction de Steve Gadet

Comment se sont-elles manifestées dans la Caraïbe ? Comment peut-on en mesurer l'impact ? Quelles sont leurs relations avec les autres dynamiques culturelles locales/régionales ? Ce sont les questions auxquelles ces recherches apportent des réponses. Elles sont analysées par le prisme de disciplines scientifiques différentes (géographie, études culturelles, études postcoloniales, littérature, histoire, anthropologie, sociologie, études filmiques/cinématographiques, etc...).

(Coll. Questions contemporaines, 282 p., 26 euros)

ISBN : 978-2-343-09058-0, EAN EBOOK : 9782140010194

ABOLITION DE L'ESCLAVAGE
1848-1852

Oruno D.Lara

L'objectif de cet ouvrage est d'expliquer comment s'est déroulée cette période d'abolition ou d'émancipation générale dans les colonies françaises concernées entre 1848 et 1852. Chaque colonie - Guadeloupe, Guyane, Martinique, La Réunion - possède sa date particulière d'abolition, ses traditions, sa mémoire et ses personnages. La période de l'abolition de l'esclavage ne s'accompagne pas de la fin de la colonisation française ?

(116 p., 13,5 euros)

ISBN : 978-2-343-08869-3, EAN EBOOK : 9782140006142

VICTOR JEAN LOUIS BAGHIO'O PAR LUI-MÊME
Lettres, Journaux, Essais et Récits inédits

Jean-Louis Baghioo

Textes réunis et préfacés par Charles W. Scheel

Le présent ouvrage vient compléter le portrait d'un homme de lettres antillais (1910-1994). Les anthologies retiennent surtout qu'il publia un recueil de poésies, Les Jeux du Soleil, et qu'il obtint le Prix des Caraïbes en 1975 pour Le Flamboyant à fleurs bleues, et un roman sur les O'O de Guadeloupe. Or, en sus de trois autres romans publiés, Baghio'o a laissé de nombreux inédits. Ces oeuvres tardives viennent s'ajouter ici à divers textes où Baghio'o raconte ses aventures extraordinaires de Résistant, compagnon de Desnos et de Damas, les missions qu'il accomplit en tant qu'ingénieur de radio dans l'Afrique des indépendances, et sa perception de la littérature antillaise.

(Coll. Classiques pour demain, 242 p., 24,5 euros)

ISBN : 978-2-343-08161-8, EAN EBOOK : 9782140007170

DES NOUVELLES DE LA SOLITUDE

Prosper Plumme

À l'heure d'Internet et des téléphones portables de tous modèles confondus, voici Des nouvelles de la solitude, ou l'histoire d'une solitude de plus dans notre société soi-disant tissée de communications. La vieillesse propre à toutes choses n'épargnera pas une femme qui toute sa vie aura lutté, ne faisant pas mentir le proverbe : "que la vie n'est que combat".

(Coll. Lettres des Caraïbes, 222 p., 20,5 euros)

ISBN : 978-2-343-07933-2, EAN EBOOK : 9782140002137

40 ENTRETIENS D'ARTISTES
Martinique, Guadeloupe - Tome 1 (1996-1999)

Sous la direction de Dominique Berthet

L'art des Antilles se caractérise-t-il par un certain nombre d'aspects spécifiques ? Est-il identifiable comme tel ? Voici ici des entretiens d'artistes réalisés entre 1996 et 1999. Ils constituent une première série de témoignages inédits. Les thématiques traitées sont : « Appropriation » (1996), « La critique » (1997), « Trace(s) » (1998), « Hybridation, métissage, mélange des arts » (1999). Tout en présentant leur travail et leur démarche, les artistes expliquent ce en quoi ces notions les concernent.

(Coll. Les Arts d'ailleurs, 302 p., 30 euros)

ISBN : 978-2-343-07455-9, EAN EBOOK : 9782336399386

Structures éditoriales du groupe L'Harmattan

L'Harmattan Italie
Via degli Artisti, 15
10124 Torino
harmattan.italia@gmail.com

L'Harmattan Hongrie
Kossuth l. u. 14-16.
1053 Budapest
harmattan@harmattan.hu

L'Harmattan Sénégal
10 VDN en face Mermoz
BP 45034 Dakar-Fann
senharmattan@gmail.com

L'Harmattan Cameroun
TSINGA/FECAFOOT
BP 11486 Yaoundé
inkoukam@gmail.com

L'Harmattan Burkina Faso
Achille Somé – tengnule@hotmail.fr

L'Harmattan Guinée
Almamya, rue KA 028 OKB Agency
BP 3470 Conakry
harmattanguinee@yahoo.fr

L'Harmattan RDC
185, avenue Nyangwe
Commune de Lingwala – Kinshasa
matangilamusadila@yahoo.fr

L'Harmattan Congo
67, boulevard Denis-Sassou-N'Guesso
BP 2874 Brazzaville
harmattan.congo@yahoo.fr

L'Harmattan Mali
Sirakoro-Meguetana V31
Bamako
syllaka@yahoo.fr

L'Harmattan Togo
Djidjole – Lomé
Maison Amela
face EPP BATOME
ddamela@aol.com

L'Harmattan Côte d'Ivoire
Résidence Karl – Cité des Arts
Abidjan-Cocody
03 BP 1588 Abidjan
espace_harmattan.ci@hotmail.fr

L'Harmattan Algérie
22, rue Moulay-Mohamed
31000 Oran
info2@harmattan-algerie.com

L'Harmattan Maroc
5, rue Ferrane-Kouicha, Talaâ-Elkbira
Chrableyine, Fès-Médine
30000 Fès
harmattan.maroc@gmail.com

Nos librairies en France

Librairie internationale
16, rue des Écoles – 75005 Paris
librairie.internationale@harmattan.fr
01 40 46 79 11
www.librairieharmattan.com

Lib. sciences humaines & histoire
21, rue des Écoles – 75005 Paris
librairie.sh@harmattan.fr
01 46 34 13 71
www.librairieharmattansh.com

Librairie l'Espace Harmattan
21 bis, rue des Écoles – 75005 Paris
librairie.espace@harmattan.fr
01 43 29 49 42

Lib. Méditerranée & Moyen-Orient
7, rue des Carmes – 75005 Paris
librairie.mediterranee@harmattan.fr
01 43 29 71 15

Librairie Le Lucernaire
53, rue Notre-Dame-des-Champs – 75006 Paris
librairie@lucernaire.fr
01 42 22 67 13

www.ingramcontent.com/pod-product-compliance
Lightning Source LLC
LaVergne TN
LVHW010926061026
849535LV00007B/2251
9782343161211